facultad de derecho
serie tesis

Esta colección representa un esfuerzo conjunto del Departamento de Publicaciones de la Facultad de Derecho de la Universidad de Buenos Aires y la Editorial Universitaria de Buenos Aires (EUDEBA).

La serie "Tesis" se propone difundir las tesis de posgrado producidas en el ámbito de la Universidad, ya sea en la Facultad de Derecho o bien relacionadas con el derecho aunque producidas en otras Facultades. De ese modo, se intenta contribuir a la divulgación de los trabajos originales de investigación que se desarrollan dentro de la Universidad, así como a la promoción y fortalecimiento del debate dentro de la academia legal de habla hispana en la que la producción teórica desarrollada en los claustros de la Universidad de Buenos Aires ha jugado históricamente un papel protagónico.

La serie "Tesis" intenta colaborar con la permanencia de la producción científica de la Universidad de Buenos Aires como vanguardia del pensamiento jurídico contemporáneo en nuestro idioma.

La legitimidad del Derecho y del Estado en el pensamiento jurídico de Weimar:

Hans Kelsen, Carl Schmitt y Hermann Heller

Leticia Vita

FACULTAD DE DERECHO
UNIVERSIDAD DE BUENOS AIRES

eudeba

Vita, Leticia
La legitimidad del derecho y del estado en el pensamiento jurídico de Weimar : Hans Kelsen, Carl Schmitt y Herman Heller . - 1a ed. - Ciudad Autónoma de Buenos Aires : Eudeba, 2014.
262 p. ; 23x16 cm. - (Facultad de Derecho. Tesis)

ISBN 978-950-23-2385-5

1. Teoría del Derecho. I. Título
CDD 340.1

Eudeba
Universidad de Buenos Aires

1° edición: noviembre de 2014

Diseño de tapa: Alessandrini & Salszman
Corrección y composición general: Eudeba

Impreso en la Argentina
Hecho el depósito que establece la ley 11.723

Índice

Prólogo

Prologar el libro *La legitimidad del Derecho y del Estado en el pensamiento jurídico de Weimar: Hans Kelsen, Carl Schmitt y Hermann Heller*, es para mí extremadamente grato. Lo es por un doble motivo. El primero de ellos, el encontrar en la autora una notable capacidad para exponer el pensamiento filosófico político y jurídico alemán del siglo XX. Con erudición y claridad conceptual sistematiza un recorrido teórico que, iniciado en Kelsen, se continúa en Schmitt y Heller para culminar en Habermas. El segundo, la inteligencia con la que su investigación recurre a la hermenéutica filosófica de Hans Georg Gadamer, para una mejor comprensión del significado de la obra de estos juristas. Pensadores cuyo horizonte de sentido estuvo signado por la tragedia de una Segunda Guerra europea de los Treinta Años y el surgimiento de los totalitarismos.

Como Gadamer, Leticia Vita entiende que el conocimiento avanza a través del diálogo, en este caso a veces ríspido, por tratarse entre juristas de opuestas orientaciones ideológicas y militancias políticas, como las que distinguen a estos grandes teóricos. Apropiarse del resultado de esta antinomia convergente que es el resultado de sus polémicas, es el criterio que lleva a la autora a estudiar tanto sus obras como la interacción que se da entre ellas. Y lo hace para entender que "la querella entre los juristas" en la República de Weimar constituye uno de los más importantes aportes teóricos que recibió el Derecho Público en el Siglo XX. Por las razones expuestas la autora recurre al análisis de un pluriverso jurídico, complementando de este modo los importantes estudios realizados por Carlos Miguel Herrera sobre este tema, quien ha sido su actualizador entre nosotros, pero rescatando más sus desinteligencias que sus convergencias.

Leticia Vita se nutre también en Reinhart Koselleck y la historia conceptual, para aclarar aún más hasta qué punto la obra de los autores que investiga está estrechamente vinculada a las circunstancias existenciales que vivieron. La exacerbada confrontación ideológica que sufrieron sus sociedades hizo que estos pensadores fueran condenados al ostracismo en opuestos momentos históricos. Pero luego utilizaron sus ideas para poder llegar a superar institucionalmente la crisis en la última postguerra. Y no sólo inspiraron a ellas sino asimismo a las restantes democracias, cuyo pensamiento institucional se enriqueció con el discurso de estos juristas, transformados en clásicos y por lo tanto universalizados. La democracia como compromiso que planteara Kelsen, el decisionismo con el que

Schmitt define la soberanía, la necesaria adecuación de la normatividad jurídica a las circunstancias de tiempo y lugar que singularizan a los diferentes tipos de democracia que subrayó Heller, son actualmente conceptos fundamentales en la filosofía política, el derecho y la ciencia política contemporáneos.

A lo hasta aquí expresado, es necesario agregarle un segundo tipo de consideración que valoriza aún más esta publicación. Comenzando por las calidades personales de Vita quien, en poco más de una década de enseñanza de Ciencia Política y Teoría del Estado a los alumnos de la Facultad de Derecho de la Universidad de Buenos Aires, es ya profesora regular adjunta de Teoría del Estado en la misma. Hecho que permite comprender cómo ese medio de experiencia le ha provisto a su formación académica las poco comunes capacidad de síntesis y claridad conceptual ya señaladas. Es que quien enseña aprende dos veces.

Es importante asimismo, destacar que su agilidad intelectual le permite sumar al análisis jurídico el politológico, para mejorar de este modo la comprensión del sentido del discurso de estos juristas. Ciertamente influye en ello el hecho de que la autora se graduó en Ciencia Política y en Derecho en esta Universidad. Razón por la cual la tesis con la cual accedió al doctorado en Derecho, *cum laude*, se fundamenta en la interdisciplinariedad que expone en sus páginas. Tesis que, por decisión de la Facultad, ha dado lugar a la edición de este libro en Eudeba.

Llega ahora el momento de referirse a cuál ha sido el horizonte de expectativas que ha impulsado una carrera tan promisoria y un libro tan interesante. Mientras en el "Proceso" se disoció institucionalmente la investigación científica del CONICET de las Universidades nacionales, por consideraciones ideológicas, el retorno a la democracia volvió a unificar la investigación con la docencia universitaria. Se constituyó entonces la categoría de docente-investigador en las universidades nacionales, que pasaron a su vez a subsidiar proyectos de investigación a quienes se volcaban a la investigación con la suficiente idoneidad para hacerlo. Se transformó entonces la investigación en una expectativa obligada para que los que optaban por una carrera académica en las universidades nacionales. Vita ha sido ciertamente una de ellos. Docente-investigadora ha participado activamente de Proyectos de Investigación de UBACyT, adscribiéndose al Instituto de Investigaciones Jurídicas y Sociales Ambrosio Lucas Gioja. Su doctorado y postdoctorado los financió concursando exitosamente en el CONICET y accediendo a las becas respectivas. La autora y el libro son pues el resultado de los logros alcanzados en la investigación por las Universidades Nacionales.

Al volver a tener vigencia las instituciones democráticas motivaron a sus jóvenes docentes a buscar en el doctorado y en las publicaciones con referato científico, los antecedentes que les permitan acceder a la condición de profesores regulares por concurso. Se ha superado de este modo la inercia que caracterizaba a la investigación universitaria y se ha renovado generacionalmente el claustro docente. No sólo en el ámbito universitario nacional, también la Justicia Nacional ha hecho suyas estas expectativas a través de los concursos que dirige el Consejo de la Magistratura de la Nación, los que han producido una fuerte y beneficiosa renovación generacional de la judicatura.

Las difíciles circunstancias que caracterizan a nuestro tiempo, hacen necesaria una mayor reflexividad crítica y capacidad analítica en quienes tienen la responsabilidad de formar a los nuevos graduados universitarios —particularmente en el campo del derecho— en situaciones de crisis como las que vive el mundo. En sociedades fluidas, donde todo se modifica permanentemente, sólo pueden dar respuesta al desafío de superar la crisis quienes estén intelectualmente preparados para ello.

Por lo hasta aquí expresado, consideramos que este libro es un gran estímulo para quienes quieren entrar al debate teórico sobre Derecho y Sociedad, a trabajar un pensamiento riguroso pero poco utilizado entre nosotros. Más citado que estudiado. La publicación incorpora valiosos elementos para el debate de los estudiosos sobre el tema los que pueden servir tanto al estudiante como al jurista, al docente como al investigador, haciendo que sea necesario leerlo para quien quiere estar actualizado en la cuestión.

Julio Pinto
Profesor Consulto de la
Universidad de Buenos Aires
Instituto de Investigaciones Sociales Gino Germani
Universidad de Buenos Aires

Agradecimientos

Esta tesis doctoral, lejos de ser producto de un trabajo individual, es fruto del acompañamiento de muchas personas. A ellas quisiera expresar aquí mi agradecimiento.

En primer lugar a Aníbal D'Auria, quien fue el director de esta tesis pero quien también me ayudó a iniciar mi camino en la docencia y en la investigación en la Facultad de Derecho de la Universidad de Buenos Aires.

Al Consejo Nacional de Investigaciones Científicas y Técnicas (CONICET) por la financiación de esta investigación.

Al director y al personal administrativo del Instituto de Investigaciones Jurídicas y Sociales A. L. Gioja. A quienes compartieron conmigo este lugar de trabajo y lo convirtieron en un verdadero ámbito de intercambio y compañerismo, especialmente a Martín Aldao y al grupo de becarias y becarios del "Gioja": Federico De Fazio, Florencia Sotelo, Silvina Zimerman, Liliana Ronconi, Gustavo Beade, Luciane Klein Vieira, Luciana Scotti, Guillermina Meza, Javier Echaide, Lila García, Agustín Cardenes, Mauro Benente y Lucas Arrimada, entre muchos otros.

A Julio Pinto, quien generosamente prologa esta obra y quien me transmitiera hace muchos años su pasión por la docencia y la investigación, junto con su interés por la tradición de pensamiento de Weimar.

A Diego Rosello y Gabriela Rodríguez, excelentes docentes e investigadores que marcaron mi camino. A Facundo Vega, amigo y compañero de aulas.

A mis compañeros de cátedra y especialmente a mis alumnos de las materias Ciencias Políticas, del Ciclo Básico Común y Teoría del Estado, de la carrera de derecho. Con ellos siempre pude discutir las ideas y problemas que trabajo en este texto.

A quienes integraron el jurado que evaluó esta tesis: Tulio Ortiz, Jan Sieckmann y Laura Clérico, por sus comentarios y aportes que son incluidos en esta publicación.

A la Secretaría de Investigación de la Facultad de Derecho de la Universidad de Buenos Aires. Al Departamento de Publicaciones de la Facultad de Derecho, especialmente a su directora Mary Bellof y, por supuesto, a EUDEBA, por aceptar la publicación de este trabajo.

A la Universidad de Buenos Aires. Universidad pública en la que estudié, investigo y enseño.

A mis amigas Lucrecia Mayor, María Julia Cabello, Lorena Vaccher y a mi familia, mis padres, mi hermana Natalia y especialmente a mi esposo Nicolás.

Introducción

El tema de investigación de esta tesis es el del concepto de legitimidad del derecho y del Estado en el marco de los regímenes políticos democráticos modernos. En otras palabras, se trata de determinar los motivos de por qué son obedecidos el derecho y el Estado en una democracia. Esta cuestión ha sido objeto de debate y de desacuerdos académicos desde antaño y se podría pensar que casi toda la teoría política es en verdad un intento por responder a la pregunta por la legitimidad (Stillman, 1974). Sin embargo, no es una cuestión que desvela únicamente a esta disciplina, sino que el de la legitimidad es también un concepto central para la teoría jurídica. Lo cierto es que casi siempre ambas se han ocupado de esta cuestión separadamente, ignorándose entre sí (Bobbio, 1980).

Desde la teoría política se ha definido a la legitimidad como un atributo del Estado que consiste en la existencia de consenso en una parte relevante de la población, capaz de asegurar la obediencia sin tener que recurrir al uso de la fuerza (Levi, 1998). Así, un Estado, o un régimen político sería más o menos legítimo en la medida en que mayor sea el consenso libremente manifestado por parte de una comunidad y en la medida en que se aleje de la mera utilización de la fuerza como garantía de dominación. La idea de legitimidad cobra entonces importancia en la medida en que un régimen político o jurídico pretenda ser obedecido con otros medios que no sean la violencia física.

Esto nos obliga a realizar una distinción entre dos maneras de comprender o de abordar el problema de la legitimidad: un punto de vista fáctico y uno normativo. De esta distinción se ha ocupado, entre otros, Ernesto Garzón Valdés (1990), para quien el consentimiento fáctico es la expresión más confiable de los valores existentes en una determinada sociedad porque de él se infiere el contenido de la moral positiva de aquella. En términos de Hart, este concepto se referiría al punto de vista interno de los miembros de una sociedad con respecto a las normas que deben regirla. Pero este punto de vista interno es insuficiente para juzgar acerca de la legitimidad, si es que ella ha de ser entendida como coincidencia de los principios y reglas vigentes en una sociedad política con los principios y reglas no ya de una moral positiva sino de una moral establecida o ética. Es por eso que Garzón Valdés (1989) propone hablar de "legitimación" para referirse al primer sentido del término (el del punto de vista interno) y de legitimidad, para hablar de la concordancia de los principios sustentados por la regla de reconocimiento del sistema con los de la moral crítica o ética.

Esta distinción también es realizada por Jürgen Habermas (1992), para quien legitimidad significa que la pretensión de reconocimiento de un determinado orden político no está desprovista de buenos argumentos. En otras palabras, la "legitimidad significa el hecho del merecimiento de reconocimiento por parte de un orden político" (Habermas, 1992: 243). Sin embargo, desde su punto de vista esto sólo se puede establecer en la actitud performativa de quien participa en una argumentación, no en virtud de la observación neutral de aquello que este o aquel participante en un discurso considera como buenas razones (Habermas, 1992).

Si abordamos entonces la legitimidad desde el punto de vista fáctico, es decir, desde el punto de vista interno, la referencia ineludible es la obra de Max Weber. En su monumental *Economía y Sociedad*, Weber define a la legitimidad en relación al concepto de "dominación". Mientras esta última sería la probabilidad de encontrar obediencia dentro de un grupo determinado para mandatos específicos, la legitimidad de una dominación sería el fundamento de la misma. De acuerdo a cuál sea el motivo que fundamenta la dominación Weber (2008) identifica tres tipos ideales de dominación política legítima: el racional-legal, que entiende propio del tipo de dominación moderna y que descansa en la creencia en la legalidad de ordenaciones estatuidas y de los derechos de mando de los llamados por esas ordenaciones a ejercer la autoridad (autoridad legal); el tradicional, que descansa en la creencia cotidiana en la santidad de las tradiciones que rigieron desde lejanos tiempos y en la legitimidad de los señalados por esa tradición para ejercer la autoridad (autoridad tradicional); y el carismático, que descansa en la entrega extracotidiana a la santidad, heroísmo o ejemplaridad de una persona y a las ordenaciones por ella creadas o reveladas (autoridad carismática).

Gracias a la teorización de Weber, la idea de legitimidad se convirtió en un tema clave de la teoría política hacia principios del siglo XX (López Hernández, 2009) y podríamos agregar que, como veremos en esta investigación, también en un tema central de la teoría jurídica de entreguerras. Lo cierto es que el problema de la legitimidad plantea interrogantes para ambas disciplinas y tal vez precisamente, porque estas dos dimensiones, la de la legitimidad del derecho y la de la legitimidad del poder, están fuertemente vinculadas. En otras palabras, y siguiendo aquí a Bobbio (2005), no se puede dejar de lado la relación de correspondencia que existe entre los problemas de justificación del poder y los de justificación de la norma jurídica, ya que poder y norma son dos caras de una misma moneda, y como tal, merecen ser analizados de manera conjunta.

En este tema, central para la teoría política y jurídica moderna, se inserta nuestro problema de investigación: el de las concepciones de legitimidad presentes en el pensamiento de Hans Kelsen, Carl Schmitt y Hermann Heller y sus vínculos con sus concepciones de democracia. La hipótesis de lectura que nos guía es la de sostener que la respuesta que otorgan al problema de la legitimidad

Kelsen, Schmitt y Heller se explica por sus respectivas concepciones acerca de la democracia. Así, sería posible afirmar que existe una correspondencia entre el modelo de legitimidad del derecho y del Estado que describen en su obra y su visión acerca de qué es la democracia.

En esa línea de investigación nuestro objetivo general es el de reconstruir los conceptos de legitimidad de Kelsen, Schmitt y Heller, y su vínculo con sus concepciones de democracia. Para lograrlo nos ocuparemos de: (a) caracterizar el horizonte de sentido desde el cuál escriben los tres autores; (b) identificar los fundamentos filosóficos que subyacen a las tres posturas (concepción antropológica, concepción de Estado y de Derecho); (c) determinar las concepciones acerca de la democracia parlamentaria de las que parten y (d) demostrar la potencialidad del pensamiento de Weimar para analizar y explicar los problemas actuales de la teoría política y jurídica y su relevancia para la enseñanza de la Teoría del Estado.

Se trata esta de una tesis de teoría del Estado. Sin embargo, nuestra investigación se nutre fuertemente de las disciplinas de la teoría del Derecho, la teoría Constitucional y la historia del Derecho. La pregunta por la legitimidad tiene precisamente la particularidad de interpelar a todas esas disciplinas. De ahí que nos interese conectar las preguntas de la teoría Política con las de la teoría Jurídica acerca de la legitimidad pero sin dejar de lado las dimensiones histórico-culturales en la que son interpretadas.

En ese sentido esta tesis se nutre también de la metodología hermenéutica de Hans Georg Gadamer y de la historia conceptual de Reinhart Koselleck. Del primero tomamos prestados dos conceptos que guían metodológicamente toda esta investigación. El primero de ellos es la noción de "horizonte de sentido", que desde la hermenéutica gadameriana implica dar cuenta del lugar desde donde se mira una realidad determinada. En el caso de los juristas de Weimar, la premisa metodológica que nos lega la hermenéutica de Gadamer (1999) es la de que para comprender las obras de estos autores es necesario primero identificar las características de su horizonte de sentido, sus precomprensiones y prejuicios que pertenecen a una tradición cultural determinada y desde los cuales interpretaron la realidad de Weimar. En esta tesis lo llamaremos la *Weltanschauung* weimariana.

El segundo concepto que utilizaremos de la metodología gadameriana es el de "diálogo". Para la hermenéutica de Gadamer la noción de diálogo remite a la idea de intercambio entre horizontes culturales. Una interpretación exitosa se obtiene cuando se logra replantear el sentido de un texto, de una cultura o de un hecho histórico relevante para que adquiera un cierto sentido para el hoy y para nuestro horizonte cultural. Esta es una de las premisas que recorre toda esta tesis, la de encontrar un sentido relevante para los problemas de la legitimidad en la democracia representativa moderna a partir del análisis del pensamiento de Weimar.

Finalmente, de la historia conceptual de Koselleck nos servimos de su idea de que los conceptos son indicadores de los contextos que engloban. Así entendidos, los conceptos son un índice que dan a conocer las transformaciones sociopolíticas y orientan la perspectiva histórica (Koselleck, 1993). El concepto de legitimidad, entonces, nos sirve también para dar cuenta de la realidad histórica determinada por la que atravesaba la República en Alemania. Al mismo tiempo, no podemos estudiar los conflictos políticos y sociales de esa época sin remitirnos a la autocomprensión que de ese término hicieron los juristas de Weimar. En otras palabras, la forma de definir y comprender a la legitimidad que identificamos en la obra de Kelsen, Schmitt y Heller, se encuentra fuertemente marcada por el contexto histórico en el que la pensaron.

Esta tesis se concentra en el pensamiento de Kelsen, Schmitt y Heller. Pero ¿por qué no incluir aquí a otros juristas que pensaron sobre el Estado, el derecho, la democracia y la Constitución en la misma época? La elección de estos tres autores como centro de nuestra investigación obedece principalmente al hecho de que ellos detentan tres maneras distintas de comprender a la legitimidad que podrían ser presentadas como tipos ideales. Estas concepciones, trataremos de demostrar, van de la mano también de tres modelos distintos de concepciones acerca de la democracia. El motivo de la selección es, por lo tanto, metodológico.

En cuanto a la delimitación temporal de nuestro estudio, la presente investigación se concentra en el pensamiento de Hans Kelsen, Carl Schmitt y Hermann Heller durante los años de la República de Weimar. Por lo tanto, se analizarán las obras escritas por estos juristas durante el período comprendido entre 1919 y 1933. Sin perjuicio de ello, en los casos de Kelsen y Schmitt se incluirá el análisis de algunas de sus obras escritas con posterioridad a 1933, a fin de comparar, ampliar o contrastar algunas de las nociones elaboradas con anterioridad a esa fecha y modificadas tras la experiencia del totalitarismo nazi.

Ahora bien, ¿por qué concentrarnos en el pensamiento de la época de Weimar para estudiar el concepto de legitimidad? Son muchos los motivos para elegir esta etapa como centro de nuestra investigación pero aquí nos concentraremos especialmente en los que siguen: en primer lugar en el hecho de que durante la República de Weimar, en comparación con otras etapas del pensamiento jurídico y político de occidente, las conexiones entre la filosofía política y del derecho fueron profundamente debatidas (Dyzenhaus, 1999). Así, lo que nos brinda Weimar es una multiplicidad de herramientas para pensar estas conexiones y a partir de ellas estudiar el problema de la legitimidad. Se presenta entonces como una llave para estudiar las relaciones entre política y derecho.

La experiencia de Weimar transcurre en una etapa de transición entre un modelo de legitimación monárquico a uno democrático. Este factor hace de este un contexto especialmente interesante para la reflexión sobre los fundamentos de la legitimidad democrática. Pero además, esta experiencia fue, salvo por unos pocos meses en 1848, la única en la historia de Alemania anterior a la República Federal, en la que la teorización sobre el derecho público tuvo lugar en un contexto democrático. De ahí también la trascendencia de estos debates para la discusión sobre los fundamentos de la democracia. En ese sentido se ha llegado a afirmar que esta circunstancia hace que las discusiones de Weimar jueguen un rol similar en Alemania al de *Los Federalistas* en los Estados Unidos (Jacobson y Schlink, 2002).

El pensamiento jurídico de Weimar se impone además por la importancia teórica que tiene este período para el desarrollo del derecho público en general y del derecho público alemán en particular. Dentro de la teoría del derecho de Weimar fue precisamente el derecho público o *Staatsrecht*, el que mayor desarrollo tuvo. En ese mismo sentido el conocido constitucionalista contemporáneo Peter Häberle (2010) sostiene que en el mundo del derecho público, todo partió de la República de Weimar y de su Constitución de 1919. En efecto, esta Constitución brinda un motivo más para concentrarse en Weimar. Su diseño constitucional fue el segundo, después de México en 1917, en incorporar derechos sociales. El quiebre que significó esta introducción con los principios liberales hasta entonces reinantes generó una serie de debates y problemas que fueron abordados por el pensamiento jurídico de Weimar y que hoy nos sirven para enriquecer el debate actual sobre el Estado social y la efectividad de los derechos sociales.

Finalmente, Weimar también brinda un diseño institucional especialmente interesante para pensar la cuestión de la legitimidad. La República se caracterizó por incorporar una forma de gobierno que establecía un juego de roles particular entre un primer ministro elegido por el parlamento y un presidente elegido de manera directa por el electorado. Este presidente contaba además con una serie de facultades especiales, que le otorgaban, entre otras cosas, la posibilidad de dictar decretos de necesidad y urgencia e incluso la facultad de suspender el ejercicio de ciertos derechos individuales en virtud del artículo 48 de la Constitución.

Pese a los numerosos motivos por los cuales se justifica "volver" a Weimar, fuera de la academia alemana, este pensamiento jurídico y político ha recibido una desigual recepción, tanto respecto de sus "temas" como de sus "autores". En relación a lo primero, y dejando de lado algunas cuestiones clásicas de la teoría del derecho o del Estado, mientras que algunos temas como el de la custodia de la Constitución, la protección de la democracia o la teoría de la excepción aparecen repetidamente en las referencias a Weimar, otras cuestiones como la del Estado social, o la los debates constituyentes de la Asamblea de 1919, por ejemplo, han recibido mucha menos atención. Lo mismo sucede con sus autores. Mientras que Kelsen y Schmitt son los nombres más repetidos entre los títulos que se dedican al pensamiento de Weimar, las teorías de Heller o de Smend no han sido objeto de tanta atención fuera de Alemania.

Una de las excepciones a este fenómeno son los trabajos elaborados en las últimas décadas en la academia norteamericana por David Dyzenhaus, Peter Caldwell, John McCormick, Standley Paulson y William Scheuerman, entre otros. En ellos se recogen no sólo aspectos relevantes de la Teoría del Estado de la época de Weimar sino también una serie de debates que son de utilidad para la teoría constitucional contemporánea. Entre este último tipo de trabajos se destacan la obra compilada por Jacobson y Schlink (2000) y el trabajo de Peter Caldwell (1997) sobre la Constitución de Weimar.

De esta serie de autores es Dyzenhaus, quien ha escrito la obra más relevante sobre los conceptos de legalidad y legitimidad en Kelsen, Schmitt y Heller. En su *Legality and Legitimacy. Carl Schmitt, Hans Kelsen and Hermann Heller in Weimar*, analiza la relación entre los conceptos de legitimidad y legalidad desde el punto de vista de los tres juristas a la luz de los conflictos de Weimar. Se trata de un estudio que integra el análisis jurídico, la historia y el análisis teórico y que concluye con una lectura de estas ideas a la luz de lo desarrollos más modernos de la filosofía del derecho, en particular referidos a Rawls y Habermas. Su análisis se podría describir como uno centrado principalmente en la teoría del derecho, sin embargo, su objetivo principal es el de demostrar las consecuencias de ciertos compromisos teórico-jurídicos en la práctica política.

Ahora bien, sobre el concepto de legitimidad en la obra de estos juristas pero individualmente considerados debemos mencionar la tesis doctoral de Lars Vinx (2007), *Hans Kelsen's Pure Theory of Law: Legality and Legitimacy*, la que si bien se concentra en la teoría del derecho del jurista, parte de la premisa de que para poder comprenderla es necesario analizarla a la luz de su teoría política. En el mismo sentido pero sobre el concepto de legitimidad en Schmitt y en la academia alemana, es sin duda una referencia insoslayable el trabajo de habilitación de Hasso Hofmann (1964), titulado *Legitimität gegen Legalität. Der Weg der politischen Philosophie Carl Schmitts.*

En el mundo de habla hispana debemos mencionar otra excepción a la clásica recepción de temas y autores de Weimar: la obra de Carlos Miguel Herrera sobre la historia del pensamiento socialista en la república (2002) pero también sus artículos sobre la teoría política de Kelsen y Schmitt. Herrera se ha ocupado del pensamiento socialista en general pero también de los juristas socialdemócratas de la época de Weimar y sus aportes para la teoría del derecho y de la Constitución. Sin embargo, en la academia jurídica de habla hispana el pensamiento de Weimar no ha tenido el "revival" que sí tuvo por ejemplo el pensamiento de Carl Schmitt en la teoría política de los años noventa e incluso sigue teniendo en nuestros días, especialmente mediado por la lectura que hizo de su obra Giorgio Agamben.

De aquí que uno de nuestros objetivos con esta obra sea el de contribuir a la difusión de las ideas de Weimar sobre el Estado, el derecho, la democracia y la Constitución partiendo de la convicción de que estos debates tienen mucho que aportar a los problemas jurídicos y políticos de nuestro tiempo, e incluso de nuestra región. Weimar nos ofrece argumentos para discutir sobre la legitimidad del Estado y del derecho en nuestros días, pero además, como desarrollaremos en la última parte de esta tesis, nos brinda una metodología de análisis del fenómeno jurídico que hoy estaría necesitando la teoría constitucional.

Esta tesis se estructura de la siguiente manera: el primer capítulo indaga sobre el "horizonte de mundo" de los juristas de Weimar. Para ello nos ocuparemos primero de sintetizar los hechos históricos más relevantes de los años 1919 a 1933, para luego presentar algunas de las teorías que se han desarrollado acerca de la caída de la República. Asimismo, destacaremos la importancia de las ideas de cultura, civilización y el rol de la Universidad en la conformación de la *Weltanschauung* weimariana y terminaremos con una introducción al pensamiento jurídico predominante en tiempos de la República.

El segundo capítulo analiza el pensamiento de Hans Kelsen en torno a la legitimidad a partir de una serie de variables que serán abordadas también en los casos de Schmitt y Heller: algunos lineamientos básicos sobre su vida y obra, su visión antropológica, su concepción acerca del Estado y del derecho y sus ideas acerca de la democracia. En este capítulo se incluye un excurso acerca del debate que mantuvo con Schmitt sobre el Guardián de la Constitución.

El tercer capítulo concierne al pensamiento de Carl Schmitt sobre la legitimidad. Se trabajan también las variables de su concepción antropológica, su concepto de Estado, de derecho y de democracia. En este caso se le suma al capítulo un excurso sobre la relación de Schmitt con el nazismo. El cuarto capítulo se ocupa del pensamiento de Hermann Heller, de quien presentamos un resumen de su vida y obra así como también un análisis de las mismas variables analizadas en los casos de Kelsen y Schmitt, con especial énfasis en la caracterización de su concepto de Estado social de derecho.

En el capítulo quinto se presentan las conclusiones parciales y generales de esta investigación. Se relacionan aquí las variables analizadas con la idea de legitimidad de cada jurista para luego vincularlas con sus concepciones de democracia. Finalmente, veremos como estas ideas se pueden identificar en un caso concreto en el que intervinieron de distinta manera Kelsen, Schmitt y Heller.

Terminamos esta tesis volviendo a la idea gadameriana de diálogo. Ante la pregunta de qué tiene para decir el pensamiento de Weimar a nuestro horizonte de sentido contemporáneo, la investigación presenta en el capítulo sexto algunas de las proyecciones del pensamiento de Weimar para la teoría del Estado y la teoría constitucional modernas. Hablaremos de tres tipos de proyecciones: teóricas, metodológicas y pedagógicas.

Finalmente, presentaremos un breve excurso sobre la recepción de las ideas de nuestros tres juristas en la jurisprudencia reciente de la Corte Suprema de Justicia en Argentina.

Capítulo I
La República de Weimar y sus juristas

"El hombre no vive únicamente su vida personal como individuo, sino que también, consciente o inconscientemente, participa de la de su época y de la de sus contemporáneos".

Thomas Mann, *La Montaña Mágica*

A los fines de desarrollar una mejor comprensión de la *Weltanschauung*, u horizonte de sentido de los juristas que analizamos, ahondaremos sobre algunas cuestiones relativas al surgimiento del Estado Alemán y de la República de Weimar. En primer lugar presentaremos una reseña histórica del proceso de formación del Estado alemán y de los hechos más significativos del período de Weimar, para luego detenernos en las distintas hipótesis sobre las causas de la caída de la República. Profundizaremos también sobre aspectos peculiares de la *Weltanschauung* weimariana, como ser la cuestión del nacionalismo, la del papel de la cultura y el rol de la Universidad. Finalmente, reseñaremos los aspectos centrales que definen lo que entendemos aquí como pensamiento jurídico de Weimar.

1. Breve introducción histórica: de la formación del Estado a la caída de la República

El proceso de formación de Alemania como Estado fue tardío. Sólo logró conformarse como tal a partir de 1871 y su unificación fue producto de las intrigas y decisiones de una elite política liderada por la dinastía prusiana de los Hohenzollern y conducida inteligentemente por Otto Von Bismarck. A diferencia de lo sucedido con otros Estados de Europa, la unificación no fue producto de una alianza entre una burguesía hegemónica y la monarquía, sino que se trató de una iniciativa de la monarquía, acompañada por la nobleza feudal. De acuerdo con la famosa frase de Bismarck, el problema de la unificación se solucionó "con sangre y hierro" (Hobsbawm, 1998b:88). Asimismo, y a diferencia de Francia o Gran Bretaña, la relación entre el Estado y la Sociedad Civil en Alemania fue muy precaria.

El Estado alemán no estaba dominado por una clase burguesa que se sintiera dueña de él, ya que carecía de una clase media poderosa, consciente y educada políticamente. De esa manera, sin los cimientos de la legitimidad democrática, el imperio alemán fue un "poder estatal, sin la idea de Estado" (Schadelbach, 1991:32). La unidad interna del Estado sólo logró materializarse —de manera transitoria— en tiempos de guerra, durante los cuales cobraron vida el nacionalismo, el patriotismo y el sentimiento de unidad nacional. Eso permite comprender la respuesta generalizada de la población hacia el estallido de la Gran Guerra en 1914 y también, los desafíos de unidad que enfrentó la República en tiempos de Weimar (Schulze, 2007).

De aquí la importancia que para esta unidad tuviera la *Kultur*, como creadora de lazos sociales. El destino político común, del que carecían los alemanes, fue logrado mediante la comunidad de cultura, reducida sin embargo a un círculo de personas cultas, del cual surgió luego el pensamiento nacional alemán (Heller, 1930). La idea del Estado nación como un principio histórico político fue apropiada por Europa Central y, en particular, por Alemania, como un principio cultural y étnico, y se desarrolló principalmente por escritores y filósofos alemanes discípulos de Herder, Fichte y Hegel. Estos entendían por "nación" una comunidad humana que, a pesar de los límites históricos nacionales, se encontraba unida por el lenguaje, la cultura y la ascendencia (Bracher, 1979).

Así, la evolución tardía de Alemania como Estado marcó fuertemente su historia en el siglo XX. En efecto, el hecho de que Alemania haya sido durante un largo tiempo un Estado débil y subordinado dentro de la jerarquía de Estados europeos signó su proceso histórico ulterior, haciendo que ese sentimiento de impotencia e inferioridad de poder se transformara en lo contrario cuando el Estado se unificó en medio de una victoria bélica (Elias, 2009). Del mismo hecho de haber conquistado la unidad mediante la guerra y bajo la condùcción militar de la nobleza, se extrajo la conclusión de que la "guerra y la violencia eran buenas y bellas consideradas como medios de ejercer la política" (Elias, 2009:193). De esa manera, las clases medias fueron desplazadas por la nobleza del proceso de formación del Estado. Esto tuvo vastas consecuencias en la actitud política y social de este sector social.

La República de Weimar también sufrió las consecuencias de todo este peculiar proceso. Como se ha señalado, Weimar fue la primera experiencia democrática en Alemania tras la muy breve de 1848,[1] siendo las lealtades democráticas que acompañaron ese surgimiento, en realidad, muy minoritarias. Al mismo tiempo,

1. En la todavía confederación germánica una serie de levantamientos se hicieron eco del movimiento revolucionario en otros países de Europa. En la ciudad de Frankfurt am Main, el 18 de mayo de 1848, representantes del pueblo alemán se reunieron en la *Paulskirche* para constituir una Asamblea Nacional Alemana que promulgaría una Constitución liberal y

la opción por la República fue en parte producto de la derrota alemana en la Gran Guerra, por lo que no nació de los partidos políticos o del parlamento, sino que fue concebida como la última salida de un Estado Mayor que ya no sabía qué hacer (Schulze, 2007). Así fue como el Partido Socialdemócrata Alemán (SPD) asumió la responsabilidad de construir una alternativa democrática y, algo de no menor importancia, fue el responsable de negociar un armisticio sin haber sido directo responsable de la situación de guerra.

Es por eso que podemos afirmar que el final de la guerra significó en realidad el inicio de la crisis (Elias, 2009). La situación posterior al cese del fuego se caracterizó por el hecho de que las autoridades gubernamentales sólo ejercían un control muy limitado sobre las fuerzas militares y policíacas necesarias para conservar el monopolio de la violencia física y, por lo tanto, la paz intraestatal. En otras palabras, el Estado perdió el monopolio de la fuerza durante la República de Weimar, lo cual dio la oportunidad al surgimiento de movimientos y organizaciones violentas, tanto dentro de la burguesía como del sector obrero (Elias, 2009).

Así, se sucedieron levantamientos de soldados y trabajadores y todo terminó en la llamada "revolución de noviembre". Esta se inició en la noche del 29 de octubre de 1918 con una sublevación de marinos en las ciudades de Kiel y Wilhelmshaven, al norte de Alemania, ante el pretendido último golpe de la marina alemana contra la inglesa. Se formaron comités revolucionarios de soldados y obreros y se extendieron nuevas sublevaciones por todo el territorio alemán.[2] La avanzada revolucionaria fue muy importante y los consejos formaron gobiernos provisionales que exigían la renuncia del emperador y la proclamación de una República alemana (Cole, 1961).

En la mañana del 9 de noviembre, el SPD de Berlín convocó a una huelga general y ese mismo día Guillermo II abdicó y traspasó el poder a la socialdemocracia alemana. También renunció a su cargo de canciller el príncipe Max von Baden, quien entregó el poder a Friedrich Ebert, el jefe del SPD. Karl Liebknecht —líder del espartaquismo— proclamaba pocas horas después la "República socialista". Al día siguiente, comenzó la represión de los componentes más revolucionarios de los levantamientos. Se puede afirmar que a partir de allí la "revolución" perdió el carácter verdaderamente revolucionario de sus inicios.[3] La mayor preocupación de Ebert a partir de entonces sería la de evitar

formaría un gobierno para toda Alemania. Para más detalles sobre la revolución de 1848/49 en Alemania ver la obra de Rürup (1992a).

2. Sin duda, el carácter socialista de la revolución, que se evidenciaba en los nuevos consejos de trabajadores y soldados, en las masivas manifestaciones y en las banderas rojas, inquietó a los alemanes de clase media: "desde el principio, los enemigos implacables de derecha agitaron el alarmante fantasma de una dictadura del proletariado" (Fritzsche, 2009:115).

3. Se ha sostenido que la ambigüedad fundamental de esta revolución de noviembre consistió en que, en realidad, nunca tuvo lugar. Una tesis en boga entre numerosos historiadores alemanes

una revolución obrera al estilo bolchevique. Esto se evidenció en una serie de medidas que tomó el gobierno: el 12 de noviembre se anunció la adopción de la jornada de ocho horas, el 15 de noviembre los sindicatos firmaron un acuerdo con el patronato, el 23 de noviembre una disposición introdujo los convenios colectivos de trabajo (Klein, 1970).

Siguiendo ese objetivo los socialdemócratas mayoritarios organizaron una fuerza para controlar al sector revolucionario, los llamados "cuerpos libres" o *Freikorps*, conformados mayoritariamente por viejos oficiales y no comisionados del antiguo ejército ya desmovilizados. Estos cuerpos se constituyeron en la principal fuerza de la contrarrevolución y Gustav Noske se erigió en jefe de este grupo (Cole, 1961). Sin embargo, los levantamientos espartaquistas no se aplacaron. En enero de 1919 el Partido Socialista Independiente llamó a una huelga general que contó con el importante apoyo de las masas, se estableció un "Comité Militar Revolucionario" y como respuesta, Noske movilizó a sus grupos para atacar los principales baluartes de la izquierda. El 13 de enero terminó la lucha y los dirigentes de la izquierda se escondieron o escaparon de la ciudad. Sin embargo, el 15 de enero de 1919 un destacamento de los cuerpos libres apresó y asesinó a Karl Liebknecht y Rosa Luxemburgo, que habían permanecido en Berlín. Esto no puso fin a la oposición de izquierda que en febrero estableció en Baviera un gobierno soviético que duró pocos días. En el resto de Alemania estallaron grandes huelgas y a principios de marzo la huelga se hizo general bajo la dirección del consejo de trabajadores de Berlín, conducido por Richard Müller. Sin embargo, las fuerzas de Noske se abalanzaron sobre los barrios obreros y sofocaron con una fuerte represión a los trabajadores (Cole, 1961).

Proclamada la República y con los socialistas mayoritarios en el poder, se convocó a una Asamblea Nacional a fin de sancionar una nueva Constitución para el país. Las elecciones de enero de 1919 implementaron por primera vez en la historia de Alemania el voto femenino, reconociendo la importancia y protagonismo que las mujeres habían asumido en los tiempos de guerra. Se abandonó el antiguo sistema electoral mayoritario por uno proporcional y la mayoría de edad para participar se fijó en veinte años (Klein, 1970). Los resultados de esas elecciones, en las que participó un 83% de la población, dieron una mayoría clara a la llamada "coalición de Weimar", conformada por el SPD, el *Zentrum* católico y el Partido Democrático Alemán (*Deutsche Demokratische Partei*), el partido liberal de izquierda. Así, el SPD no logró la mayoría absoluta y tuvo que conformarse con formar una alianza hacia la derecha, fenómeno que se repetiría sistemáticamente de ahí en más.

sostiene que uno de los factores que diferencia al antecedente ruso de los sucesos en Alemania es el carácter reaccionario del campesinado alemán. Al mismo tiempo, en contraste con la burguesía débil y desorganizada de Rusia, la alemana fue un temible adversario y el proletariado alemán, ya parcialmente integrado en la sociedad burguesa, no pudo desempeñar el papel de fuerza de choque de la revolución, como sí lo hizo en Rusia (Klein, 1970).

El 6 de febrero la Asamblea se reunió en Weimar, eligiendo esa ciudad en lugar de Berlín por considerarla mucho más segura que la capital. Weimar era fácilmente defendible en lo militar y disponía de un lugar adecuado para los trabajos de la Asamblea. Pero principalmente, lo que se pretendía con esta elección era remarcar los lazos de unión con el espíritu de la ciudad, símbolo de la gran época geotiana (Klein, 1970). La Asamblea Nacional de Weimar se reunió de febrero a julio de 1919 y votó la Constitución el 31 de julio por 262 votos a favor y 72 votos en contra (votos de socialistas independientes, populistas y nacionalalemanes). Fue promulgada el 11 de agosto de 1919 y entró en vigor el 14 del mismo mes.

Podríamos resaltar numerosos aspectos del texto constitucional de Weimar. A los fines de los objetivos de esta investigación nos concentraremos sólo en algunos de ellos.[4] Así, uno de sus rasgos más significativos es el de ser considerada como una de las primeras, junto a la mexicana de Querétaro de 1917, en incorporar derechos sociales. En lo que respecta a la ingeniería constitucional, se instituyó un Poder Ejecutivo bicéfalo conformado por un presidente electo popularmente por siete años —*Reichspräsident*— y un canciller elegido por el Parlamento —*Reichskanzler*—. Ante situaciones de crisis, el famoso artículo 48 de la Constitución otorgaba al Presidente numerosas atribuciones. El presidente designaba y disolvía al gobierno: en casos normales, debía nombrar un canciller que supuestamente fuera capaz de obtener la confianza del parlamento, en casos de excepción, no precisaba de este requisito. Además podía disolver el Reichstag y tenía la comandancia de la totalidad de las fuerzas armadas. En virtud del mencionado artículo 48, podía disponer del mando bajo los estados de excepción, adoptando las medidas necesarias para el restablecimiento de la seguridad y el orden público. Esta facultad, veremos, facilitó lo que se conoció como el *Präsidialregierung*, que fue el período decretista durante el cual el parlamento no pudo formar gobierno entre los años 1930-1933. La Constitución también innovó en materia de justicia, ya que nombró a la Corte Suprema Federal como Corte para la resolución de disputas federales, lo cual fue objeto de numerosas discusiones acerca del carácter político de los asuntos que llegarían a la Corte, como veremos bien ejemplificado, en el debate entre Hans Kelsen y Carl Schmitt acerca del Guardián de la Constitución.

Se ha afirmado también que la Constitución, como la República, fue el resultado de la derrota de Alemania en la Primera Guerra Mundial (Rürup, 1992b; Jacobson y Schlink, 2000). Es por eso que se la catalogó como una Constitución de "compromiso", producto de acuerdos para contrarrestar la propuesta de una extrema izquierda que se inspiraba en la Revolución bolchevique, experiencia demasiado cercana y reciente como para no ejercer ningún tipo de influencia. En efecto, los primeros años de la República se caracterizaron por constantes

4. Sobre la Constitución de Weimar ver entre otros Preuss (1924), Gusy (1999), Boldt (1993) y Anschütz (1933).

manifestaciones y levantamientos de la izquierda más extrema. Se hablaba del "ejército rojo", que ocupaba varias ciudades de la cuenca del Ruhr. En 1921 se sucedieron la mayor parte de estos levantamientos, que buscaban implantar de una verdadera revolución socialista al estilo de los bolcheviques. Sin embargo, el proletariado alemán no parecía estar listo para una revolución, y el carácter antisistema del partido comunista y el sector espartaquista, fue aprovechado también como estrategia política por la derecha (Klein, 1970). A estos conflictos se le sumaron también algunos intentos separatistas de regiones como Renania, Baviera y especialmente, la región de la Alta Silesia.

Pero esos primeros años también estuvieron signados por la sombra de Versalles. El gobierno de la gran coalición tuvo que hacerse cargo de la responsabilidad de la firma del acuerdo. El "*Diktat* de Versalles", como se lo llamó, situó a Alemania bajo un régimen jurídico especial, privándola del poder militar, arruinándola económicamente y humillándola en lo político. Con el argumento de la culpabilidad de la guerra, se impidió a Alemania contar con una flota importante y una fuerza aérea y se redujo su ejército de tierra. Se le impusieron "reparaciones" económicas inmensas y se ocupó militarmente una parte de la zona occidental del país, a la par de privarla de sus colonias de ultramar y de someterla a amputaciones territoriales (Hobsbawm, 1998a). Pero, sobre todo, la crisis se profundizó cuando, a principios de 1921, se filtró a la opinión pública la suma que los aliados exigían como reparaciones de guerra y se agudizó en 1923, cuando tropas belgas y francesas ocuparon la cuenca del Ruhr[5] con el objetivo de explotarlo económicamente y cobrarse las reparaciones de guerra.

En marzo de 1920 estalló el primer intento de desestabilización de la derecha, el llamado *putsch* de Wolfgang Kapp, que duró tan sólo cuatro días pero que bastó para poner en evidencia la debilidad del gobierno de coalición. Durante el levantamiento participaron en la defensa de la República Gustav Radbruch y Hermann Heller, quien sería encarcelado y condenado a muerte por los militares, siendo absuelto de tal pena por intercesión de su amigo Radbruch. Al *putsch* de Kapp le siguieron las desastrosas elecciones para la coalición de centro izquierda de junio de 1920. Perdieron dos tercios de la mayoría que habían tenido en la Asamblea Nacional y a partir de ese momento, estos partidos, los únicos auténticamente republicanos, fueron incapaces de conseguir en el Reichstag una mayoría que les permitiera gobernar (Schulze, 2007).

5. Además de las reparaciones, se obligó a Alemania a entregar materias primas concretas, como carbón. El 11 de enero de 1923, ante la falta de entrega de ese recurso, y a pesar de la oposición de los ingleses y americanos, Francia y Bélgica invadieron la cuenca del Ruhr. La ocupación de esta región significó pérdidas económicas importantes, pero sobretodo, el resurgimiento del nacionalismo alemán ante la presencia, principalmente francesa, en sus tierras. El gobierno inició su estrategia de "resistencia pasiva", y millones de obreros y empleados se declararon en huelga, la ocupación se endureció y la región ocupada fue separada del resto de Alemania por una aduana. Este conflicto llegó a hacer caer al jefe de gobierno, Wilhelm Cuno.

Este cuadro se completa con la gravísima situación financiera que atravesó el país a partir del estallido de la inflación en 1923. A principios de 1922 los precios aumentaron aproximadamente un 70% y para fines de 1923 el dólar había rebasado los mil millones de francos por unidad. Al final, la circulación de dinero se acabó y sobrevino la primitiva economía de trueque. La inflación, que no fue fruto de las reparaciones, sino que tuvo sus orígenes mucho antes de Versalles (Fergusson, 1989), representó para Alemania no sólo la pérdida de capacidad adquisitiva para la mayor parte de la población, sino que también "redundó en el estallido de la corrupción y el desapego de viejas virtudes como el ahorro, la honestidad y el trabajo" (Fergusson, 1989:261). Para los alemanes, la democracia y el republicanismo pasaron a asociarse con el desorden financiero, político y social, situación que necesariamente dañaría a la democracia de Weimar y atentaría contra su legitimidad.[6]

A fines de 1923 tuvo lugar un nuevo ataque de la derecha. Esta vez de quien sería el verdugo de la República: Adolf Hitler. El partido nacionalsocialista alemán (NSDAP) se había hecho fuerte en Baviera, pero en especial en la ciudad de Munich. El 8 de noviembre Hitler disolvió, con la ayuda de un grupo de nazis, una reunión pública del gobierno del Land y proclamó un nuevo gobierno para todo el Reich. El levantamiento, sin embargo, fue reprimido, murieron dieciséis miembros del partido nazi pero Hitler, herido, logró huir.[7] Este hecho marcó sin duda su cambio de estrategia, ya que de ahí en más Hitler intentaría la vía legal al poder (Junker, 1988).

La grave crisis desencadenada en 1923 logró socavar los lazos que unían a los partidos de la gran coalición y provocó la caída del gobierno de Gustav Stresemann, quien sin embargo, continuó ocupando el cargo de ministro de relaciones exteriores. En ese sentido, si bien los gabinetes subsiguientes de Wilhelm Marx y Hans Luther fueron conformados con constantes cambios internos, Stresemann encarnó la continuidad política a partir de desarrollar una política exterior consecuente. Se inició entonces un período de relativa calma económica e institucional. En efecto, de 1924 a 1928 fue la primera vez que el Reichstag agotó un período parlamentario completo (Schulze, 2007). Asimismo, una serie de éxitos en materia internacional aseguraron a Alemania una temporaria estabilidad. Ayudaron a ello el Plan Dawes de 1924 (que revisaba las reparaciones de guerra), el Tratado

6. En ese sentido son elocuentes las palabras de Adam Fergusson: "En la guerra, unas botas; en la huida, un sitio en un barco o en un camión pueden ser las cosas más importantes de este mundo, más apreciadas que una fortuna incalculable. En tiempos de hiperinflación, un kilo de patatas puede valer para algunos más que toda la plata de la familia, y un pedazo de carne más que el piano de cola. Una prostituta en la familia es mejor que un hijo muerto; robar es preferible a pasar hambre; no pasar frío es más importante que conservar el honor; el vestirse está antes que las convicciones democráticas; y comer es más necesario que la libertad" (Fergusson, 1989:282).

7. Hitler fue detenido unos días más tarde y juzgado luego por esos hechos. Cumplió condena en la prisión de Landsberg, donde comenzó a escribir su libro *Mein Kampf.*

de Locarno de 1925 (pacto de seguridad entre alemanes, franceses y belgas) y el ingreso de Alemania en la Sociedad de las Naciones, en 1926. A esto se le sumó un resurgir cultural en el arte, la música y el cine muy importante, que dio a los años veinte en Weimar el mote de "dorados".

Sin embargo, tanto del sector intelectual como del funcionariado, se objetaban casi todas las medidas del gobierno democrático. La mayor parte de los funcionarios, por ejemplo, eran convencidos monárquicos y tenían una visión conservadora del Estado. La República nunca llegó a ser aceptada en estos ambientes (Klein, 1970; Schulze, 2007), es más, nunca dejó de ser impugnada y sometida a una crítica constante. La burguesía, la clase media, responsabilizaba a la democracia de la catástrofe económica de 1923. Para los propietarios, empresarios y terratenientes, el gobierno de Weimar era el culpable de la inestabilidad por llevar a cabo una política social y económica basada en la redistribución en favor de los más débiles.

En 1925 murió el primer presidente de la República, el socialdemócrata Friedrich Ebert, y por una escasa mayoría ganó en las elecciones presidenciales el mariscal de campo Paul von Hindenburg. De avanzada edad y pocos conocimientos políticos, Hindenburg se rodeó de asesores y, aunque su voluntad era la de respetar la República y sus instituciones, no logró estar a la altura de las circunstancias. Hacia 1928 se produjo en las preferencias electorales una fuerte polarización del voto y paralela radicalización de las propuestas políticas. Los conflictos con la extrema izquierda y derecha se fueron sucediendo y así, el 1 de mayo de 1929, se desencadenaron sangrientos enfrentamientos entre los comunistas y la policía. Del lado de la extrema derecha, tanto el partido Popular Nacional Alemán como la organización conservadora de combatientes *Stahlhelm* se habían aliado con el NSDAP de Adolf Hitler (Schulze, 2007).

Asimismo, la crisis económica que se desencadenó como consecuencia de la caída de la bolsa de Wall Street se sumó a los embates políticos que tuvieron lugar con la finalización del gabinete de amplia coalición del canciller del SPD, Hermann Müller. Ya desde finales de 1929 los sectores industriales, el presidente Hindenburg y las *Reichswehr* (fuerzas militares) emprendieron la búsqueda de un reemplazante para Müller. El nuevo canciller provino del *Zentrum*, Heinrich Brüning y fue quien inauguró el período conocido como *Präsidialregierung*, durante el cual el parlamento nunca más logró formar una mayoría y el Presidente del Reich gobernó por medio de los decretos habilitados por el artículo 48 de la Constitución de Weimar.

El avance del partido nazi ya era una realidad por entonces. El parlamento fue disuelto nuevamente ese año y en las elecciones del 14 de septiembre de 1930 los nazis obtuvieron un 18,3% frente al 2,6% que habían logrado en las elecciones de 1928. El resultado electoral produjo la desconfianza de los inversores extranjeros, de manera tal que se elevó significativamente la fuga de capitales (Schulze, 2007). Esta tendencia electoral se vio reforzada en las elecciones presidenciales de marzo de 1932. En ellas Hindenburg logró en primera vuelta un 49,6% de los votos, seguido de Hitler con un 30,1%. Como no obtuvo la mayoría absoluta, tuvo que someterse a una segunda vuelta en la que fue votado por el 53% del electorado frente al 36,8% de Hitler (Klein, 1970). Estas elecciones demostraban que los nazis eran la primera fuerza de la derecha política del país. De ahí en más sólo restaba la ascensión de Hitler en popularidad y poder.

El 30 de mayo de 1932 Hindenburg se libró de Brünning y apoyó el nombramiento de Franz von Papen, un militante conservador del partido centrista, que formó un gabinete compuesto exclusivamente por representantes de la aristocracia rural. El vínculo entre Papen y Hitler se fue consolidando: Papen satisfizo las exigencias de Hitler derogando la prohibición de las SA y disolviendo el Reichstag. El 20 de julio de ese año el canciller encabezó un golpe de Estado en Prusia. Un decreto firmado por Hindenburg, en atribución del artículo 48, nombró a Papen comisario del Reich en Prusia y destituyó el gobierno socialdemócrata de Otto Braun.[8]

La avanzada legal de Hitler se confirmó en las elecciones del 31 de julio de 1932. En estas, el partido nazi obtuvo la mayoría de los votos con un 37,3% frente a un 21,6% del SPD. Los comunistas, por su parte, alcanzaban un importante 14,3%. El Reichstag se sumía en la total ingobernabilidad. Un par de meses después, en medio de una oleada de violencia, el Reichstag fue disuelto y se convocó a elecciones para noviembre de ese año. En ellas, los nazis retrocedieron en tres millones de votos y, pese a este retroceso nazi, Hindenburg nombró canciller al ministro de las *Reichswehr*, Kurt von Schleicher. Este pretendía dividir al partido nacionalsocialista negociando con el principal rival de Hitler, Gregor Strasser. Sus planes fracasaron y las intrigas se desarrollaron entonces en el entorno de Hindenburg. Pese a su reticencia por confiar en Hitler, el ya anciano presidente se dejó influir por Papen y su hijo, Oskar Hindenburg, a fin de nombrar a Hitler como canciller. El 30 de enero de 1933 prestó juramento el nuevo gabinete, con Hitler a la cabeza. Sólo había tres nazis en él, los demás eran representantes de la derecha que confiaban en poder "manejar" a Hitler. Ese día, murió la República de Weimar.

2. La caída de Weimar: ¿un desenlace anunciado?

Si bien nuestro objetivo no es el de analizar la cuestión de la estabilidad democrática en Weimar o las razones históricas de la caída de ese régimen, sí se trata de estudiar el concepto de legitimidad del derecho y del Estado moderno y, en ese

8. Como veremos más adelante, este hecho convocó profesional e intelectualmente a Heller, Schmitt y Kelsen.

sentido, el problema de la legitimidad democrática juega un papel fundamental. Como veremos, muchas de las ideas de Kelsen, Schmitt y Heller sobre la legitimidad se relacionan con algunos de los factores históricos que determinaron la caída de Weimar. Sin embargo, no es una tarea sencilla la de intentar responder a la pregunta acerca de las causas de la caída de la democracia de Weimar, ya que este fenómeno no tiene una única respuesta. Es posible identificar distintos grupos de factores desencadenantes: económico-sociales, institucionales, culturales, etc. A los fines de esta investigación nos concentraremos sólo en los aspectos institucionales, que fueron los más abordados por los juristas de Weimar, como así también en los rasgos vinculados a las lealtades y valores predominantes en el período analizado.

Entre los factores institucionales podemos identificar tres cuestiones principales. En primer lugar, la preeminencia del presidente del Reich sobre el parlamento. La Constitución de 1919 había diseñado un sistema semipresidencial, con un presidente elegido de manera directa por los ciudadanos y con fuertes atribuciones, entre las que se contaban: la designación y remoción del gobierno, la disolución del parlamento, la comandancia de las Fuerzas Armadas y el particular poder de dictar decretos en momentos de excepción por imperio del artículo 48 de la Constitución. De esta manera, la Constitución semipresidencialista contenía en sí una "Constitución de reserva" (Junker, 1988:33) que era presidencial y que permitía por vía legal convertir la República en una "dictadura presidencial".

La segunda cuestión concerniente a las instituciones de Weimar es la relativa a la neutralidad axiológica de la Constitución. El texto constitucional no brindaba ningún tipo de reservas ni exclusiones hacia los partidos antisistema. La Constitución otorgaba a todos los partidos, sin considerar cuales fueran sus objetivos, la posibilidad de obtener el poder. No existía un núcleo de disposiciones "pétreas" que no pudiera ser modificado, y toda reforma constitucional se podía llevar a cabo legislativamente con una mayoría de dos tercios. De esa manera, partidos antisistema como el comunista y el nacionalsocialista —que manifestaron abiertamente en sus plataformas su pretensión de acabar con el régimen parlamentario de la República—[9] no podían ser excluidos de la política de Weimar. La Constitución no supo brindar una defensa de la democracia parlamentaria.

El tercer factor institucional radica en el del sistema de partidos. Esta es la línea de investigación seguida por Juan Linz (1991), quien resalta la relación entre los sistemas de partidos polarizados y la caída de la democracia. La República de Weimar es precisamente el paradigma de un sistema de partidos polarizado, ya

9. En su punto sexto el programa nacionalsocialista establecía: "combatimos la práctica parlamentaria, generadora de corrupciones y de atribución de los cargos por relación de partidos sin preocupación alguna por el carácter y por la capacidad" y en el mismo sentido se pronunciaba el programa espartaquista de 1919, cuando prometía la "supresión de todos los parlamentos y de todos los municipios" y afirmaba que "sus funciones serán asumidas por los Consejos de obreros y de soldados" (Klein, 1970:122-128).

que ocupaban bancas en el parlamento siete partidos políticos distintos con un grado de polarización ideológica muy grande y la existencia de partidos antisistema.[10] En efecto, como hemos señalado, una de las características salientes del sistema de partidos de la República de Weimar fue su inhabilidad para producir mayorías parlamentarias estables, lo cual fortalecía la posición del presidente, especialmente después de 1930. Casi ningún período parlamentario llegó a su fin de manera regular, sino que todos fueron disueltos prematuramente debido a crisis de gobierno: la República conoció dieciséis gobiernos diferentes, un promedio de un nuevo gobierno cada ocho meses y medio. Esto produjo un círculo vicioso, ya que cuánto más débil parecía el gobierno, con tanta mayor facilidad se inclinaban los electores a una alternativa de derechas o de izquierdas porque ambas prometían un estilo más fuerte de poder.

Finalmente, los motivos "culturales" o los vinculados a la falta de lealtad al régimen democrático son también de gran importancia para esta investigación. Como dijimos, la República surgió de la derrota en la Gran Guerra, no de un compromiso genuino con los valores democráticos. Las legitimidades al sistema monárquico no habían desaparecido. En ese sentido, Linz (1991) señala al cambio de lealtades de un conjunto de instituciones políticas a otras como un factor más de la caída de la democracia. Estos hechos de deslealtad son producidos por los actos de uno o más grupos de oposición desleal que cuestionan la existencia del régimen y quieren cambiarlo. En el caso de Weimar, la República nunca pudo ganarse la lealtad del ejército y de algunos sectores sociales. El ejército mantenía una orgullosa distancia con respecto a las instituciones democráticas y a los partidos políticos y desde el ascenso de Kurt von Seeckt al mando de las *Reichswehr*, empezó a interesarse con avidez por los acontecimientos políticos y a intentar influir sobre las políticas del gobierno (Schulze, 2007).

Por su parte, la burguesía de clase media vivía en un estado continuo de crisis de identidad y se sentía constantemente amenazada por las transformaciones radicales que sufría su entorno social y económico. La catástrofe económica de 1923 le sirvió para culpar a la República de todos los males sufridos. Así, para los propietarios, los empresarios y los terratenientes, la República de Weimar era culpable de todo, porque su política social y económica se basaba en una praxis redistributiva en favor de los sectores más desaventajados.

De esta manera, la democracia de Weimar sucumbió bajo la presión de las expectativas que tenían los diferentes grupos sociales. La lealtad de su población dependía de la capacidad que el gobierno y sus instituciones tuvieran a la hora de resolver los conflictos sociales que surgían de la distribución económica. Así entró en jaque la legitimidad del régimen democrático mismo, la creencia de que quienes detentaban el poder en la República tenían autoridad para ello. En ese sentido sostiene Linz (1991) que mientras más alto sea el compromiso en

10. Sobre los sistemas de partidos polarizados ver Sartori (1966:21-64 y 1980).

número e intensidad con la legitimidad del régimen, mayor será la capacidad de este para sobrevivir a crisis serias de eficacia y efectividad al enfrentarse con problemas insolubles. Este no fue el caso de Weimar.

Pero una de las cuestiones más interesantes para la presente investigación, radica en el papel de los intelectuales en la defensa o ataque de un régimen concreto.[11] Así, la ambivalencia de los intelectuales hacia la democracia liberal fue un problema propio de la República de Weimar.[12] En ese sentido, señala Linz (1991) que algunas de las razones de tal ambivalencia pueden encontrarse en el elitismo de los intelectuales y su hostilidad hacia el hombre medio-votante medio; su aversión al político profesional, a quien a menudo consideran su inferior y cuya falta de comprensión y respeto a sus ideas resienten, y su repugnancia a aceptar la disciplina burocrática de los partidos políticos de masas, entre otras. Más allá de estas razones no taxativas, es posible encontrar una recurrente "deslealtad" hacia el régimen democrático por parte de algunos intelectuales de Weimar. El grado de influencia que esto tuvo en la caída de la República es una cuestión que excede los objetivos de esta tesis, sin embargo, uno de los ejes que se recorrerán en la investigación del pensamiento de Kelsen, Schmitt y Heller será el de sus ideas sobre el régimen democrático.

Finalmente cabe mencionar, al menos brevemente, algunas de las "lecciones" aprendidas de la experiencia de Weimar que llevaron a la Alemania de postguerra a realizar cambios en su diseño constitucional. En primer lugar se encuentra el abandono de la neutralidad axiológica de la Constitución. La exitosa "táctica de la legalidad" de Hitler llevó, posteriormente, a la República Federal alemana a incorporar un concepto de democracia basada en valores y capaz de su propia defensa (Junker, 1988). Se consagró el principio de intangibilidad en el inciso 3 del artículo 79 de la Constitución de Bonn, que declara inadmisible toda modificación que afecte a la organización de los *Länder* o los principios de Estado democrático y social de derecho, consagrados en los artículos 1 y 20 del texto constitucional. Además, el artículo 21 en su inciso 2, establece la prohibición de todos aquellos partidos que por sus fines o por el comportamiento de sus adherentes tiendan a desvirtuar o eliminar el régimen fundamental de libertad y democracia, o a poner en peligro la existencia de la República Federal de Alemania, declarándolos inconstitucionales.[13] Y, en efecto, el Tribunal Constitucional

11. Sobre los intelectuales en Weimar ver la obra editada por Anthony Phelan (1985).

12. Pocos artistas estuvieron dispuestos a defender a la República, entre ellos Thomas Mann, quien en 1922 hizo, sin éxito, un llamamiento a los estudiantes de la Universidad de Berlín para que defendieran el Estado democrático vigente. En los institutos de enseñanza media imperaban los maestros de orientación nacionalista; en las universidades, los profesores monárquicos; en los púlpitos de las iglesias, los pastores antidemocráticos. (Schulze, 2007). En la literatura también se destaca el nombre de Kurt Tucholsky, quien se pronunció abiertamente como pacifista y defensor de la República. Juanto a Carl von Ossietzky, colaboró en la revista *Die Weltbühne*. Ver Bieber (2002).

13. Ver al respecto Friedel e Iñiguez Hernández (2002).

Alemán resolvió en numerosos casos la inconstitucionalidad de partidos como el *Sozialistische Reichpartei*, una asociación neonazi en 1952,[14] y el *Kommunistische Partei Deutschlands* en 1956.[15]

En segundo lugar cabe señalar la modificación de la forma de gobierno. El paso de una forma semipresidencial a una parlamentaria fue una de las lecciones aprendidas a partir del *Präsidialregierung* de los últimos años de la República. El gobierno se conforma desde entonces por el Canciller y sus ministros, que dependen únicamente de la mayoría parlamentaria y por un presidente, jefe de Estado, que cumple funciones ceremoniales y tiene un poder extraordinariamente limitado. Otra cuestión, vinculada al objetivo de preservar la gobernabilidad, radica en la introducción del voto de censura constructivo, que consiste en que si la oposición deja en minoría al canciller ante una votación, este puede disolver el parlamento o seguir gobernando por seis meses en tanto sus opositores no logren construir en el Bundestag una mayoría alternativa de gobierno, en condiciones por lo mismo de respaldar a un nuevo canciller. De esta manera, se evita que el gobierno quede acéfalo ante la renuncia de un canciller (Pinto, 2000).

Asimismo, y a los fines de evitar la polarización del sistema de partidos, se incorporó un umbral de exclusión al sistema electoral de la República Federal que llega al 5%. De esta manera se excluye del reparto de bancas a todos aquellos partidos políticos que no alcancen ese 5% de votos en las elecciones nacionales, buscando evitar la excesiva fragmentación del sistema de partidos. Finalmente, durante la etapa de rearme de la República Federal de Alemania, se determinó un estricto control político de las fuerzas armadas por los poderes civiles (Junker, 1988) a fin de relegarlas del ámbito político.

3. *La* Weltanschauung *alemana: Nacionalismo, Cultura y Universidad*

Como parte de esta descripción necesaria para comprender la *Weltanschauung* alemana de la época de Weimar, debemos mencionar ciertas cuestiones vinculadas al nacionalismo alemán, la importancia de la *Kultur* y el papel de la Universidad en la formación de intelectuales. El primer punto, el nacionalismo, nos remite necesariamente al proceso de formación del Estado alemán. El nacionalismo constituye una forma específicamente moderna de identidad colectiva, que tras la ruptura del antiguo régimen y la disolución de los órganos tradicionales, vino a satisfacer la necesidad de nuevas identificaciones (Habermas, 2007; Hobsbawm,

14. BVerfGE 2, 1.
15. BVerfGE 5, 85.

1992). En el caso de Alemania, esa necesidad se vio reforzada por dos hechos insoslayables: su tardía formación como Estado en 1871 (y a partir de una guerra con Francia) y su participación protagónica en la Gran Guerra.

La formación tardía de Alemania la llevó a identificarse como un Estado débil que ocupaba una posición subordinada dentro de la jerarquía de los Estados europeos. Norbert Elías (2009) sostiene que si buscáramos escribir una biografía de Alemania deberíamos explicar cómo ese sentimiento de impotencia y de inferioridad de poder se transformó en lo contrario cuando el Estado, anteriormente inconexo y tardíamente integrado, se definió en el contexto de una guerra victoriosa. En el lugar de aquellos sentimientos profundos de minusvalía nacional se instaló una acentuada sensación de grandeza y poderío nacionales. A la Alemania reunificada se le había abierto el camino para convertirse en potencia mundial (Elias, 2009). En ese sentido no es posible entender el proceso alemán ni tampoco su actitud actual hacia el uso de la violencia sin tener presente este rasgo de su desarrollo en la estructura interestatal y, en consecuencia, en la jerarquía de poder y de estatus. Así, como ya hemos señalado, la unidad del país se logró gracias a las victorias militares en contra de sus Estados rivales y la conducción de esas luchas estuvo en manos de la nobleza, no de la burguesía o de las masas.

El papel de la *Kultur* es también relevante para comprender el horizonte de sentido alemán. Elías (1993) rescata la relevancia de la díada *Kultur* y *Zivilisation* en este proceso: no es posible comprender lo que significa para los alemanes *Kultur* si no partimos de lo que entienden por su opuesto, *Zivilisation*. Elías define a este último como todo aquello que la sociedad occidental entiende como propio y es causa de su orgullo: el grado alcanzado por su técnica, sus modales, el desarrollo de sus conocimientos científicos, su concepción del mundo, entre otras cosas. Sin embargo, el de *Zivilisation* no es un término unívoco, ya que el uso que del mismo hicieran franceses e ingleses por un lado, no era el mismo que hacían los alemanes. En Inglaterra y en Francia, el concepto resume el orgullo que inspira la importancia que tiene la nación propia en el conjunto del progreso de occidente y de la humanidad en general. En el ámbito germano-hablante, *Zivilisation* significa algo muy útil, pero con un valor de segundo grado, esto es, algo que afecta únicamente a la exterioridad de los seres humanos. La palabra con la que los alemanes se interpretan a sí mismos, con la que se expresa el orgullo por la contribución propia y por la propia esencia es, en cambio, la de *Kultur*. El término se remite sustancialmente a hechos espirituales, artísticos y religiosos y pone especialmente de manifiesto las diferencias nacionales y las peculiaridades de los grupos.

Esta dicotomía entre *Kultur* y *Zivilisation* ha sido también evocada en el análisis del proceso que llevó a la experiencia del nazismo en Alemania. En ese sentido, se ha investigado la incidencia que podrían haber tenido las ideas de la Ilustración, que encarnaría el concepto de *Zivilisation*, en lo que fue el holocausto. Se han postulado dos respuestas distintas al problema. La primera de la mano de Max

Horkheimer y Theodor Adorno (1997), en su *Dialéctica de la Ilustración.* Allí comprenden al nazismo como parte de una evolución de la idea de ilustración. Otra interpretación es la de Jeffrey Herf (1993), que en su obra *El modernismo reaccionario* explica al nazismo como una reacción contra la Ilustración y sus postulados. En efecto, colabora a abonar esta última teoría el hecho de que de los distintos "sectores intelectuales" que integraban el campo intelectual en Weimar, el de los intelectuales demócratas liberales fuera el segmento menos nutrido. La mayor parte de la intelectualidad alemana se ubicaba en las antípodas: la derecha y la izquierda del espectro ideológico. Así, la poca presencia de intelectuales y defensores de los valores liberales habría obedecido al rechazo de los valores de la *Zivilisation* en el mundo germano (Pinto, 2000; Rodríguez, 2002).

Finalmente, cabe preguntarnos acerca del rol de la intelectualidad alemana y de la Universidad en la configuración de este horizonte de sentido determinado. En esa línea, Fritz Ringer (1990) analiza la actitud de los catedráticos de las universidades alemanas en el período comprendido entre 1890-1933, en el que el país se transformó repentinamente en una nación de alto desarrollo industrial. Básicamente la reacción consistió en un repentino temor a que el progreso material trajera consigo una amplia gama de peligros, especialmente de tipo cultural. La comunidad académica alemana entre 1890 y 1932 se imaginaba a sí misma como un grupo y se consideraba como parte de una elite "portadora de cultura", miembros de un segmento cultural diferenciado de la nación. Su situación como colectivo los unía: su formación intelectual común, su estatus social y la amenaza a su posición que percibían con gran intensidad. La constelación de actitudes y emociones era lo que unía a estos intelectuales, llegando a impregnar su lenguaje y sus métodos de argumentación, haciendo de estos factores sus elementos aglutinantes.

Ringer, basándose en la descripción que realiza Max Weber de los eruditos chinos, propone un tipo ideal de intelectual para dar cuenta de los vínculos existentes entre estas experiencias, actitudes y opiniones en común: el de los "mandarines alemanes". Estos sólo adquieren un papel predominante dentro de una sociedad bajo ciertas condiciones económicas y políticas. En primer lugar, la ubicación de esta sociedad en una etapa intermedia entre el nivel agrario y de industrialización plena, lo que hace que el nivel educativo sea la única base importante para el ascenso social, con capacidad para rivalizar con la aristocracia. En segundo lugar deben darse ciertas condiciones de tipo político, como la transformación gradual de un Estado esencialmente feudal en una monarquía altamente burocrática, favoreciendo así el desarrollo de una élite de tipo mandarín fuerte y consciente de su poder.

Estas dos condiciones se constataron en Alemania, impactando además el peso de estos intelectuales en el propio sistema educativo. La educación era un asunto candente e inmediato en el siglo XVIII y lo seguiría siendo tiempo después. A diferencia de lo que ocurría en la tradición anglo-francesa, existía entre los alemanes un temor a concebir el conocimiento en un sentido utilitarista. Percibían en los anglo-franceses una fuerte asociación entre ciencia y aprendizaje con la idea de manipulación, técnica racional y control del ambiente, lo que veían como uno de los peligros propios del pensamiento del siglo XVIII.

Así, a esta idea de conocimiento práctico oponían los intelectuales las nociones de *Bildung* (traducible como educación o formación) y la ya analizada de *Kultur*, describiendo el acto de conocer como una complementación entre el sujeto conocedor y el objeto conocido.

En relación con la Universidad, los mandarines alemanes entendían que el aprendizaje era relevante para la vida misma, hasta el punto en que la Universidad era responsable de las condiciones morales de la nación. Así "la educación superior adquirió una significancia moral y espiritual tremenda, y los líderes intelectuales de la elite cultivada desempeñaban el rol de intermediarios entre el reino eterno y el temporal" (Ringer, 1990:113). El sistema universitario alemán —conocido en todo el mundo bajo el nombre de Universidad Humboldt— sentó las bases del desarrollo exitoso de este núcleo de pensamiento (Schnadelbach, 1991) y sus intelectuales jugaron un papel fundamental en la etapa de consolidación del Estado.

Asimismo, uno de los aspectos que unió fuertemente a los mandarines en torno a la percepción de una crisis de valores, fue su idea de comunidad (*Gemeinschaft*). Esta noción siempre tuvo prominencia en su espectro de opinión. Entendían a la comunidad como algo naturalmente y orgánicamente desarrollado y a los valores culturales y morales compartidos,[16] como elementos aglutinantes de la comunidad. De ahí la importancia que este concepto tenía para los intelectuales, algo que puede ser constatado especialmente durante el período de la República de Weimar, en el que era común escuchar entre los círculos académicos que una crisis profunda estaba en proceso. La idea de que el *Geist* (espíritu) y sus representaciones habían perdido el control de la sociedad, y que la nueva política y economía se habían emancipado de la influencia cultural y de sus valores, provocaba en este círculo una ofuscación muy grande.[17]

En síntesis, esta elite "portadora de *Kultur*" se posicionó críticamente frente a los cambios que trajo aparejada la democracia en Alemania. Su prestigio y estatus habían venido de la mano del Imperio y ahora aparentaban estar en peligro de la mano de la República y la democracia. Esto, sumado a la importancia de la Universidad en la política alemana, da cuenta del horizonte de sentido desde el que escribieron Kelsen, Schmitt y Kelsen. En palabras de Schnadelbach: cuando la cultura y la política se separan y la cultura llega a estar convenientemente

16. El elemento de la comunidad de valores es uno de gran importancia, como veremos, en la teoría política de Hermann Heller.

17. Esta percepción se sumó al colapso que en el marco de la inflación de 1923 sufrieron los salarios de los docentes universitarios. Más allá de la estabilidad de la que gozaban muchos de ellos, la brecha entre su salario fijo y la subida de precios fue muy notable (Ringer, 1990).

despolitizada, no es de extrañar que "incluso la parte más formada de la sociedad anhele un caudillo y se sienta estéticamente fascinada por el poder" (Schnadelbach, 1991:44).

4. El pensamiento jurídico de Weimar

Como señalamos, el pensamiento jurídico de Weimar ha tenido y tiene un importante legado en la tradición jurídica alemana y en la occidental. Weimar acogió a juristas de todas las orientaciones ideológicas y metodológicas: Gustav Radbruch, Rudolf Smend, Hugo Preuss, Gerhard Anschütz, Richard Thoma, Heinrich Triepel o Erich Kaufmann entre otros, que se pronunciaron junto con Kelsen, Schmitt y Heller acerca del Derecho, la Constitución, los derechos sociales, el parlamentarismo y la democracia. Entre esos nombres es posible encontrar defensores acérrimos de la democracia como Kelsen, Radbruch o Heller, pero también críticos de ella como Carl Schmitt.

La riqueza de debate y de tendencias doctrinarias opuestas puede observarse, por ejemplo, en la composición de la Asociación de profesores alemanes de derecho político (*Vereinigung der Deutschen Staatsrechtslehrer*) fundada en 1922 por Heinrich Triepel, asociación que por ese tiempo llegó a tener cerca de seiscientos cincuenta miembros y que contaba entre los de la primera época con nombres como los de Hugo Preuß, Rudolf Smend, Erich Kaufmann, Carl Schmitt, Gerhard Anschütz, Richard Thoma, Hermann Heller, Walter Jellinek, Erwin Jacobi, Hans Nawiasky, entre otros (Stolleis, 1999). El aporte de la asociación al derecho público alemán fue muy grande[18] y se constituyó como el principal foro para la discusión político-constitucional hasta 1931. En ese año dejó de funcionar y resurgió en 1949, con la República Federal.

Como veremos, en lo metodológico, la de Weimar se caracteriza por ser una tradición jurídica en la que la *Staatslehre* (teoría del Estado) y la *Verfassungslehre* (teoría de la Constitución) estaban íntimamente relacionadas. La rama más importante del derecho en esa época fue sin duda la del *Staatsrecht* (derecho público), en donde confluían estudios sobre el Estado, el derecho público y la Constitución del Reich. Nombres como los de Schmitt, Heller o Smend nunca se plantearon la diferenciación de estos estudios (Verdú, 1973), sino que encontramos en sus teorías una conexión muy fuerte entre estas disciplinas. Es por eso que en el pensamiento jurídico de Weimar lo común es encontrar trabajos que hablan sobre la Constitución, por ejemplo, pero que remiten al mismo tiempo a concepciones sobre el derecho o el Estado.

18. Un trabajo que analiza el aporte de los miembros de la asociación a la disciplina es el de Ulrich Scheuner (1972).

En la política práctica, el pensamiento jurídico de Weimar también tuvo un impacto significativo. Sus juristas se involucraron en la redacción e interpretación de la Constitución de 1919, que fue en sí misma una innovación. Sin duda, la figura clave en la redacción del texto constitucional fue la de Hugo Preuß, quien fue designado por el gobierno del Reich para redactar un borrador. También influyeron indirectamente en esa redacción las ideas de Max Weber, quien fue consultado por el comité de redacción, y cuyas ideas tuvieron especial impacto en el establecimiento de la elección directa del Presidente del Reich y la posibilidad de comisiones parlamentarias de investigación (Aramayo, 1998).

Weimar fue también escenario de un debate metodológico casi sin precedentes. Lo significativo de esos debates consiste en la relación especial en la que se sitúan las cuestiones metodológicas y los problemas sustantivos: en Weimar no es posible separar estos de aquellas. El modo en que se tratan los problemas concretos es resultado de los conflictos sobre el método y, en sentido inverso, se hace necesario el tratamiento de los presupuestos y de los criterios metodológicos para resolver los problemas. "Weimar" simboliza en el ámbito jurídico la "disputa sobre los universales" de nuestra época (Lepsius, 2008). Los debates metodológicos de Weimar, sin embargo, se remontan a los últimos años del imperio guillermino (Stolleis, 1999; Korioth, 2000; Paulson, 2005b). Se puede hablar de dos grandes tendencias que se inician en los últimos años del imperio, como reacción a la hegemonía del pensamiento positivista de la línea de Carl Friedrich von Gerber (1823-1891) y Paul Laband (1838-1918). Por un lado, la representada por Max Weber, Georg Jellinek y Kelsen, que permanecen fieles a la tradición de Gerber y Laband y, por otro, la que representan los escritos tempranos de Erich Kaufmann, Rudolf Smend y Schmitt, que se pronuncian en contra de esa tendencia (Korioth, 2000).

Finalmente, y para completar esta breve introducción al pensamiento jurídico de Weimar, debemos referirnos también a la importancia del socialismo jurídico en el periodo. La concepción jurídica socialdemócrata en Weimar, que no era un todo homogéneo (Herrera, 2002), expresaba mayoritariamente las ideas de la línea integracionista predominante del SPD. La gran mayoría de sus juristas eran muy cercanos a los sindicatos, incluso eran abogados o síndicos de los mismos. Por ejemplo, el caso de Hugo Sinzheimer (1875-1945), quien fuera conocido como el "padre del derecho laboral" en Alemania e integrara la Asamblea Nacional Constituyente,[19] o el de Franz Neumann (1900-1954) y Ernst Fraenkel (1898-1975), quienes representaron a varios sindicatos durante el período de Weimar.

19. Sinzheimer fue quien desarrolló las principales ideas sobre la convención colectiva del trabajo: Fue el principal jurista de los socialistas mayoritarios en la Asamblea Nacional de Weimar y es considerado el redactor del artículo 165. Su rol como maestro de jóvenes juristas socialdemócratas fue también muy importante, especialmente como maestro de Fraenkel, Kahn-Freund y Neumann (Herrera, 2002).

Con la llegada de la socialdemocracia al poder se desarrolló una nueva concepción jurídica socialista, alejada de las concepciones marxistas más ortodoxas. Se trataba de un socialismo que no renegaba del Estado y del derecho, sino que los concebía como medios de mejoramiento de la sociedad, como veremos con claridad en la concepción del Estado y del derecho de Hermann Heller. Asimismo este socialismo jurídico de Weimar desarrolló con amplitud el concepto de "derecho social", una categoría que sería pensada como medio para alcanzar el conjunto de las transformaciones jurídicas (Herrera, 2002). Los desarrollos del socialismo jurídico de Weimar tendrían, finalmente, sus repercusiones en la doctrina jurídica de la República Federal. Con la incorporación del término "social" en la Constitución de Bonn de 1949 se retomaron las ideas de Heller sobre el Estado Social de derecho y se abrió un interesante intercambio acerca del carácter social de la Constitución de la mano de Ernst Forsthoff y Wolfgang Abendroth.[20]

20. Sobre el debate entre Forsthoff y Abendroth ver Meil Landwerlin (1984) y Magaldi (2007).

Capítulo II
El pensamiento jurídico y político de Hans Kelsen

Se puede estudiar la obra de un autor desde muy diversas perspectivas. En el caso de Kelsen las aproximaciones más comunes son dos: una científico-jurídica, basada principalmente en sus aportes a la teoría del derecho, y una filosófico-política, orientada a los presupuestos políticos y filosóficos sobre los que descansa su obra jurídica. Este segundo tipo de acercamiento es el que se pretende aquí. No nos detendremos en un análisis de la Teoría Pura del Derecho de Kelsen sino que intentaremos, a partir de los fundamentos filosófico-políticos de esas ideas, responder a la cuestión de la legitimidad del derecho y del Estado. Podemos afirmar que Hans Kelsen participa del que hemos dado a llamar pensamiento jurídico de Weimar, aún cuando sus obras más divulgadas fueron publicadas tras el derrumbe de la República. Esto es, porque la mayor parte de sus ideas sobre el derecho y el Estado ya habían sido desarrolladas y publicadas en 1933.

De la misma manera que procederemos con Schmitt y Heller, identificaremos en el pensamiento de Kelsen ciertos presupuestos que ayudarán a entender su idea acerca de la legitimidad del derecho y del Estado. Así, después de una breve introducción a su vida y obra, presentaremos los rasgos generales de su concepción antropológica, su concepto de Estado como un orden idéntico al jurídico, su noción de derecho y su idea de democracia como procedimiento. A partir de estos presupuestos y de un breve excurso acerca del debate que mantuvo con Schmitt sobre el guardián de la Constitución, presentaremos las conclusiones preliminares sobre la concepción de legitimidad en el pensamiento de Kelsen.

1. Vida y obra de Hans Kelsen

Kelsen nació en la ciudad de Praga el 11 de octubre de 1881 pero a los tres años se trasladó con su familia a Viena, donde transcurrieron su infancia y sus primeros estudios. Aunque de origen judío, sus padres lo enviaron a una escuela privada evangélica y cuando ya no pudieron seguir afrontando ese gasto, lo trasladaron a una escuela pública del cuarto distrito de Viena (Méttal, 1976). A pesar de que su rendimiento no era sobresaliente, aprobó en 1892 el examen de admisión en el muy renombrado *Akademisches Gymnasium* de Viena y terminó sus estudios en el verano de 1900 con el propósito de estudiar filosofía, matemáticas y física. Sin embargo, al no poderse inscribir en la facultad de filosofía, ingresó a la facultad de Derecho de la Universidad de Viena. Dos cuestiones prácticas fueron decisivas en esta elección. En primer lugar, la circunstancia de haber tenido que realizar el servicio militar inmediatamente después de terminar el *Gymnasium*. Esto interrumpió totalmente sus inquietudes intelectuales por todo un año, alejándolo de los estudios filosóficos. La segunda razón fue de índole profesional: como filósofo a lo máximo que podía aspirar era a ser profesor de nivel medio, en cambio como abogado podía aspirar, incluso, a la profesión de juez.

Kelsen se inscribió entonces en la carrera de derecho y se doctoró en esa disciplina en 1906. Sus primeras impresiones de los docentes y de la carrera fueron de amarga decepción (Métall, 1976). Por aquella época y bajo la influencia de su amigo Otto Weininger, se fortaleció su antigua inclinación por la filosofía, alejándose así de la perspectiva de una carrera en el poder judicial. También contribuyó a la orientación más académica que tomaría su carrera la circunstancia de que el único curso al que asistía regularmente era el de Leo Strisower sobre historia y filosofía del derecho (Métall, 1976). Ya en una segunda etapa de sus estudios, Kelsen superó la decepción que le había despertado en un principio el derecho. Durante esta época de estudiante escribió su primer libro titulado *Die Staatslehre des Dante Alighieri* (*La teoría del Estado de Dante Alighieri*) que fue publicado en 1905 y tuvo un éxito literario relativamente importante.

Sin embargo, en 1907 murió su padre, y la economía familiar sufrió gravemente esa pérdida. Kelsen comenzó a dar clases privadas a fin de ganar algo de dinero para ayudar a su familia y tuvo que postergar, mientras tanto, una obra que planeaba sobre la proposición jurídica. Desde entonces y ya doctorado en 1906, buscaba la posibilidad de conseguir una beca para poder continuar con sus investigaciones, lo que finalmente logró en 1908. Con este financiamiento tuvo la posibilidad de viajar por seis meses a la Universidad de Heidelberg, lugar que eligió porque allí enseñaba Georg Jellinek, autoridad máxima de entonces en la teoría general del derecho.[1]

En Heidelberg Kelsen se dedicó a trabajar en lo que luego fueron sus *Hauptprobleme der Staatsrechtslehre, entwickelt aus der Lehre vom Rechtssatz* (*Problemas capitales de la teoría del derecho estatal*). No asistía a cursos, salvo al seminario

1. Sin embargo, Kelsen describe en su autobiografía a Jellinek como un ser vanidoso que no toleraba la más mínima contradicción y a sus contribuciones en la esfera de la teoría política como débiles y poco originales. Allí también lamenta no haberse acercado al círculo de Max Weber, quien por entonces también enseñaba en Heidelberg (Kelsen, 2008a).

de Jellinek, con quien no entabló ninguna relación personal por sentirse muy distante de sus ideas referidas a la teoría del derecho. Sin embargo, no pudo terminar allí su libro, porque los problemas económicos de su familia lo obligaron a viajar nuevamente a Viena para buscar sustento para él y los suyos (Métall, 1976). Allí se postuló para trabajar de redactor en las oficinas de la Universidad, pero su origen judío colaboró en que no obtuviera el puesto y tuvo que volver a dar clases privadas para subsistir.

Finalmente, en 1911 Kelsen logró publicar sus *Hauptprobleme* en la editorial J. C. B. Mohr de Tübingen. Con esa obra entregó su habilitación a la facultad de Derecho de Viena, donde pudo ingresar como *Privatdozent* para derecho constitucional y filosofía del derecho, gracias al apoyo de sus viejos maestros de la facultad, Bernatzik y Mentzel.[2] En 1912 contrajo matrimonio con Margarete Bondi. En 1914 nació su primera hija, Anna y en 1915, la segunda, María. En 1914 Kelsen fundó la *Revista Austriaca de derecho Público*, en la que si bien figuraba sólo como secretario de redacción, se encargaba de toda la organización y el trabajo de la misma (Métall, 1976). Ese mismo año obtuvo el nombramiento como profesor adjunto para Derecho Comercial, Derecho Cambiario, Teoría Constitucional y Administrativa en la Academia de Exportación del Ministerio de Comercio.

Sin embargo, su dedicación exclusiva a la docencia no duró mucho, porque al poco tiempo de que estallara la guerra fue convocado para alistarse en el ejército en su calidad de primer teniente de la reserva. Lo que parecía en principio una contrariedad para su carrera académica terminó siendo beneficioso, ya que Kelsen enfermó de pulmonía y fue trasladado a Innsbruck para su "reclasificación", pasando a desempeñar trabajos de oficina dentro del Ministerio de Guerra. En esta dependencia ocupó diferentes posiciones que le permitieron seguir avanzando en sus trabajos académicos.[3] Así, durante los tres años y medio que se desempeñó en el Ministerio tuvo tiempo suficiente para elaborar trabajos como el que publicara en 1920 acerca de la soberanía: *Das Problem der Souveranität und die Theorie des Völkerrechts* (*El problema de la soberanía y la teoría del derecho internacional*).

2. Métall (1976) cuenta que Eduard Bernatzik y Adolf Menzel fueron los encargados de evaluar la obra de Kelsen para su habilitación, pero como el primero se especializaba en derecho administrativo y el segundo en filosofía política antigua, ambos desconocían en lo fundamental los problemas de la teoría del derecho que constituían el cuerpo del trabajo de Kelsen. Él mismo comenta en su autobiografía que tuvo la impresión de que Bernatzik ni siquiera había leído su trabajo porque su dictamen no consistió en nada que fuera distinto a la propuesta de Menzel y todos sus intentos posteriores por conocer la opinión de Bernatzik sobre las teorías de su libro fueron inútiles, porque siempre evadió sus discusiones.

3. Durante los años de guerra, Kelsen asistió a lo largo de todo un semestre a los seminarios privados de Sigmund Freund. Fue por iniciativa del doctor Hanns Sachs, abogado de profesión pero dedicado por completo al psicoanálisis. Pero fue recién durante el verano de 1921, durante unas vacaciones en Seefeld, cuando Kelsen entró en contacto personal más estrecho con Freud (Métall, 1976).

En 1918 Kelsen regresó a Viena pero tuvo que esperar hasta 1919, con la llegada de la República y tras la muerte de su antiguo profesor Bernatzic, para lograr un puesto como profesor extraordinario en la Universidad de Viena. No lo ayudaría en esto su ascendencia judía, ya que el antisemitismo racial y religioso era cada vez más creciente en esta ciudad. Esa es la época en la que tomó contacto con los grupos socialdemócratas, liberales y cristiano-conservadores que se organizarían en los inicios de la República y en ese contexto fue convocado por Kart Renner, canciller del gobierno provisional germano-austriaco, para cooperar en la preparación de la Constitución definitiva austro-alemana. El apartado sobre el control de constitucionalidad, obra completa de Kelsen, fue aprobado por la Asamblea sin ninguna modificación (Kelsen, 2008a) y poco después que se estableciera el Tribunal Constitucional fue elegido miembro permanente, hasta su disolución en 1929.

En relación a sus preferencias políticas, ya en esos años manifestaba Kelsen su antipatía por las posturas marxistas y su simpatía por la socialdemocracia. Si bien defendía la opinión de que un investigador en el campo de las ciencias sociales no debía afiliarse a ningún partido porque esto perturbaba la independencia científica, de manera abierta expresaba su simpatía con el pensamiento socialista y democrático. En efecto, en su *Autobiografía* de 1947, Kelsen reconoce que el sistema económico del liberalismo no constituía ninguna garantía para la seguridad económica de las masas de desposeídos y que esta sólo era posible mediante la economía planificada. Eso sí, reivindicando siempre los principios del Estado de derecho.

Ya en los años veinte se acercó a la corriente psicoanalítica a partir de una invitación que el propio Sigmund Freud le hiciera para dictar una conferencia el 30 de noviembre de 1921 para la Sociedad Psicoanalítica de Viena sobre el tema "El concepto de Estado y la Psicología de las masas de Freud". Esta conferencia, que fue más tarde publicada, no es la única obra de Kelsen que permite observar la influencia del psicoanálisis en su pensamiento ya que esto también se puede percibir en *Gott und Staat* (*Dios y Estado*), donde manifiesta la analogía entre el problema religioso y el jurídico-político a partir del análisis de la analogía entre el concepto de Dios y el de Estado.

En 1920 Kelsen escribió su principal obra sobre la democracia: *Wesen und Wert der Demokratie* (*Esencia y valor de la democracia*), y también su primer crítica a la teoría marxista, en *Sozialismus und Staat. Eine Untersuchung der politischen Theorie des Marxismus* (*Socialismo y Estado. Una investigación sobre la teoría política del marxismo*), obra que como veremos, deja entrever también rasgos acerca de su concepción antropológica. Muy poco tiempo después, en 1921, Kelsen llegó a convertirse en decano de la Facultad de Derecho de la Universidad de Viena, cargo que ocupó hasta 1922. Durante su mandato demostró un interés muy grande por atraer a los mejores profesores de la disciplina, aunque no comulgaran con sus ideas políticas o científicas. Un ejemplo de ello es el caso de Max Adler, uno de los principales juristas marxistas de Austria que incluso había polemizado con Kelsen tras su escrito *Socialismo y Estado*. Adler pertenecía al partido socialdemócrata y esto era la principal causa de que su presencia no fuera aceptada en la Universidad. Kelsen, quien siempre había sostenido que la pertenencia a un partido político no podía ser razón para excluir a nadie de la profesión académica (Métall, 1976), defendió esa convocatoria. Lo mismo sucedería con la postulación de Carl Schmitt cuando Kelsen fuera decano de la facultad de Colonia.

Durante esta época Kelsen escribió una de sus obras más importantes de teoría política: la *Allgemeine Staatslehre* (*Teoría General del Estado*) de 1925, como así también *Das Problem des Parlamentarismus* (*El problema del parlamentarismo*). Sin embargo, el reconocimiento a su trabajo sólo venía del exterior, ya que la prensa extranjera lo honraba como representante de la ciencia y cultura austríaca, mientras los periódicos vieneses lo atacaban maliciosamente por su neutralidad política y sus ideas (Métall, 1976). Por aquellos años decepcionó también a Kelsen un escandaloso suceso entre el gobierno y el Tribunal Constitucional, que terminó con una nueva composición del mismo —sin Kelsen— y una reforma constitucional.[4] Es por eso que frente a un nuevo ofrecimiento de la Universidad de Colonia, que había tratado de contratarlo ya en 1925, Kelsen tomo la decisión de abandonar Austria y radicarse en Alemania.[5] Conforme a un tratado internacional entre Alemania y Austria, Kelsen adquirió en esa época la ciudadanía alemana recibiendo el pasaporte alemán, lo que le traería algunos problemas años más tarde.

En Colonia enseñó derecho internacional, disciplina que no había desarrollado mayormente hasta entonces, por lo que tuvo que dedicarse al estudio y análisis de esa rama del derecho. De esa etapa guardaba Kelsen los mejores recuerdos, ya que las condiciones materiales que le otorgó la Universidad eran muy buenas: pudo alquilar una casa en Marienburg, en los alrededores de Colonia y disponía de su propio instituto, asistentes y abundantes medios para crear una biblioteca de derecho internacional (Kelsen, 2008a). El 20 de noviembre de 1930 Kelsen dictó su cátedra inaugural en la Universidad eligiendo como tema "La justicia platónica" y en 1931 ofreció cursos sobre introducción a la filosofía del derecho y derecho internacional. En el verano de 1932 dictó una serie de conferencias en francés como profesor visitante del Instituto Universitario de Altos Estudios

4. Kelsen fue "invitado" a afiliarse al partido del gobierno, a lo cual se negó. El nuevo Tribunal fruto de la reforma siguió inmediatamente el curso querido por el gobierno confirmando las sospechas de Kelsen acerca de una politización completa del tribunal (Kelsen, 2008a).

5. Métall (1976) señala que si bien parte de la comunidad académica se pronunció públicamente en contra de la partida de Kelsen y emitió una petición para retenerlo, esto no encontró ningún eco en los círculos oficiales. En efecto, cuando Kelsen llevó a cabo la acostumbrada visita de despedida al ministro de Educación, en aquel entonces el profesor Heirich Ritter von Srbik, no se hizo el menor intento por tenerlo o recuperarlo para Viena y Austria. El ministro se limitó a expresarle su deseo de que se encontrara bien en Colonia.

Internacionales de Ginebra (Métall, 1976) y durante el año académico 1932-1933 fue electo como decano de la Facultad de Ciencias Jurídicas de Colonia.

Durante esos años publicó entre otros: *Der Staat als Integration. Eine prinzipielle Auseinandersetzung* (*El Estado como Integración. Una controversia de principio*), contra la teoría de la integración de Rudolf Smend y el escrito *Wer soll der Hüter der Verfassung sein?* (*¿Quién debe ser el guardián de la Constitución?*), en polémica con Carl Schmitt. También discutiendo con el jurista de Plettenberg publicó "*Das Urteil des Staatsgerichtshofs vom 25.Oktober 1932*", un artículo sobre la sentencia del tribunal constitucional por el caso *Prusia vs. Reich*, que involucró directamente a Schmitt y también a Hermann Heller. Durante esta etapa también realizó muchos viajes para dictar conferencias fuera de Alemania invitado por prestigiosas universidades e institutos.

Con la llegada de Adolf Hitler al poder los días de Kelsen en Alemania estaban contados. Su doble condición de judío y demócrata hizo que fuera uno de los primeros profesores destituidos por el gobierno nazi.[6] La facultad de Ciencias Jurídicas, sin embargo, intentó retenerlo y emitió una solicitud pidiendo la revisión de la decisión de licenciarlo. En ella se destacaba no sólo el hecho de que Kelsen nunca había formado parte de ningún partido político, sino también su trayectoria y el valor de su presencia en la Universidad. El documento fue firmado por el decano de turno que reemplazaba a Kelsen y por casi todos los profesores, menos uno: Carl Schmitt. Incluso cuando este sabía muy bien que había sido convocado a la Universidad de Colonia por las recomendaciones de Kelsen. De cualquier manera, esa solicitud no tuvo ningún éxito, en gran parte por la ausencia de la firma de Schmitt, que hubiera podido tener algún peso entre sus amigos políticos[7] y Kelsen tuvo que partir de Colonia.

Así, y tras enfrentar serias dificultades para poder salir del país, Kelsen logró viajar de Colonia a Viena y desde allí comenzó a sentar las bases de su nueva vida en el exilio. Si bien recibió ofertas para trabajar en la London School of Economics y de la New School of Social Research en New York, escogió la oferta del Institut Universitaire de Hautes Etudes Internationales en Ginebra, por sentirse más cómodo con el idioma francés que con el inglés (Kelsen, 2008a). Mientras daba clases en Ginebra, Kelsen alternaba sus seminarios con el dictado de clases

6. Kelsen lo cuenta en su autobiografía: "un día mientras desayunaba y leía el período de Colonia, mi mujer, que estaba sentada frente a mí me dijo: ¡ahí esta tu nombre en la parte posterior de la página! Era la noticia de mi destitución, que yo supe de esa manera. Ahora llegaba el momento de dejar Alemania, con mayor razón cuando en los periódicos nacionalsocialistas se exigía que se confiscara mi pasaporte y se impidiera mi viaje al exterior, pues se suponía que allí yo haría una atroz propaganda contra Alemania" (Kelsen, 2008a:152). El mismo día que licenciaron a Kelsen de su cargo lo hicieron con Hermann Heller.

7. Es notable como, pese a este altercado y los múltiples enfrentamientos teóricos que tuvieron, Kelsen no menciona en ninguna oportunidad a Carl Schmitt en su *Autobiografía*. Por otro lado, teniendo en cuenta la suerte de otros académicos de origen judío durante el régimen nazi, Kelsen se vio en realidad favorecido al haber sido expulsado de Alemania.

en la Universidad de Praga. Sin embargo, allí recibió el rechazo y los atentados de los estudiantes nacionalistas y nazis, que impedían que otros estudiantes se anotaran en sus cursos y amenazaron más de una vez a Kelsen con atentar contra su vida. De esa época, antes de abandonar Europa, es su obra más conocida, la *Reine Rechtslehre. Einleitung in die rechtswissenschaftliche Problematik* (*Teoría Pura del Derecho. Introducción a la problemática científica del derecho*), publicada por primera vez en 1934 y traducida a múltiples idiomas.

Finalmente, el estallido de la guerra obligó a Kelsen a trasladarse a los Estados Unidos. En un primer momento, viajó sin ninguna oferta académica firme. Logró la visa necesaria para su viaje gracias a la gestión de la New School for Social Research y en 1941 ingresó en Harvard como profesor visitante, porque esta Universidad nunca le ofreció un cargo permanente. Sin embargo, los años en Harvard fueron muy productivos para él en publicaciones, especialmente si se piensa que Kelsen comenzó en aquel tiempo a publicar en el idioma inglés, que no le era especialmente familiar (Métall, 1976). Finalmente, en el verano de 1942 recibió una invitación como profesor visitante en la Universidad de California, en Berkeley, San Francisco, en el departamento de Ciencia Política. Kelsen aceptó ese nombramiento y de 1943 a 1945 fue *lecturer* en Ciencia Política, para finalmente ser nombrado en 1945 como *full professor*. Kelsen dictaba una cátedra y un seminario sobre derecho internacional y fue convocado durante meses para ser asesor en Washington, encargándose de la administración de los territorios que habrían de liberar los aliados de las manos alemanas, y luego como asesor de la *War Crimes Commission*. En este último carácter se ocupó de los preparativos técnico-jurídicos de los procesos de Núremberg contra los criminales de guerra nazis (Métall, 1976).

Cuando transcurrió el plazo legal de cinco años que establecía la ley, Kelsen obtuvo la ciudadanía norteamericana. Durante esta etapa su producción editorial fue muy prolífica, ya que su actividad docente no era demasiado absorbente y sus funciones como asesor técnico le brindaban nuevos estímulos, aunque sin quitarle mucho tiempo (Métall, 1976). Entre otras obras publicó en este período: *Society and Nature* (*Sociedad y naturaleza*), *General Theory of Law and State* (*Teoría general del Derecho y del Estado*), *What is justice?* (*¿Qué es la Justicia?*), *Foundations of democracy* (*Los fundamentos de la democracia*) y *The Communist Theory of Law* (*Teoría Comunista del Derecho y del Estado*). En el ámbito del derecho internacional las obras más relevantes del período fueron: *Peace trough Law* (*La Paz por medio del Derecho*), la serie de artículos publicados bajo el nombre de *Law and Peace in International Relations* (*Derecho y Paz en las relaciones Internacionales*) y finalmente su monumental *The Law of the United Nations* (*El derecho de las Naciones Unidas*), de 1950.

En el mes de agosto de 1949 Kelsen viajó a Sudamérica a dictar una serie de conferencias, invitado especialmente por la Universidad de Buenos Aires. Durante el transcurso de ese viaje fue abrumado por honores, incluso en el regreso, interrumpido para una breve visita a Río de Janeiro. Durante su estancia en Argentina, Kelsen se vio envuelto en una polémica con Carlos Cossio quien publicó la serie de cursos dictados por Kelsen, pero también sus opiniones propias y conversaciones privadas con Kelsen, sin autorización de éste.[8] Kelsen respondió a Cossio en un texto titulado "Teoría Pura del Derecho y Teoría Egológica" poco tiempo después (Kelsen, 1953) y allí afirmó que su intensión nunca fue la de "discutir" con la Teoría Egológica, sino que viajó a Argentina aceptando una invitación de la Facultad de Derecho de la Universidad de Buenos Aires para hablar de unos cuantos problemas seleccionados de la teoría pura del derecho: es decir "a dar lecciones, no a seguir discusiones" (Kelsen, 1953:3-4).

Las ideas de Kelsen en América Latina tuvieron una gran divulgación e impacto, debido en parte a la temprana difusión de sus textos, emprendida entre otros por Luiz Legaz y Lacambra, Luis Recaséns Siches, el mismo Carlos Cossio con quien discutió, Eduardo García Maynez y Roberto Vernengo, entre otros. Además de Argentina, Kelsen visitó México en 1960 para impartir cursos en la Facultad de Derecho de la Universidad Autónoma de México (Alarcón Olguín, 2003). También recibió una invitación del gobierno de Venezuela y fue más tarde invitado nuevamente a Argentina, ahora por el Instituto de Filosofía del Derecho de la Universidad de Buenos Aires, bajo la dirección de Ambrosio Lucas Gioja, para que con motivo del 150º aniversario de la independencia dictara dos conferencias. Kelsen, sin embargo, alegando motivos de salud rechazó ambas invitaciones (Métall, 1976).

Hasta sus últimos días siguió trabajando en la edición de sus obras y sus traducciones y especialmente en su última gran obra: *Allgemeine Theorie der Normen* (*Teoría General de las Normas*), que quedó inconclusa y fue publicada póstumamente en 1979. En esta última etapa también dedicó muchas semanas a la traducción inglesa de su *Teoría pura del derecho*, y se abocó al cuidado de la reimpresión de muchos de sus viejos libros y nuevas ediciones de obras agotadas (Métall, 1976). Kelsen vivió hasta los 91 años y falleció en la Ciudad de Berkeley, el 19 de abril de 1973.

2. La concepción antropológica kelseniana

Uno de los presupuestos de la teoría kelseniana sobre la legitimidad es el de su concepción sobre la naturaleza humana. No hay una elaboración sistemática al respecto en su teoría del derecho o su teoría política, pero sí podemos reconstruir

8. Métall (1976) resalta que Kelsen tomó medidas enérgicas ante el editor para que se retirara la edición no autorizada por él. El texto de Carlos Cossio se publicó como *Teoría Egológica y Teoría Pura. (Balance provisional de la visita de Kelsen a la Argentina)* (Cossio, 1949).

su pensamiento a partir de las críticas que elaboró al marxismo, al anarquismo y al iusnaturalismo, y ciertas ideas que plantea sobre el liberalismo. En el caso de las críticas al marxismo y anarquismo, estas se concentran básicamente en el carácter utópico que encuentra Kelsen en la idea de una sociedad sin Estado. En el caso del iusnaturalismo y el liberalismo, se trata de una crítica sobre la coherencia o incoherencia de sus postulados sobre la antropología.

El interés de Kelsen por las teorías de corte marxista y marxista-leninista se manifiesta ya desde los comienzos del período estudiado.[9] En 1920 publicó dos obras que si bien, aparentemente no parecen conectadas, merecen estudiarse en conjunto: *Socialismo y Estado* y *Esencia y Valor de la Democracia.*[10] En la primera se concentran sus principales críticas al marxismo, intentando responder a la pregunta de si es posible una teoría marxista del Estado, y en la segunda, Kelsen realiza su defensa más contundente del régimen democrático, oponiéndolo indirectamente a la alternativa marxista-socialista. A partir de ambas obras, pero principalmente de la primera, podemos concluir que la principal crítica de Kelsen al marxismo es la de confiar en la posibilidad de una sociedad sin Estado, algo que Kelsen, partiendo de la naturaleza conflictiva de los seres humanos, cree imposible.

Kelsen critica la idea de que el hombre sea bueno por naturaleza y que sea el modo capitalista de producción el que haga de él un ser peligroso.[11] Desde su perspectiva, el capitalismo es posible porque se corresponde con la naturaleza egoísta del hombre, en quien existe un impulso indestructible de hacer trabajar a otros para sí y utilizar a otros hombres como medios para fines propios (Kelsen, 1985a). Así, considera que la creencia en la posibilidad de construir una comunidad solidaria en la que exista una única voluntad general, se funda o bien en la ignorancia de la naturaleza humana o bien en un optimismo exacerbado de la posibilidad de cambio en el hombre. Para el jurista, la idea de que el futuro se construye a partir de un hombre nuevo es lo mismo que "adentrarnos en el país nebuloso de la utopía" (Kelsen, 1985a:153).

Para Kelsen los conflictos humanos perduran inexorablemente en cualquier tipo de organización social. Si bien acepta que en una sociedad igualitaria, comunista tal vez, la criminalidad provocada por necesidades económicas podría disminuir o incluso desaparecer, cree que aún así los delitos provocados por celos, ambición, o móviles sexuales, permanecerían. Considera que no es "científico"

9. Sobre la relación de Kelsen y los marxistas ver Correas (2004) y Guastini (2003).

10. Es interesante al respecto la observación que realiza Oscar Correas (2004), quien sostiene que en los textos en los que Kelsen habla de la democracia, aparecen la igualdad y la libertad cargados de un sentido positivo; precisamente porque se trata de defender la democracia. Sin embargo, en las obras en donde la cuestión es la de polemizar con el régimen soviético, estos datos "primitivos" del hombre, aparecen cargados de una connotación negativa.

11. Idea que en realidad los defensores del marxismo podrían poner en duda. Para el materialismo histórico el hombre, más que un ser bueno por naturaleza, parece ser un ser histórico. De ahí que esta afirmación tan tajante de Kelsen sea difícil de sostener.

afirmar lo contrario y es esta una de las principales críticas que realiza al marxismo, porque cree que postulando como realidad lo que el marxismo pretende prescribir como bueno, incurre en la falacia de confundir la dimensión del ser con la del deber ser (Kelsen, 1985a). Para Kelsen, tomando en cuenta las condiciones de la naturaleza humana, la realización a-estatal del socialismo es imposible, y si bien no pone en duda la posibilidad de una teoría económica del socialismo, lo que no cree es en la posibilidad de que se realice sin el Estado. Desde su perspectiva, el optimismo exacerbado de Marx y Engels por la posibilidad de cambio en el hombre, se corresponde perfectamente con una teoría "anarquista" de la organización social, porque si el hombre es capaz de convivir pacíficamente, entonces, la idea de un Estado es obsoleta.

Kelsen trabajó también esta cuestión en otros escritos de la época, como por ejemplo el que publicó en 1923 y que se titula *Die politische Theorie des Sozialismus* (*La Teoría Política del Socialismo*). Allí advierte sobre la trascendencia real del socialismo marxista y describe su tiempo como uno "en el que casi todos los pueblos civilizados se estremecen constantemente ante las inquietantes sacudidas que una poderosa fuerza dirige contra los fundamentos del orden social" (Kelsen, 1988:63). Allí describe al marxismo como una religión, sosteniendo que el socialismo científico es más religión que ciencia y afirma que de la misma manera que el cristianismo fue la religión de los desposeídos hace dos mil años, hoy el marxismo lo es para los desposeídos modernos.

En esta obra, Kelsen insiste en igualar al marxismo con el anarquismo, ya que entiende que las diferencias entre ambos son muy sutiles y que, en todo caso, fue Lenin quien se dedicó a presentarlas como irreconciliables. Asimismo critica la teoría marxista de desaparición del Estado que, nuevamente recurriendo a la metáfora religiosa, entiende que es presentada por el marxismo como el acaecimiento de un milagro (Kelsen, 1988). Para el jurista vienés, aún en la mejor de las sociedades comunistas, prevalecerán los egoísmos y mezquindades humanas y por lo tanto seguirá siendo necesario el Estado, ya que: "¿no son el odio, la envidia, la venganza, la ambición así como toda la extensa zona del eros, un inmenso infierno lo suficientemente peligroso como para hacer saltar por los aires incluso al orden económico más justo?" (Kelsen, 1988:77).

Ya en el exilio, Kelsen continuó preocupado por esta cuestión. Si bien las obras posteriores a 1945 no forman parte del período estudiado, vale la pena reseñarlas a fin de indicar algunas variaciones o continuidades con la época de Weimar. La primera de ellas data de 1948 y consiste en un artículo llamado *La Teoría Política del Bolchevismo. Un análisis crítico.* Este escrito, claramente mediado por la experiencia stalinista, da cuenta del énfasis de Kelsen en la defensa de los valores democráticos frente a los totalitarismos de izquierda. Allí vuelve sobre las contradicciones de la teoría marxista, en especial, a partir de su reformulación por Lenin y Stalin. Resalta además de manera especial la íntima conexión existente entre democracia y libertades individuales, sosteniendo que la democracia exige que la idea de libertad sea realizada no sólo positivamente, es decir, mediante la participación directa o indirecta en el gobierno de todos los ciudadanos, sino también negativamente, es decir, por medio del otorgamiento de las libertades esenciales, entre las cuales la libertad de los partidos políticos es la más importante (Kelsen, 1988).

Tal vez lo notable de esta obra de 1948, que representa una novedad con respecto a las de la época de Weimar, sea que plantea la posibilidad de una compatibilidad entre la democracia y el sistema económico socialista. En este caso, su argumento apunta a demostrar el carácter no democrático del régimen soviético, ya que para Kelsen, todas las contradicciones de la Rusia soviética provienen ni más ni menos del concepto de dictadura del proletariado, que es, en definitiva, una dictadura. Con "socialista" Kelsen se refiere en este trabajo al gobierno del Partido Laborista inglés entre 1945 y 1951, y lo designa como la verdadera democracia en el sentido tradicional del término.[12]

Kelsen vuelve sobre la misma idea en un nuevo trabajo sobre la democracia, presentado en abril de 1954 en la Universidad de Chicago y publicado en 1955 con el título *Fundations of Democracy.* Si bien aquí continúa su crítica al bolchevismo, analiza en detalle la posibilidad de una economía socialista en democracia y concluye que la nacionalización de los medios de producción no excluye de por sí instituciones jurídicas que garanticen la libertad de prensa y otras libertades propias de la democracia (Kelsen, 1988). Manifestándose abiertamente a favor de este supuesto sostiene: "personalmente no soy contrario a este programa político. Creo que la democracia es compatible con el socialismo. Pero niego decididamente que para realizar este programa, sea necesaria una redefinición del concepto de democracia" (Kelsen, 1988:307).

Finalmente, Kelsen volvió a escribir sobre marxismo en un texto de 1955 llamado *The Communist Theory of Law* (*Teoría comunista del Derecho y del Estado*). Allí arremete contra el carácter utópico del marxismo y sostiene que la creencia de Marx y Engels en la posibilidad de un orden social comunista se basa en dos suposiciones fácilmente rebatibles: que la socialización de los medios de producción incrementaría tanto la producción material de manera tal que todas las necesidades económicas podrían ser satisfechas y, segundo, que las perturbaciones del orden social son causadas sólo por las circunstancias económicas, por lo que

12. Kelsen sostiene que la nacionalización de los medios de producción y todas las demás medidas necesarias para abolir la explotación, las diferencias de clases y los antagonismos de clases, pueden llevarse a cabo mediante actos legislativos y administrativos, de una manera pacífica y constitucional. Y eso, sostiene, es lo que está ocurriendo "ahora" en Inglaterra bajo el gobierno del partido laborista (Kelsen, 1988). Es interesante recordar los vínculos de Kelsen con la socialdemocracia austriaca para comprender estas ideas. En efecto, para Carlos Miguel Herrera (1997) es necesario analizar estos vínculos ya que las relaciones de Kelsen con la socialdemocracia no se agotan en la mera simpatía personal por su programa, sino también repercuten en el dispositivo conceptual de su teoría política. Para Herrera se lo podría catalogar a Kelsen de ser un "socialista liberal".

si un orden social garantizara la plena satisfacción de las necesidades de todos los miembros de la comunidad, ya no se precisarían las medidas coercitivas como reacción contra las violaciones de ese orden. Para Kelsen, ambas predicciones no tienen ningún fundamento en la realidad. En lo que respecta a la primera, no cree que una vez abolida la división de trabajo entre propietarios y no propietarios de los medios de producción la producción social aumente. Con respecto a la segunda, repite el argumento de 1920 de que las circunstancias económicas no son las únicas causas de la perturbación del orden social, y que la psicología criminal demuestra que el sexo y la ambición representan un papel por lo menos muy importante. Es por esto que afirma, volviendo a la metáfora religiosa que usara en otros trabajos, que la posibilidad de una sociedad de perfecta justicia, sin Estado y sin derecho, "es una profecía utópica como el mesiánico Reino de Dios, el paraíso del futuro" (Kelsen, 1957:65).

Por último, resalta en este trabajo el carácter contradictorio de la teoría marxista, ya que entiende que su propuesta de anarquismo político no puede ir de la mano del autoritarismo económico. Para el jurista vienés, el carácter autoritario de una organización centralizada no ha sido negado ni por Marx ni por Engels, y precisamente fue este último el que admitió expresamente que la organización económica del futuro no sería posible sin autoridad (Kelsen, 1957). Para Kelsen, la administración de las cosas y la dirección de los procesos de producción son dirigidos por personas y no son posibles sin un gobierno que concentre un alto grado de autoridad.

En cuanto a las críticas de Kelsen al anarquismo, cabe hacer una aclaración. En este caso sus referencias no parecen ser tan eruditas como las que realiza del marxismo, ya que casi no encontramos referencias directas a las obras de los principales anarquistas clásicos (Pierre Joseph Proudhon, Mijail Bakunin o Piotr Kropotkin), sino que las menciones son siempre indirectas. Paradójicamente, pareciera haber en los textos de Kelsen cierta simplificación de la teoría política anarquista, al mismo tiempo que, como señalaremos, un acercamiento interesante a su propuesta metodológica. Una de las primeras obras en las que encontramos alguna referencia al anarquismo es *Dios y Estado*, texto escrito entre 1922 y 1923, lo que indica que fue ideado en el marco de los primeros acercamientos de Kelsen al psicoanálisis freudeano. Aquí, Kelsen parte de analizar el vínculo entre ateísmo y anarquismo, porque cree que entre ambos hay un elemento que los une y que radica en la creencia: Dios y Estado existen en tanto los individuos creen en ellos. En cuando se aniquila esa creencia, Dios y Estado desaparecen (Kelsen, 2003b).

En misma obra Kelsen distingue entre dos "tipos" de anarquismo: un anarquismo como crítica del conocimiento y otro de corte político. Es a este último al que dirige sus críticas y al primero al que reivindica. Al anarquismo como crítica del conocimiento lo llama anarquismo "metodológico" y lo identifica con el pensamiento del anarquista individualista Max Stirner, a quien le concede el mérito de haber negado al Estado como un ente distinto del orden jurídico, de haber descubierto su entidad "fantasmal" (Kelsen, 2003b:289). Es esta crítica del poder, esta "quita del velo", lo que rescata Kelsen del anarquismo metodológico. Para Kelsen esta crítica es valiosa porque entiende que cuando se le enseña al individuo que el Estado no es más que un simple orden jurídico se despierta en las personas la conciencia de que este Estado es obra humana: hecha por hombres y para hombres. Este es el tipo de anarquismo que encuentra afín con la Teoría Pura del Derecho, ya que tiene el mérito de poner en evidencia la utilización política de la ficción del Estado, y haciendo esto, desplaza a la teoría del Estado del ámbito de la teología para llevarla al ámbito de la ciencia moderna. La teoría del Estado se convierte así en teoría del derecho (Kelsen, 2003b).

Pocos años después, en su obra de 1925 *Teoría General del Estado*, Kelsen vuelve a referirse al anarquismo, pero en este caso sólo al anarquismo "político". Con muy pocas referencias bibliográficas directas, salvo alguna mención a las obras completas de Bakunin, Kelsen emprende aquí una crítica a lo que sería el anarquismo clásico. En primer lugar lo describe como un mero resentimiento contra la heteronomía, contra la subordinación a un orden que no sea el propio. En este sentido, el anarquismo representaría la negación fundamental de todo deber ser, la negación de la norma. Y es por eso que constituiría un "nihilismo social" (Kelsen, 1934:37).

En segundo lugar, Kelsen sostiene que todo anarquismo político —incluso el individualista— postula un orden social que identifica con el orden natural. Así es que el anarquismo (al igual que el marxismo) terminaría sosteniendo la identidad entre ser y deber ser, al aceptar la bondad de todo lo existente y creer en la posibilidad de una evolución hacia el bien. El anarquismo vería entonces al orden natural como el mejor orden y a la coacción estatal como la perturbación de esta armonía (Kelsen, 1934), por lo que sin Estado, quedaría asegurada la comunidad solidaria de un orden justo, orden que ya no precisaría de la coacción artificial. Desde esta perspectiva, lo que hace malo al hombre es el Estado. El hombre nace bueno por naturaleza y es la coacción estatal la que lo envilece. Es por esto, entiende Kelsen, que la concepción antropológica anarquista, al igual que la sostenida por el marxismo, es utópica y poco realista.[13]

Además, cree que esta confianza en el orden natural tiene como consecuencia metodológica que el conocimiento de la sociedad sea incluido dentro de las ciencias naturales, que a diferencia de las sociales, se rigen por el principio de causalidad. En otras palabras, para Kelsen el anarquismo incurre en la misma falacia que el marxismo al derivar del hecho de que en un estado "natural", "originario", no exista Estado, la consecuencia de que en la actualidad no deba existir o que exista una tendencia a su desaparición. De esta manera, al proclamar

13. Tanto para Kelsen como para Schmitt el anarquismo parte de una antropología positiva. Sin embargo, es posible encontrar en los anarquistas una idea más compleja de la antropología que no necesariamente se equipara con la creencia en la bondad del hombre. Ver D'Auria (2007 y 2008).

cierto orden natural (sin Estado), el anarquismo manifiesta su preferencia por ese orden elevándolo a una categoría absoluta. Así, tanto por su ignorancia del dualismo de ser y deber ser, como por su creencia en un orden social idéntico con el orden natural, el anarquismo es para Kelsen "iusnaturalista" (Kelsen, 1934:39).

Por último, también encontramos referencias a la concepción antropológica kelseniana en sus críticas a la teoría iusnaturalista, pero también en sus opiniones —positivas— sobre el liberalismo. Al iusnaturalismo le critica, entre otras cosas, que se contradice: por un lado considera a las partes de un contrato como sabias y buenas, suponiendo que los intereses de los hombres no perturban su juicio objetivo y que son aptos para conocer la "verdad" plena, pero por otro lado plantea la necesidad de un Estado como garante de esos acuerdos. Así, a diferencia del marxismo o del anarquismo que serían en este punto coherentes, "el iusnaturalismo adolece de una contradicción que muy pocas veces se ha llegado a explicitar" (Kelsen, 1993:72).

Distinta es la postura de Kelsen respecto del liberalismo. En su *Teoría General del Estado*, sostiene que el liberalismo, a diferencia del anarquismo, no parte del supuesto utópico de la bondad natural del hombre sino que "con un criterio más realista de la naturaleza humana" (Kelsen, 1934:41), afirma una concepción pesimista y considera que la aplicación de coacción y, por lo tanto, el Estado, son imprescindibles. Sin embargo, Kelsen es consciente de que el liberalismo concibe al Estado como un "mal necesario" y que por eso entiende que su actuación debe ser reducida al mínimo: procurar la defensa de la seguridad exterior y la protección de la vida y la propiedad de ciudadanos, pero de ninguna manera pretender fomentar el bienestar de los ciudadanos y, mucho menos, intervenir en la vida económica o las cuestiones espirituales de los mismos. Como veremos, Kelsen acepta y adopta en su teoría ciertos principios del liberalismo político[14] (como, por ejemplo, las herramientas del Estado de derecho y el parlamentarismo) pero se aleja de las ideas de un liberalismo de corte económico cuando concibe la posibilidad de una intervención estatal fuerte en la economía.

Ahora bien, a partir de todas estas ideas podemos afirmar que Kelsen presupone una concepción negativa de la naturaleza humana. En su sistema de pensamiento no es concebible la existencia de una sociedad sin conflicto. Y de ahí sus principales críticas a las posturas marxistas, anarquistas y al iusnaturalismo. En líneas generales, Kelsen comparte con Schmitt y Heller una visión pesimista, pero que en él asumiría la forma de una *Weltanschauung* pesimista que se asemeja a la freudiana (Herrera, 1994; Dotti, 2000a). Así Kelsen, sin la impronta teológica de Schmitt, parte del presupuesto de que el hombre necesita del derecho para convivir pacíficamente y que de ninguna manera es posible su desaparición (Correas, 2003).

14. Es problemático identificar a Kelsen como liberal. Si bien existen componentes liberales en su pensamiento (su concepción de la ciencia como progreso, su relativismo ético o su individualismo metodológico) hay importantes incompatibilidades de su pensamiento con algunos ejes del liberalismo clásico. Ver en ese sentido Herrera (1998).

Podríamos afirmar también que la concepción kelseniana de la naturaleza humana se distancia de lo que sería un pesimismo "clásico" o "hobbesiano", al menos en dos sentidos. La primera diferenciación viene de la mano de la idea de la "bondad" del Estado. En general, todo aquel que postule la maldad natural del hombre plantea al mismo tiempo que el Estado es un valor positivo. Para Kelsen esto no es así porque comparte con el liberalismo la idea de que el Estado es un mal necesario, en el mejor de los casos. En ese sentido se acerca mucho más a los anarquistas[15] y a los liberales radicales, porque es un crítico del poder. Si bien, al igual que harán Schmitt y Heller, no concibe la posibilidad de una sociedad sin Estado, en el caso de Kelsen es posible encontrar un recelo muy fuerte por la limitación de la libertad natural del hombre que no encontramos en los otros dos juristas. Para Kelsen, como veremos, ya que el Estado y el derecho deben existir, "debemos aspirar al menos a ser gobernados por nosotros mismos, de manera tal que la libertad natural se convierta en libertad social o política" (Kelsen, 2005:16-17).

La segunda cuestión que lo aleja de un pesimismo antropológico clásico se deriva de cierta confianza de Kelsen en la posibilidad de "educar al hombre" por medio de las instituciones y de evitar el conflicto a través del derecho. Esto se ve principalmente en sus obras de derecho internacional, en donde habla de la posibilidad de lograr acuerdos estables de paz por medio del derecho, y en general en toda su postura cosmopolitista que lo acerca al idealismo en términos de relaciones internacionales. Esto se constata especialmente en su artículo de 1943 "La paz por el derecho", en el que postula la necesidad de concertar un tratado internacional a concluirse por tantos Estados como sea posible, "los victoriosos como los vencidos, estableciendo una corte internacional de jurisdicción compulsiva" (Kelsen, 1946:273) a los fines de lograr la paz. Ahí mismo es donde realiza una crítica de la Liga de las Naciones, que desde su punto de vista confirma por medio de sus fracasos la necesidad de la existencia de una jurisdicción compulsiva.

3. El concepto de Estado en Kelsen

La concepción antropológica negativa de la que parte Kelsen lo lleva a afirmar la necesidad de un orden coactivo para mantener la paz social. Como hemos visto, sus críticas al marxismo y al anarquismo parten de entender que la historia ha demostrado la imposibilidad de constituir un orden social no coercitivo y que, por lo tanto, el ideal de una sociedad sin Estado es una utopía. Sin embargo,

15. Este no es el único punto que une a Kelsen con los anarquistas clásicos. Al respecto ver D'Auria (2008). Para este autor, las potencialidades libertarias de la teoría de Kelsen "son claras para quien las sabe leer" (2008:17).

también hemos adelantado que Kelsen ve al Estado como un mal necesario, ya que reivindica un tipo de libertad "natural", presocial, que ha devenido en libertad "social" en las sociedades modernas, en la que el hombre domina al hombre.

Kelsen es consciente de que debido a que esta libertad social es molesta al ideal de libertad natural, los hombres la han "ocultado" históricamente detrás de ideas como las de Estado, Dios o Nación. Acercándose aquí a la perspectiva anarquista y a la teología política de Schmitt, Kelsen recurre al paralelismo entre la teología y la teoría del Estado para denunciar este "encubrimiento ideológico" que pretende ocultar la dominación de los hombres sobre otros. Así, a partir de poner de manifiesto este presupuesto, Kelsen elabora su crítica al dualismo entre Estado y derecho, que toma algunos elementos de la teoría del derecho de Max Weber. Veremos, finalmente, que su concepción sobre el Estado implica una crítica al concepto clásico de soberanía y una reivindicación de la primacía del derecho internacional.

3.1. La libertad "social" y la hipostación del Estado

Kelsen define al Estado como un orden jurídico relativamente centralizado y soberano. De sus notas características destaca especialmente su carácter coercitivo, que entiende como el elemento específicamente "político" del Estado (Kelsen, 1993). Para Kelsen, una sociedad sin un cierto tipo de orden coercitivo es imposible, y esta realidad se encuentra probada en la misma historia de la humanidad. Las grandes comunidades sólo se han constituido mediante órdenes coercitivos, incluso las comunidades sociales de pueblos primitivos se han basado en órdenes religiosas coercitivas que se han sido secularizando paulatinamente. Desde su punto de vista, es muy improbable que un orden social, incluso aunque asegure a los individuos todas las ventajas que desean, no corra el riesgo de ser violado y, por consiguiente, no necesite tomar precauciones mediante medidas coercitivas frente a los que lo violan real o potencialmente (Kelsen, 1993). Un orden social natural, es para Kelsen una idea contradictoria en sí misma, ya que todo orden social precisa del derecho. Y, como hemos visto, para Kelsen ni siquiera el socialismo es capaz de realizarse sin ese tipo de técnica social coercitiva.

Sin embargo, Kelsen es consiente de que el ser humano ha deseado siempre una sociedad en que la fuerza no se ejerciera entre los hombres. De allí las doctrinas que, como el marxismo o el anarquismo, creen en una evolución hacia una sociedad "libre", en la que no existan ni el derecho ni el Estado. Esta búsqueda proviene para Kelsen de la idea de libertad natural o "auténtica" que se contradice necesariamente con la naturaleza social del hombre. La idea de libertad natural es, precisamente, el contrapunto de lo social, porque lo social implica unión, vinculación y por tanto restricciones. Así es que la libertad se transforma en las sociedades modernas y en vez de vivir una libertad natural, concebimos una libertad social: "un tipo de libertad que se amolda con elementos extraños a ella para poder sobrevivir en la esfera de lo político" (Kelsen, 2005:51). El problema de esta libertad social, advierte Kelsen, se encuentra en la propia naturaleza humana, que no soporta ver a un igual por encima de sí mismo. Es así que buscando ocultar el hecho "del dominio del hombre sobre el hombre" (Kelsen, 2005:26) la sociedad ha construido la existencia de este tercero imparcial: el Estado.

En la misma línea que el anarquismo y que la teología política schmittiana, Kelsen parte del paralelo entre la teología y la teoría del Estado para explicar cómo los hombres, mediante una operación ideológica, ocultan la dominación de unos sobre otros. Encontramos estas ideas principalmente en sus obras *Dios y Estado*, escrita entre 1922 y 1923, *El alma y el Derecho*, de 1937 y *La idea de Justicia en las sagradas escrituras*, de 1953. En ellas, Kelsen analiza los parecidos entre el sentimiento religioso y lo que llama sentimiento social o político. Así, entiende que la idea de Dios, al igual que la de Estado o de Nación, tienen como fin el ocultar la dominación entre iguales: el hombre se somete a la autoridad del grupo –Dios o Estado– para que los otros también queden sometidos por igual a ella. En otras palabras, lo que permite la creencia en un Dios o en Estado distinto al orden jurídico es el hecho de que "el hombre siente que domina indirectamente a los otros viendo cómo estos se someten a una misma autoridad" (Kelsen, 2003b:272). Tras la máscara religiosa o política los hombres dan rienda suelta a los instintos de dominación que de otra manera, deberían reprimir.

Sin embargo, a diferencia del pensamiento anarquista, a Kelsen le preocupan secundariamente los aspectos ideológicos que encubre esta dominación. Su principal desvelo parece ser principalmente el metodológico, ya que considera incorrecto hablar de Dios o del Estado como seres "reales", olvidando que detrás de toda dominación hay hombres con intereses y voluntades concretas. A Kelsen le molesta que la teoría política se "olvide" del carácter ideal del Estado, pero con esta crítica no cuestiona, a diferencia del anarquismo, la existencia misma de un orden jurídico coercitivo. Como hemos visto, para Kelsen tarde o temprano la dominación y la autoridad son necesarias para lograr un orden social. Y como veremos más adelante, ya que debemos ser dominados, el mejor sistema es la democracia representativa, ya que en ella la libertad de la anarquía se transforma en la autodeterminación a partir de las instituciones parlamentarias (Kelsen, 1993).

3.2. El Estado como orden jurídico

Esta tendencia a ocultar la dominación de los hombres detrás de la idea de Estado es lo que, según Kelsen, lleva a presentarlo como algo distinto del derecho.[16] Esto es lo que llama "dualismo entre Estado y derecho", que representa

16. Entre otros, Kelsen critica en especial por esa concepción de Estado a Rudolf Smend, en su obra *El Estado como Integración. Una controversia de principio*, de 1930.

desde su perspectiva una "duplicación absolutamente superflua" de los objetos de conocimiento de la teoría del Estado y del derecho. Para Kelsen, al igual que sucede con las hipostaciones religiosas, "una vez desenmascarados los actores de la representación religiosa o social, deja de ser Dios el que recompensa y castiga, deja de ser Estado el que condena y hace la guerra: son hombres quienes ejercen violencia sobre otros hombres" (Kelsen, 2003b:272).

El Estado es para Kelsen un sistema de normas o la expresión para designar la unidad de tal sistema. No reconocer esto implica postular un dualismo de dos sistemas normativos, de los cuales el uno es el orden jurídico positivo y el otro sólo un complejo de normas ético-políticas (Kelsen, 1934). Sin embargo, es importante aclarar que no todo orden jurídico es un Estado para Kelsen. Para ser un Estado el orden jurídico tiene que tener el carácter de una organización en el sentido estricto y específico de esa palabra: tiene que instaurar órganos que funcionen con división del trabajo y exhibir cierto grado de centralización (Kelsen, 1986). Así el Estado se define por su población, territorio y el poder estatal, como "un orden jurídico relativamente centralizado, limitado en su dominio de validez territorial y temporal, soberano o inmediatamente determinado por el derecho internacional, eficaz en términos generales" (Kelsen, 1986:294). Esta concepción del Estado como ordenamiento jurídico es la que lo lleva a Kelsen a afirmar que todo Estado es un Estado de derecho. No en el sentido histórico-teórico del término, si no con el fin de negar la existencia de algo más allá del orden jurídico.

Un aspecto interesante de esta concepción sobre el Estado es el de preguntarnos hasta qué punto influyó el pensamiento del sociólogo alemán Max Weber sobre Kelsen. Como ya hemos mencionado, Kelsen se arrepintió de no haber asistido a sus seminarios cuando estudió por un semestre en la Universidad de Heidelberg. La obra del sociólogo le era casi desconocida hasta que en 1921 apareció póstumamente *Economía y Sociedad*, obra que Kelsen sometió a un profundo análisis crítico en su artículo *El concepto de Estado de la Sociología Comprensiva*, publicado ese mismo año. En este podemos encontrar varias pistas de qué aspectos de la sociología de Weber impactaron en su concepción de Estado como orden jurídico.

Uno de ellos es sin duda la distinción weberiana entre validez ideal y empírica. Aspecto que puede ser entendido tanto como un punto de encuentro como de discrepancia entre Weber y Kelsen (Bobbio, 2003). Lo primero lo podemos constatar en la *Teoría General del derecho y del Estado*, cuando afirma que "el ensayo más afortunado de definición del objeto de la sociología del derecho nos lo ofrece Max Weber" (Kelsen, 1969:206). De esta manera, vemos como Kelsen comparte con Weber una distinción que es la base de su *Teoría pura del Derecho*: la distinción de los puntos de vista del sociólogo y del jurista, y de las esferas del ser y del deber ser (Bobbio, 2003).

Sin embargo, precisamente en esta distinción radica su "desencuentro" con la teoría weberiana, ya que el problema que le preocupa a Kelsen no es el de la validez empírica sino el de la validez ideal, de la misma manera en que el punto de vista que prioriza no es el sociológico sino el jurídico. Así, entiende Kelsen que el sociólogo del derecho no puede desarrollar una investigación de los comportamientos jurídicos de una sociedad dada, sin tener un criterio que le permita distinguir un comportamiento jurídico de uno que no lo es. Ahora bien, esta oposición entre Kelsen y Weber que podría considerarse meramente "metodológica" se complementa con otra de corte "teórico" que se refiere a la relación entre derecho y Estado (Bobbio, 2003).

Kelsen reconoce a Weber el mérito de haber definido al Estado moderno como un ordenamiento jurídico y haberse contrapuesto así a las doctrinas sociológicas del Estado que lo concebían como una "realidad social". El concepto de coacción es para ambos esencial a fin de definir al derecho y al Estado (Bobbio, 2003). Sin embargo, la crítica kelseniana parte de la idea de que en la teoría de Weber los conceptos de derecho y Estado se reclaman recíprocamente, pero ninguno subsume al otro. Esto significa que aunque toda la construcción del universo conceptual weberiano nos lleva a percibir al Estado como un ordenamiento jurídico (Kelsen, 2003c), esta identificación en Weber no es teórica sino histórica.

En otras palabras, para Kelsen Weber entiende al Estado como un ordenamiento jurídico, sin llegar a ver que el Estado no es nada fuera del ordenamiento jurídico, o lo que es lo mismo, "sin ver que una vez definido como ordenamiento jurídico, desaparece el Estado como una entidad diversa del derecho" (Kelsen, 2003c:82). Así es que mientras que para Weber la teoría del Estado es distinta de la del derecho, para Kelsen, como veremos, la primera no es más que una parte de la segunda.

3.3. Crítica a la idea de soberanía: la primacía del Derecho Internacional

La crítica de Kelsen al dualismo entre Estado y derecho, lo lleva también a cuestionar el concepto de soberanía. Es cierto que no niega la importancia de este concepto para la teoría del Estado y del derecho internacional, pero sí cree que el término se encuentra profundamente marcado por ambigüedades y que se presta al "abuso" político. En particular, considera que la noción "soberanía del Estado" se vuelve más problemática cuando el derecho internacional se presenta a si mismo como un sistema jurídico que impone obligaciones y confiere derechos en el Estado (Kelsen, 1998) y por ello concluye que es necesario "erradicar" este concepto de la ciencia jurídica.

Para nuestro autor, la soberanía no puede ser una propiedad perceptible o reconocible objetivamente, como si fuera un objeto real. Desde su perspectiva, la soberanía se trata en realidad de un presupuesto: el de un orden normativo como orden supremo que no necesita derivarse de ningún orden superior para ser válido. Así, para Kelsen la pregunta sobre la soberanía del Estado no puede ser respondida a partir de datos empíricos, "ya que los Estados que no cuentan con ningún poder real son tenidos como tan soberanos como las grandes potencias" (Kelsen, 1986:336), sino que hay que buscar esa respuesta en el orden jurídico.

Kelsen ataca así la noción tradicional de soberanía entendida en un sentido material, como poder del Estado. Coherentemente con su crítica al dualismo entre Estado y derecho, reniega de dar esta especie de entidad "super-humana" al Estado, cuya única realidad son, en definitiva, los seres humanos. Cree que mediante este mecanismo se hace de la idea de soberanía un "abuso político", algo que la historia misma del concepto demuestra. Para Kelsen "la idea de soberanía ha estado, desde el principio más al servicio de los propósitos políticos de los gobernantes que de la finalidad del conocimiento científico del Estado" (Kelsen, 1934:148), lo que amenaza no sólo a la cientificidad del derecho sino que también agrega confusión entre los puntos de vista político-morales y jurídicos. Históricamente el concepto ha estado ligado al fortalecimiento de la monarquía absoluta centralista, pero en el Estado democrático se la utiliza todavía con fines políticos, "creando confusión y presentando deseos políticos como verdades absolutas" (Kelsen, 1934:150).

De esta manera, Kelsen reformula el concepto de soberanía porque cree que sólo se puede considerar a un Estado como soberano si se lo concibe en sentido normativo, como un orden jurídico estatal. Así, el problema de la soberanía es, en realidad, el problema de la relación del orden jurídico estatal con el orden jurídico internacional. En ese sentido, clásicamente se suelen identificar dos posturas o visiones de la relación entre el derecho internacional y el interno: el dualismo y el monismo. Como es sabido, Kelsen se ubica entre los críticos de la postura dualista y como defensor de la teoría monista.

De acuerdo al dualismo, el derecho internacional y el derecho estatal son distintos sistemas jurídicos válidos de manera independiente y equivalente (Kelsen, 1998). Así, el comportamiento del individuo puede ser juzgado tanto según el punto de vista del derecho internacional como, al mismo tiempo, según el punto de vista del derecho estatal, y no simplemente del punto de vista de uno u otro. En cambio, de acuerdo con la postura monista, el derecho internacional y el estatal forman una unidad: o el derecho internacional está por encima del derecho estatal, de tal forma que las bases de la validez del derecho estatal deben encontrarse en el derecho internacional (primacía del derecho internacional) o, en cambio, el derecho estatal esta por encima del internacional, de manera tal que las bases de la validez del derecho internacional, reside en el derecho estatal (primacía del derecho estatal).

Descartando por completo por inadmisible la teoría dualista, Kelsen propone la construcción monista de la relación entre el derecho internacional y el estatal, ya sea la de la primacía del derecho internacional o del derecho estatal.[17] Por dos motivos no se pronuncia en favor de ninguna de estas primacías. En primer lugar, porque entiende que esta es una decisión que no corresponde a la ciencia jurídica, sino a la ciencia política o a la filosofía. No existen para Kelsen bases jurídico científicas para esa elección. Y en segundo lugar, porque cree que la diferencia entre estas dos construcciones monistas sólo afecta las bases de la validez del derecho internacional o el estatal, pero no al contenido de estos sistemas jurídicos.

Kelsen explica la oposición de las dos construcciones monistas de la relación entre el derecho internacional y el estatal a partir de un paralelo con la oposición existente entre una *Weltanschauung* subjetiva y otra objetiva. Así, como el punto de vista subjetivista parte de sí mismo para comprender el mundo, la perspectiva de la primacía del orden jurídico estatal parte de la soberanía del Estado para comprender el derecho internacional y los otros órdenes jurídicos estatales. Sólo puede concebir este derecho externo como un derecho interno, es decir, como un componente del propio orden jurídico estatal. Por el contrario, la construcción que postula la primacía del orden jurídico internacional, parte de este para comprender la existencia de Estados individuales y da validez a estos Estados como órdenes jurídicos, como subsistemas incorporados al derecho internacional, y no como autoridades soberanas.

Asimismo, recurriendo como frecuentemente hace en su obra a un ejemplo de la historia de la ciencia, explica la oposición entre estas dos construcciones jurídicas a partir de la oposición entre el sistema solar de Tolomeo y de Copérnico. Las diferencias radican en el punto de referencia: una postura fuertemente atada al orden jurídico estatal, la otra al sistema del orden jurídico internacional. Ambos puntos de referencia son igualmente correctos e igualmente justificados, por lo que sería posible elegir cualquiera de ellos.

Sin embargo, Kelsen sí desarrolla una opinión en su *Teoría General del Estado* de 1925. Allí sostiene que la tendencia subjetivista inmanente a la teoría del primado del orden jurídico estatal conduce forzosamente a la negación no sólo del derecho internacional, sino de la idea misma de derecho. Así, si trasladamos esta idea a la esfera del orden estatal tendremos el primado del individuo, la negación de todo derecho y la proclamación del poder como idea suprema. En ese sentido considera que casi todos los argumentos que ponen en tela de juicio la existencia de la ciencia jurídica, proceden, en definitiva, de un principio subjetivista (Kelsen, 1934).

En resumen, podríamos decir que Kelsen distingue dos nociones de soberanía. La primera es la noción tradicional, que la define como el poder supremo del

17. Sobre esta cuestión, la postura de Kelsen no ha sido siempre uniforme. En la primera edición de la *Teoría Pura del Derecho*, de 1934, Kelsen postula abiertamente la primacía del derecho internacional sobre el interno. Sin embargo, en la edición de 1960 sostiene que solamente el monismo se impone por una exigencia teorética mientras que la elección entre la primacía del derecho internacional y el interno no puede fundarse en consideraciones lógico-jurídicas.

Estado y se vincula a la idea de la supremacía del derecho estatal por sobre el internacional y al punto de vista subjetivista. Esta es la noción que dice Kelsen debe ser "erradicada" de la teoría del Estado y del derecho internacional y su abuso político denunciado. Por otra parte, podríamos decir que identifica una noción "formal" de soberanía. Si uno habla de "soberano" en este contexto, dota al concepto de un significado que es totalmente diferente del sentido anterior. Aquí, expresa simplemente la idea de que el orden jurídico estatal esta sujeto al derecho internacional solamente y a ningún otro orden jurídico, y que, por lo tanto, el Estado es jurídicamente independiente de otros Estados. Desde esta perspectiva, la llamada "soberanía" del Estado, entonces, es nada más que su relación inmediata con el derecho internacional.

4. La concepción kelseniana del Derecho

La teoría general del derecho ha sido una de las ramas de la obra kelseniana que mayor reconocimiento internacional ha recogido (Métall, 1976) y los fundamentos de esta ya fueron delineados en 1911, en su obra *Problemas capitales de la Teoría Jurídica del Estado.* Si bien Kelsen continuó su teoría del derecho en numerosos artículos de la época, es, tal vez, el ya mencionado *Das Problem der Souveränität und die Theorie des Völkerrechts*, de 1920, el primer texto del período de Weimar en el que Kelsen completa el punto de vista "estático" analizado en los *Problemas Capitales*, con uno dinámico.[18] Sin embargo, sería recién en 1925 cuando apareciera su primera obra sistemática de filosofía del derecho, la *Teoría General del Estado*, donde analiza al Estado como ente jurídico y combina las dimensiones estática y dinámica.

Más allá de esto, y a pesar de que ya la había presentado en algunos artículos, la Teoría Pura del Derecho no sería desarrollada por completo hasta 1934, año en que la publica, ya desde el exilio, y con una segunda edición revisada y corregida de 1960. Finalmente, ya instalado en Norteamérica, Kelsen quiso adaptar sus ideas al público norteamericano y publicó *Teoría General del Derecho y del Estado*, que apareció en 1945. Tal vez el último gran intento por sistematizar sus ideas jurídicas fue el trabajo publicado póstumamente por el *Hans Kelsen Institut* de Viena, en 1978, bajo el título *Teoría General de las Normas*, donde retoma todos los temas generales de la Teoría Pura del Derecho y en dónde, adoptando una visión más pragmática revisa la cuestión de la Norma Fundamental como ficción.

18. Para Kelsen el concepto estático del derecho se concentra en los elementos del mismo, y el concepto dinámico observa al derecho en su dimensión de su validez, en la relación con otras normas.

A los fines de periodizar la extensa obra de Kelsen seguiremos aquí a Standley Paulson (1998, 1999), quien divide la obra kelseniana en tres etapas, siendo las dos primeras, las de mayor trascendencia para sus ideas del período de Weimar. Paulson habla de una primera etapa, llamada de "constructivismo crítico", que se iniciaría con los *Problemas Capitales* en 1911. Durante este período, que llega hasta los años veinte, Kelsen intenta superar el positivismo de vieja laya tratando de construir un conjunto de conceptos no reduccionistas. La segunda etapa, que Paulson llama "clásica o neokantiana", se caracteriza por el intento de Kelsen por fundamentar los conceptos básicos del derecho mediante una argumentación trascendental. Kelsen adopta en la totalidad de la doctrina del escalonamiento jurídico de Adolf Julius Merkl y reemplaza su concepción "estática" de la primera etapa por una "jurídico dinámica".

Paulson divide esta segunda etapa en dos partes: una "neokantiana" que ocupa el período 1922-1935, y una segunda "híbrida", que va de 1935 a 1960. Así, a mediados de los treinta y comienzos de los años cuarenta, Kelsen empezaría a introducir algunos componentes analíticos y empíricos a su filosofía del derecho, sin renunciar a la argumentación neokantiana. Pero ya en 1960, sustituiría por completo su instrumental neokantiano por una teoría voluntarista del derecho, poco disfrazada, en la que asume posiciones escépticas (Paulson, 1999). Es por eso que Paulson identifica aquí el nacimiento de una tercera y última etapa, a la que llama "escéptica", que va desde los años sesenta hasta la muerte de Kelsen.

En definitiva, los ejes principales de la teoría del derecho de Kelsen son los elaborados en las dos primeras etapas, y si bien los cambios que se producen al final de la segunda y la tercera son en algunos casos de importancia, no modifican radicalmente su punto de vista acerca del concepto del derecho y su legitimidad. En efecto, para antes de que cayera la República, Kelsen ya había desarrollado sus tesis jurídicas fundamentales: (1) la posibilidad de una teoría "pura" del derecho, que otorgue autonomía a la ciencia jurídica y la posibilidad de un método específicamente jurídico; (2) el dualismo entre ser y deber ser, junto con la diferenciación entre causalidad e imputación; (3) la idea del derecho como un orden coactivo de la conducta humana; (4) la identidad del derecho y del Estado, rechazando el dualismo que se funda en la hipóstasis del concepto de persona jurídica; (5) la afirmación de la supremacía del derecho internacional por sobre el nacional y (6) una concepción de la validez del derecho fundada en la adecuación formal de la producción normativa con último fundamento en la idea de Norma Fundamental, y en consecuencia, determinada concepción acerca de los vínculos entre derecho y moral y derecho y poder. Como los puntos 4 y 5 ya han sido planteados en el apartado anterior y el 6 será analizado en la conclusión de este capítulo, nos concentraremos en lo que sigue en las ideas restantes.

4.1. Opción metodológica: la Teoría Pura del Derecho

Kelsen comienza su *Teoría Pura del Derecho* afirmando que se trata de una teoría sobre el derecho positivo, sobre el derecho en general y no sobre algún derecho específico, y que su objetivo es el de intentar responder qué es el derecho y no que debe ser. Ya desde estas primeras palabras Kelsen se ocupa de delimitar el campo de estudio de la ciencia jurídica, porque entiende la Teoría Pura es una "ciencia" y no una política jurídica. Y, en gran medida, de eso se trata la obra de Kelsen: de otorgarle calidad de ciencia y autonomía al derecho, disciplina que percibe en su tiempo demasiado "ideologizada" y "contaminada" de otras.[19] Es por eso que la tarea que se propone Kelsen es la de "liberar a la ciencia jurídica de todos los elementos que le son extraños" (Kelsen, 1986:15) en otras palabras, deslindar de los estudios jurídicos todo lo que tenga que ver con política, ideología o valores.

Así, el postulado de la pureza del método es el punto de partida de la teoría del derecho kelseniana. La ciencia jurídica no debe hallarse influida por los motivos o intenciones del legislador o por los deseos o intereses de los individuos respecto del derecho a que se encuentran sujetos. En otras palabras, lo que no logre encontrarse en el contenido de las normas jurídicas positivas, no puede formar parte de un concepto jurídico (Kelsen, 1969) y, por lo tanto, debe ser desechado. Por eso, la Teoría Pura es una teoría jurídica propia del positivismo jurídico, porque rehúsa a juzgar axiológicamente el derecho positivo, y se postula así como una teoría con tendencia anti-ideológica (Kelsen, 1986). Mantiene al derecho positivo libre de toda mezcla con un derecho "ideal" o "justo", distinguiéndose de la doctrina del derecho natural. Es por esta tendencia antiideológica que para Kelsen la Teoría Pura se muestra como verdadera ciencia jurídica, porque mientras que la ciencia pone al descubierto su objeto, la "ideología" tiende a encubrir la realidad.

Esta postura se constata en la respuesta que da la Teoría Pura frente a la pregunta por la justicia o por el derecho justo. Frente a ella la teoría kelseniana simplemente se declara incompetente (Kelsen, 1946), ya que entiende que hablar de un orden social justo implica remitir a una idea de felicidad social que sólo puede entenderse en sentido colectivo, como la satisfacción de ciertas necesidades como la de alimento, vestido o vivienda. Sin embargo ¿cómo se puede determinar cuáles son estas necesidades y cuál es su jerarquía? La respuesta consiste en un juicio de valor determinado por factores emocionales y, por lo tanto, un juicio subjetivo, válido únicamente para el sujeto que juzga y, en consecuencia, relativo (Kelsen, 1993). Así, aunque alguien se sienta inclinado a sostener la propia idea de justicia como la única correcta, hay demasiadas ideas de "justicia" que son igualmente válidas. La posibilidad de plantear una sola idea de lo justo es para Kelsen un autoengaño, o lo que es lo mismo una ideología (Kelsen, 1946).

19. Sobre la trascendencia de este objetivo en la obra kelseniana, ver Jestaedt (2008).

Entre este tipo de ideologías, Kelsen destaca a la doctrina del derecho natural, que sostiene que hay una ordenación de las relaciones humanas diferente del derecho positivo, superior a este y absolutamente válida y justa, "en cuanto oriunda de la naturaleza, de la razón humana o de la voluntad de Dios" (Kelsen, 1969:9). De esta manera presupone un valor inmanente en la realidad y conjetura que el derecho puede deducirse de la naturaleza y que por lo tanto este derecho es la justicia absoluta (Kelsen, 1993). Así, las leyes de la naturaleza detentarían el mismo carácter que se atribuye a las normas jurídicas promulgadas por un legislador: son mandatos dirigidos a la naturaleza, que obedece esos mandatos o leyes en la misma forma en que el individuo acata las dictadas por un legislador (Kelsen, 1946). Es por eso que para Kelsen la doctrina del derecho natural se basa en la misma falacia lógica que identifica en el marxismo y en el anarquismo: la de inferir el "debe" a partir del "es".

La doctrina del derecho natural se caracteriza entonces por el establecimiento de un dualismo fundamental entre derecho positivo y derecho natural: "por encima del imperfecto derecho positivo existe un derecho natural perfecto, absolutamente justo, y aquél que se justifica únicamente en la medida en que corresponde al natural" (Kelsen, 1969:13). Pero esta cuestión, expone para Kelsen una de las tantas contradicciones de esta teoría, porque si se pueden encontrar reglas del derecho natural mediante un simple análisis de la naturaleza, ¿para qué es necesario el derecho positivo? Frente a esta evidencia, la actividad de los legisladores del derecho positivo es comparable al esfuerzo disparatado que consistiría en utilizar una iluminación artificial bajo un sol radiante (Kelsen, 1946), pero eso, afirma Kelsen, es algo que ninguno de los seguidores de la doctrina del derecho natural ha podido aclarar.

La distinción entre ser y deber ser constituye, como veremos, uno de los ejes sobre los que se funda la Teoría Pura del Derecho, que se postula firmemente en contra de todas las teorías que determinen el fundamento de validez de las normas jurídicas en un hecho empírico, y no exclusivamente en otra norma. En ese sentido se opone, por ejemplo, a la teoría del derecho de Alf Ross. Desde el punto de vista de la Teoría Pura no puede haber conocimiento empírico alguno del derecho, porque una norma no es un hecho del ser sino una prescripción del deber ser. Por ello, como prescripción sobre un hecho, debe distinguirse de este y no identificarse con él (2003e). Para Kelsen esta es una cuestión a tener en cuenta por cualquiera que quiera hacer ciencia del derecho, porque de ello depende precisamente el carácter de "verdadera" ciencia de la disciplina.

Kelsen se dedica en numerosas ocasiones a estas cuestiones metodológicas, como por ejemplo en su conferencia acerca de las fronteras entre el método jurídico y el sociológico que pronunciara en la *Soziologische Gesellschaft* en Viena, ya por 1911. En esta obra, el jurista vienés, retomando algunas ideas planteadas en sus *Problemas Capitales* del mismo año, plantea que la contraposición entre la ciencia del derecho y la sociología es la existente entre ser y deber ser. El problema que plantea Kelsen es el que se da en la frontera entre los métodos de ambas disciplinas, frontera que los juristas se sienten tentados a cruzar cuando, más allá del reconocimiento de un deber aspiran a dar una explicación del hecho efectivo que ha de ser reglamentado por esta norma jurídica. Problema que tiene en especial la doctrina del derecho natural, pero que cree Kelsen que también se encuentra en otras escuelas (Kelsen, 2003a).

Esta concepción metodológica kelseniana puede constatarse en el debate que mantuvo ya en los años cincuenta con Eric Voegelin, quien fuera dirigido por él en su tesis doctoral y compartiera también su exilio en los Estados Unidos. En 1952 Voegelin publicó una obra titulada *La nueva ciencia de la política.* Voegelin afirma en esta obra su intensión de devolver la ciencia política a sus principios (Voegelin, 2006) recuperándola de la destrucción que produjo el positivismo de la segunda mitad del siglo XIX. Esta "destrucción", entiende Voegelin, proviene de dos factores principales: en primer lugar, del magnífico desarrollo de las ciencias naturales, que motivó a que se tomara su método como virtuoso y que todas las demás ciencias intentaran seguir su ejemplo. El segundo hecho, el más peligroso desde su perspectiva, es la subordinación de la relevancia teórica al método. Así, si un método se convierte en el criterio de la ciencia, se pierde el sentido de la ciencia como razón verdadera de la estructura de la realidad, como orientación teórica del hombre en su mundo y como gran instrumento para la comprensión por parte del hombre del lugar que ocupa en el universo.

Poco tiempo después de la publicación del libro de Voegelin, Kelsen elaboró un escrito crítico que no quiso publicar porque planeaba una obra más ambiciosa en contra de lo que entendía como "doctrinas neometafísicas".[20] Más allá de las diferencias ideológicas existentes entre Voegelin y Kelsen (Eckhart, 2006), el núcleo central de la réplica gira en torno al juicio de la objetividad. Mientras que Voegelin adjudica a la ciencia una tarea de educación moral, Kelsen cree que la ciencia no sólo no puede servir para la trasmisión de valores sino que además, debería practicarse en la forma más neutral que sea posible. Para Kelsen, la empresa de Voegelin en su lucha contra el positivismo, no es otra cosa que una reacción contra la actitud antimetafísica que prevalece en la filosofía y la ciencia social moderna (Kelsen, 2006).

Desde su punto de vista, los dos argumentos que esgrime Voegelin en contra del positivismo pueden ser fácilmente refutados. El primero, acerca del método "matematizante" empleado por las ciencias sociales, no puede ser para Kelsen más falaz. Para responder a esto remite a su artículo *Causality and imputation,* en donde caracteriza la distinción entre las ciencias sociales que aplican el principio de causalidad, al igual que las ciencias naturales, y las ciencias sociales que utilizan

20. Sin embargo esta obra en la que Kelsen trabajaría durante los años subsiguientes y que hubiera aparecido con el título *Religion without God,* tampoco fue publicada. Ver Eckhart (2006).

un principio totalmente diferente, el de imputación. El segundo argumento, muy parecido al primero, trata sobre el método del positivismo y cómo este es utilizado como criterio para delimitar qué es científico y qué no lo es. Voegelin no cita ningún autor representativo de este error y parece obviar que precisamente ha sido Kelsen quien sostiene como principal preocupación la de demostrar que el objeto de las ciencias sociales es absolutamente diferente del de las ciencias naturales y por lo tanto, el método adecuado para las primeras debe ser distinto del aplicado para estas últimas. Así, y luego de hacer un minucioso recorrido crítico por la teología política de Voegelin, Kelsen concluye que desde el primer capítulo la obra de Voegelin "demuestra su capacidad para complicar al grado de oscurantismo casi absoluto el problema de la representación" (Kelsen, 2006:56).

De esta manera llegamos a lo que es, en definitiva, el objetivo planteado por la Teoría Pura del Derecho: fundar una "verdadera" ciencia del derecho sobre la base de la distinción metodológica entre ser y deber ser y la consecuente diferenciación entre juicios descriptivos y juicios de valor. Ahora bien, esta pretensión de la Teoría Pura puede ser leída en términos exclusivamente metodológicos o bien, filosófico políticos. Desde ese último punto de vista y siguiendo aquí a Oscar Correas (2003) la Teoría Pura del Derecho puede interpretarse, precisamente, como una teoría no "pura". Con esto se pretende señalar que en Kelsen podemos encontrar tanto motivos metodológicos como razones filosófico políticas por las cuales fundar una ciencia pura. Esta postura, que compartimos, parte de la idea de que el "logicismo" de la Teoría Pura en su versión clásica no responde en realidad a una intención por "ocultar" el poder detrás del derecho, sino que en toda su obra Kelsen "se afana por denunciar la realidad de la voluntad del poder, de la dominación de alguien que ejerce poder sobre los demás" (Correas, 2003:52). De lo que se trata en la Teoría Pura es de "quitarle" a la política, al poder, el apoyo del prestigio de la ciencia, no de "ocultar" el poder o la política, como muchos críticos kelsenianos han intentado probar.[21]

Esta aclaración nos permite entender la búsqueda constante de Kelsen por "impedir que el poder físico se santifique por el derecho" (Correas, 2003:54). La distinción entre la función jurídica y la política se ve con bastante claridad cuando en la última página de su *Teoría Pura del Derecho* Kelsen habla sobre la interpretación del derecho. Allí sostiene que tanto un abogado, que en interés de su parte sólo invoca al tribunal una de las tantas interpretaciones normativas posibles, como el escritor, que en su comentario caracteriza una determinada interpretación entre varias posibles como la única correcta, "no cumplen una función científico-jurídica, sino una función jurídico-política" (Kelsen, 1986:356). Y esto no es cuestionable, porque ambos tratan de ganar influencia sobre la producción del derecho. Lo problemático es que tanto el abogado como el escritor invoquen

21. Ver la recopilación de las críticas que ha recibido la Teoría Pura de Kelsen en el apartado "La teoría pura del derecho y sus críticos" en Bobbio (1980).

esta "única" verdad en nombre de la ciencia del derecho, como sucede la mayoría de las veces. Es esa pretensión de legitimar la fuerza por medio de la ciencia lo que cuestiona en todas sus páginas la *Teoría Pura del Derecho,* y de ahí que el verdadero objetivo de Kelsen en su empresa de fundar una Teoría Pura sea el de desenmascarar aquello que se oculta tras el derecho.

4.2. El dualismo entre Ser-Deber Ser y el verdadero objeto de la ciencia jurídica

La distinción entre ser y deber ser es un aspecto central de la Teoría Pura del Derecho (Kelsen, 1969, 1987) porque permite establecer el real objeto de esa ciencia para Kelsen. Se relaciona fuertemente con otros dos dualismos: el existente entre sociedad y naturaleza y el presente entre causalidad e imputación. En el primer caso, porque Kelsen se sirve de la contraposición entre naturaleza y sociedad para explicar los principios que rigen la vida social y el derecho. Desde su perspectiva, se trata este de uno de los dualismos fundamentales que caracterizan nuestra forma de pensar (Kelsen, 1945) y que permite explicar nuestro comportamiento social.

Esta temática es planteada por Kelsen en numerosas obras, pero principalmente se concentra en un extenso estudio etnográfico y antropológico que publicó en 1943 con el título de *Sociedad y Naturaleza.* Allí afirma que sociedad y naturaleza son el resultado de dos modos muy disímiles de pensar los fenómenos y especialmente la conducta humana: mientras que en la naturaleza rige la ley de causalidad, en la sociedad se aplica la norma social. Así, desde el punto de vista de la naturaleza, libertad significa la negación de las leyes sociales, y desde el punto de vista de la sociedad, la negación de las leyes naturales (Kelsen, 2005).

A partir de analizar el comportamiento de los hombres primitivos, Kelsen sostiene que este dualismo no siempre fue planteado en estos términos, sino que el principio de causalidad se originó en el primitivo principio de retribución por el cual a cada mal le correspondía un castigo y a cada obra buena un bien (Kelsen, 1941). A partir de esta idea los hombres primitivos interpretaban tanto los fenómenos de la naturaleza como los sociales. Ahora bien, la moderna noción de causalidad, a partir de la primitiva de retribución, tomó forma con la filosofía de la antigua Grecia y perduró como eje de interpretación de la naturaleza y de la sociedad al menos hasta la filosofía de Hume. Para Kelsen, la costumbre de interpretar la naturaleza según el principio de retribución es responsable de que separemos la causa del efecto, pero esta noción de causalidad que surgió a partir de la idea de retribución siguió sufriendo modificaciones (Kelsen, 1941).

Sin embargo, la diferencia sustancial que para Kelsen distingue naturaleza y sociedad se ve particularmente en el dualismo que se plantea entre el principio de causalidad y el de imputación. Así, como la naturaleza se rige por el primero, la sociedad parece plantear otro tipo de leyes, y estas son las que importan para la ciencia del derecho. Desde esta perspectiva se plantea como evidente que el delito no tiene con el castigo la misma conexión que la causa con el efecto. Una regla del derecho podría formularse del siguiente modo: "en el caso de que haya delito, debe aplicarse una sanción". Al igual que con las leyes de la naturaleza, las proposiciones jurídicas relacionan dos elementos entre sí. Sin embargo, lo hacen de manera distinta, ya que el delito no tiene con el castigo la misma relación que la causa con el efecto. Así, dado que la conexión entre delito y sanción queda establecida por una prescripción o una autorización, es decir, por una "norma", la ciencia jurídica describe su objeto mediante proposiciones en las cuales el delito está relacionado con la sanción mediante la cópula "debe". Kelsen sugiere llamar "imputación" a esta conexión, utilizando el término alemán *Zurechnung*.

Decir que un individuo es *zurechnungsfähig* (responsable), significa que puede aplicársele una sanción en el caso de que se cometa un delito. Por el contrario, decir que un individuo es *unzurechnungsfähig* (irresponsable), significa que no puede aplicársele sanción alguna si comete un delito. De esta manera, afirmamos que en el primer caso la sanción está relacionada con una conducta determinada considerada delictiva, mientras que en el segundo, la sanción no está relacionada con una conducta de este tipo. La idea de imputación como conexión específica del delito con la sanción, se encuentra implícita en el juicio jurídico que afirma que un individuo es o no es legalmente responsable de su conducta. Por eso, podemos decir que la sanción viene imputada por el delito, pero no que tiene por causa el delito.

Así es que a partir de la distinción kelseniana entre naturaleza y sociedad y causalidad e imputación, podemos comprender la tan importante contraposición entre ser y deber ser. Esta determina la diferenciación entre las nociones "norma jurídica" y "proposición descriptiva de los hechos sociales". Así, el sentido específico de una norma jurídica queda expresado por la idea de "deber", mientras que las proposiciones que tienen un contenido descriptivo se expresan con la idea de un "ser". La ciencia jurídica sólo se ocupa del primer tipo de expresiones, mientras que las proposiciones descriptivas quedan relegadas al ámbito de la sociología del derecho. Esta distinción en principio tan tajante, determina, como veremos a continuación, el concepto de derecho de Kelsen, pero también plantea tensiones al interior de la Teoría Pura que, como analizaremos en las conclusiones de este capítulo, tienen que ver con la relación entre la validez y la eficacia de un orden jurídico.

4.3. El derecho como orden coactivo

Kelsen entiende al derecho como un "sistema jurídico", es decir, lo define como un conjunto de normas que regulan la vida en sociedad. Este "sistema" que conforma una verdadera "unidad" (Kelsen, 1969) no es el único que establece reglas que organizan la vida social. Así, entiende Kelsen que tanto la moral como la religión constituyen también sistemas reguladores de la conducta humana. Sin embargo, lo que distingue al derecho de esos otros ordenamientos es precisamente lo que lo define: su carácter coactivo. Otros órdenes sociales –no coercitivos– recurren a otro tipo de técnicas, como por ejemplo, la obediencia voluntaria.

El derecho, en cambio, prevé una sanción para la conducta prohibida que se impone al individuo incluso en contra de su voluntad (Kelsen, 1986). Por eso es un orden coactivo en el sentido de que reacciona con una sanción, como la privación de la vida, la salud, la libertad, bienes económicos y otros, ante ciertas circunstancias consideradas indeseables por ser socialmente perjudiciales. Así, mientras que la reacción del derecho contra una acción indeseada es una medida coercitiva prevista por el orden y socialmente organizada, la de la moral no esta prevista por el orden moral y, de estarlo, no está socialmente organizada. Es por eso que para Kelsen no cabe reconocer una distinción entre derecho y moral en relación de qué sea lo que ambos órdenes sociales ordenan o prohíben, sino que únicamente podemos hablar de cómo ellos obligan o prohíben una determinada conducta.

De esta manera, el derecho sólo podría ser esencialmente distinguido de la moral cuando es concebido como un orden coactivo; es decir, cuando es entendido como un orden normativo que trata de producir determinada conducta humana, en cuanto enlaza a la conducta opuesta un acto coactivo socialmente organizado. La moral, en cambio, es un orden social que no estatuye sanciones de ese tipo, sino que sus sanciones se reducen a la aprobación de la conducta conforme a la norma, y a la desaprobación de la conducta contraria a la norma, sin que en eso entre en juego el empleo de la fuerza física (Kelsen, 1986). Es por esto que, entiende Kelsen, las normas jurídicas estarían más próximas a las normas religiosas que a las morales (Kelsen, 1993), porque mientras que en el caso de estas últimas, no hay una sanción coactiva ni una autoridad centralizada que las imponga, en el caso de la religión sí.

Las normas religiosas, sin embargo, amenazan con un castigo que proviene de una autoridad suprahumana, lo que hace que esas sanciones revistan un carácter trascendente. Incluso podría suceder que este tipo de normas religiosas fueran más efectivas que las jurídicas, pero aún en este caso, su eficacia requiere de la creencia en la existencia y el poder de una autoridad suprahumana. Asimismo, a diferencia del derecho, las sanciones religiosas no son sanciones socialmente organizadas, si no que la sanción es una reacción del orden hacia los "malhechores". En todo caso, interpreta Kelsen que la sanción trascendente —por ejemplo la enfermedad o la muerte de un pecador— es un acto que pertenece a la autoridad suprahumana de los antepasados fallecidos.

Ahora bien, la circunstancia de que el derecho sea definido como un orden coactivo podría ser pensada como una paradoja: la del uso de la violencia para evitar el uso de la fuerza. Sin embargo, desde la perspectiva kelseniana esta se trata sólo de una contradicción aparente, ya que el derecho es, desde su perspectiva, la organización de la fuerza. Esto quiere decir que el derecho le pone las condiciones al uso de la fuerza y autoriza el uso de esta sólo a unos individuos determinados en circunstancias determinadas (Kelsen, 1993). Esta es la idea del monopolio de la fuerza: el individuo, habilitado por el orden jurídico, aplica una medida coercitiva actuando como un órgano de este orden o de la comunidad constituida a través de ese orden. Así es como el derecho pacifica a la sociedad, a partir de la fuerza que monopoliza.

Vemos aquí que el derecho es para Kelsen un orden establecido para promover la paz, que prohíbe el uso de la fuerza en las relaciones entre los miembros de una misma comunidad. Sin embargo, la perspectiva kelseniana no excluye de manera absoluta el empleo de la fuerza ya que entiende que derecho y fuerza no deben ser entendidos como absolutamente incompatibles entre sí (Kelsen, 1993): el derecho consiste en hacer que el individuo se abstenga de interferir mediante la fuerza en los intereses de los demás y en caso de que lo hiciera, la comunidad reacciona. "Se trata de un orden en el que el uso de la fuerza queda prohibido únicamente como delito, como condición, pero esta permitido como sanción, es decir, como consecuencia" (Kelsen, 1993:161).

El derecho es también para Kelsen un orden coactivo "normativo". Esto significa que el sentido objetivo de ese orden es el de una norma obligatoria para el receptor. Y en este punto es donde Kelsen incorpora la distinción entre una comunidad jurídica y una banda de ladrones. ¿Qué podría distinguirlos, si en cuanto a la idea de una orden no hay una diferencia sustancial entre la emitida por una banda de ladrones y una comunidad jurídica? la diferencia radical residiría en la idea del presupuesto de validez del derecho. Como veremos más adelante, la teoría kelseniana considera que el derecho descansa en el presupuesto de una norma fundante que dota de un sentido objetivo de obligatoriedad al derecho (Kelsen, 1986). De esa manera, como el actuar de una banda de ladrones no presupone norma fundante alguna, sus órdenes no tienen el carácter de normas jurídicas. Aquí se cuela otra cuestión, que es la de la efectividad. Como veremos en las conclusiones de este capítulo, cuando Kelsen quiere responder a la pregunta de por qué el orden de una banda de ladrones no presupone una norma fundante, necesita recurrir a la idea de efectividad. En síntesis, la explicación que da Kelsen es que las órdenes de una banda de ladrones carecen de la efectividad que tiene un orden jurídico, y es por eso que se diferencian de él.

Pero existe una última idea que suele vincularse con el concepto de derecho kelseniano y es la de su concepción como una construcción escalonada: para Kelsen el derecho puede regular su propia producción, por lo que existen normas que determinan cómo se producen otras normas. Esta relación entre normas suele representarse mediante la imagen espacial de la supra y la subordinación: la norma que regula la producción es una norma superior, mientras que la producida conforme a esa determinación es la norma inferior. Así, desde la perspectiva kelseniana, el orden jurídico no es un sistema de normas de derecho situadas en un mismo plano, sino que es una construcción escalonada de diversos estratos de normas jurídicas (Kelsen, 1986). De allí la conocida metáfora kelseniana de la "pirámide" jurídica, que pone en la cúspide de la misma a la Constitución de un Estado y que el mismo Kelsen admite haber tomado de uno de sus discípulos más brillantes, Adolf Merkl (Kelsen, 2008a).

En síntesis, la concepción del derecho de Kelsen se caracteriza por partir de la opción metodológica de la Teoría Pura: la propuesta de despojar la ciencia del derecho de todo elemento extrajurídico y, de esa manera, producir desde el derecho conocimiento científico verdadero, que no sea pasible de ser considerado como ideología. Cabe señalar que la teoría kelseniana no sostiene que detrás del derecho no existan valores o poder, sino que plantea que esas cuestiones no son objeto de la ciencia del derecho. Por otro lado, hemos visto que Kelsen parte de analizar el dualismo entre ser y deber ser para poder demarcar el ámbito prescriptivo propio del derecho. El objetivo es el mismo que el del punto anterior. Intentar que la ciencia no confunda ambas dimensiones y actué ideológicamente, postulando un deber ser desde el ser, o un ser desde lo que aún no es. Finalmente, hemos identificado el concepto último del derecho para Kelsen: el orden jurídico entendido como orden coactivo. Lo que define al derecho es que enlaza a una conducta antijurídica una sanción. Esta dimensión es la que distingue a las normas jurídicas de otro tipo de normas y establece un campo diferenciado de acción para la ciencia del derecho.

5. La concepción democrática de Kelsen: la democracia como procedimiento

Una de las cuestiones centrales vinculadas a la legitimidad del derecho en el Estado moderno es, sin duda, la de la democracia representativa. En Kelsen, se trata de uno de los temas ejes de su pensamiento político siempre presente como preocupación en sus escritos, tanto para defender la democracia de los ideólogos autoritarios como para distinguirla del comunismo bolchevique. Si bien se ocupó de la democracia en muchísimas obras, son tal vez las más representativas de sus ideas *Esencia y Valor de la Democracia*, de 1920, *El problema del Parlamentarismo*, de 1925 y *Los fundamentos de la Democracia*, de 1954. En este apartado veremos cuál es el alcance de su concepción democrática, las transformaciones que dicho concepto fue desarrollando, las tensiones que observa en la democracia moderna, la importancia del parlamento y de los partidos políticos para su funcionamiento, el papel fundamental de los derechos y garantías individuales y, finalmente, la trascendencia de la democracia para la ciencia, como un sistema que consagra valores relativos y un ámbito de tolerancia.

5.1. El concepto de democracia y sus transformaciones históricas

Partamos entonces del concepto de democracia kelseniano. Kelsen define la democracia a partir de los sujetos involucrados en ella: la democracia es una forma de gobierno en la que la voluntad colectiva es elaborada por quienes se sujetan a ese régimen. Así, democracia implica la identidad de dirigentes y dirigidos, es decir, "gobierno del pueblo por el pueblo" (Kelsen, 2005:30). Por eso el significado original del término "democracia" se vincula para Kelsen con la idea de gobierno del pueblo. Su esencia sería la autodeterminación política (Kelsen, 1988). Sin embargo, Kelsen considera que es preciso diferenciar entre lo que se entiende por un "gobierno del pueblo" de lo que sería un "gobierno para el pueblo". El jurista vienés advierte que muchas veces se confunden ambas concepciones y como resultado de ello puede darse la existencia de un gobierno "para el pueblo", donde el mismo no tenga participación alguna. En ese sentido, la autocracia puede ser un gobierno para el pueblo, sin ser del pueblo (Kelsen, 1988). ¿Cuál es entonces la característica definitoria de la democracia? Pues la de incluir la participación del pueblo en el gobierno, en la creación y aplicación de normas generales e individuales.

El concepto de democracia kelseniano es por lo tanto procedimental (Morlino, 2009). Para Kelsen, el elemento procedimental ocupa siempre el primer plano. Así, como método o procedimiento, la democracia es una "forma" de gobierno. El procedimiento a través del cual se crea y se impone en la práctica un ordenamiento social es considerado formal distinguiéndolo del contenido del ordenamiento como elemento material o sustancial. Sin embargo, es importante aclarar que para Kelsen, aunque la democracia es sobre todo una forma de régimen político, debe considerarse que la contraposición entre forma y sustancia o entre forma y contenido es meramente relativa, y "que una misma cosa puede parecer, desde un punto de vista, como forma y como contenido o sustancia desde otro" (Kelsen, 1988:212). En otras palabras, hablar de una concepción "procedimental" de democracia, no implica de ninguna manera quedarse con la idea de una forma vacía sin contenido. Todo procedimiento carece de neutralidad valorativa, por eso advierte Kelsen acerca de aquellos que tachando a la democracia de "formalismo" intentan imponer la doctrina del gobierno "para" el pueblo, en vez de la del gobierno "del" pueblo.

Esta noción de democracia como procedimiento de Kelsen se asemeja en ese sentido a la de Norberto Bobbio (Pintore, 2000), para quien la democracia constituye un conjunto de reglas (primarias o fundamentales) que establecen quién está autorizado para tomar las decisiones colectivas y bajo qué procedimientos

(Bobbio, 1986), y en ese sentido, toda democracia consiste en un procedimiento. Sin embargo, es cierto que la democracia también precisa de ciertas condiciones de posibilidad para su desenvolvimiento, y de ellas también se ocupa Kelsen, quien postula, como veremos, la importancia del relativismo y de la tolerancia para su buen funcionamiento.

Por otra parte, esta concepción procedimental de democracia se ve con claridad en la distinción conceptual que Kelsen lleva a cabo entre democracia y liberalismo político. En su texto de 1920, incluso afirma que la democracia, siempre que el poder estatal sea exclusivamente determinado por los individuos sujetos a él, es compatible aún con el mayor predominio del poder del Estado sobre el individuo e incluso con el total aniquilamiento de la "libertad" individual y con la negación del ideal del liberalismo.[22] Así, entiende Kelsen que el principio democrático y el liberal, pueden ser antagónicos: de acuerdo al principio democrático el poder del pueblo es ilimitado; el liberalismo, en cambio, significa la limitación del poder gubernamental (Kelsen, 1988). Por eso afirma que el componente liberal es secundario y no definitorio de la democracia y esta cuestión, como veremos, será la que en el caso de Schmitt, le permitirá hablar de una "dictadura democrática".

Sin embargo, esta distinción conceptual se diluye cuando el jurista vienés reflexiona sobre el desarrollo histórico de la democracia. Así, Kelsen termina asociando democracia y liberalismo no conceptualmente sino históricamente. En su texto de 1954 es categórico al respecto: la democracia moderna no puede separarse del liberalismo político, ya que si la definimos como un método político por medio del cual el ordenamiento social es creado y aplicado por quienes están sujetos a ese mismo ordenamiento, de forma que se asegure la libertad política en el sentido de autodeterminación, entonces la democracia sirve necesariamente siempre y en todo lugar, al ideal de la libertad política. Así, para que un ordenamiento sea democrático debe garantizar algunas libertades intelectuales, como la libertad de conciencia, de prensa, etc., y el respeto de los derechos liberales que "salvaguarda a las minorías contra el dominio arbitrario de las mayorías" (Kelsen, 1988:243).

La democracia para Kelsen es entonces autogobierno, es procedimental, se diferencia teóricamente del liberalismo pero se acerca a él históricamente y finalmente, es democracia parlamentaria. Kelsen admite que la forma relativamente más pura de autonomía es aquella en la que el orden estatal es directamente

22. Esto exclusivamente vinculado al aspecto de las libertades individuales, cuestión que se modifica en su obra después de la experiencia del autoritarismo nazi. Aún así, en el mismo libro de 1920 habla de la necesidad de controles en la democracia: "La suerte de la democracia moderna depende en gran proporción de que llegue a elaborarse un sistema de instituciones de control. Una democracia sin control será siempre insostenible, pues el desprecio de la autorrestricción que impone el principio de la legalidad equivale al suicidio de la democracia" (Kelsen, 2005:107).

creado por quienes están a la vez sujetos a él: el pueblo en asamblea que toma las decisiones que necesita (Kelsen, 2003e). En el mismo sentido entiende que la forma más debilitada de autonomía sería aquélla en la que la asamblea popular es reemplazada por un parlamento elegido por el pueblo, donde la autodeterminación queda reducida a la creación del órgano que dispone el orden político. La transformación, histórica, entre uno y otro modelo es explicada por Kelsen por medio de una serie de "transformaciones" por las que ha atravesado la democracia y, de esta manera, explica la "inevitabilidad" de la moderna democracia parlamentaria.

Estas transformaciones tienen inicio con los cambios que sufre la idea de la libertad natural, asociada a la reacción contra la coerción propia de toda realidad social, la protesta contra una voluntad contraria que intenta someter la propia, "en otras palabras, el malestar de la heteronomía" (Kelsen, 1988:230). Esta idea debe sufrir un cambio fundamental en su significado para convertirse en una categoría social, de manera tal que las sociedades modernas terminen aceptando ciertas limitaciones a su libertad natural que son necesarias para la convivencia social, sin embargo, este proceso de transformación conserva para Kelsen lo que es la esencia de la democracia: la autodeterminación. A pesar de las transformaciones se es políticamente libre porque, aun estando sometido, se lo está solamente a su propia voluntad y no a la ajena (Kelsen, 2005). Ahora bien, el camino al orden político coactivo, en definitiva, al orden social y político, es siempre un camino de desnaturalización. La oposición entre naturaleza y sociedad que tanto abona la obra de Kelsen está presente también en sus ideas acerca de la democracia. En el camino dialéctico que nos lleva a la democracia de masas se abandonan las características de lo natural para ingresar a lo social. El hombre tiene para Kelsen un anhelo natural a la libertad, un instinto primitivo hostil al Estado que enfrenta al individuo con la sociedad (Kelsen, 2005). Sin embargo, ese anhelo se transforma en un nuevo tipo de libertad en la democracia.

Así, la primera transformación que sufre la idea de libertad natural es la del autogobierno político. Ya que no podemos vivir sin ningún tipo de coerción, preferimos el autogobierno de nuestras sociedades modernas. Ahora bien, esta idea, sostiene Kelsen, no puede igualarse a la de unanimidad, ya que ella sería imposible en los modernos Estados de masas. De allí la segunda transformación: del autogobierno al gobierno de la mayoría (Kelsen, 2005). Pero esta idea también se ve reformulada mediante una tercera transformación, la que va del gobierno de la mayoría a la idea de la soberanía del pueblo. En este proceso, que consiste en el predominio de la voluntad del Estado sobre las voluntades individuales, la libertad del individuo pierde poco a poco importancia ante la libertad de la colectividad social (Kelsen, 2005). Y esto nos lleva a la cuarta transformación, que viene de la mano de la aparición de los partidos políticos. Estos dan cuenta de que la soberanía del pueblo no emana de una unidad homogénea de intereses y valores, sino que parte de una realidad de fragmentación y diversidad. Los partidos se presentan como estructuradores de la voluntad popular en el seno del parlamento.

Así llegamos al último escalón en el proceso de transformación del ideal de libertad en la democracia moderna: el parlamentarismo. Kelsen se postula como defensor de esta institución que forma parte del apropiado funcionamiento de la democracia. En 1920 eran muchos los que criticaban al parlamentarismo, entre ellos Carl Schmitt. Sin embargo, esas críticas provenían tanto de la derecha como de la izquierda: unos reclamaban la representación profesional y otros la abolición completa de las instituciones burguesas. Kelsen, por el contrario, descree de una crisis del parlamentarismo y habla de una "cierta fatiga" producida por sus instituciones. Como veremos, para Kelsen esta llamada crisis del parlamentarismo ha sido suscitada mayormente por una crítica que interpreta equivocadamente la esencia de la democracia y la asocia al principio de representación (Kelsen, 2005).

5.2. La defensa del parlamentarismo en Kelsen

En *El problema del Parlamentarismo*, Kelsen resalta la importancia que tiene la institución parlamentaria en la democracia moderna. Allí afirma que la propia existencia de la democracia depende de si el parlamento funciona como un instrumento capaz de resolver las cuestiones sociales fundamentales. Como hemos señalado, democracia y parlamentarismo no se identifican teóricamente en el pensamiento de Kelsen, este último consiste en una de las tantas transformaciones que la idea de libertad ha tenido que sufrir para poder realizarse en las sociedades modernas. Sin embargo, precisamente porque la democracia directa no es posible en los Estados modernos, "toda decisión que se adopte sobre el parlamentarismo equivale a una decisión sobre la democracia" (Kelsen, 1988: 86).

Para explicar por qué entiende que el parlamentarismo no está en crisis, Kelsen parte de lo que identifica como la esencia de esta técnica de gobierno. Desde su perspectiva, este es el principal motivo por el cual se critica al parlamentarismo, porque se ha malinterpretado su esencia. El parlamentarismo, que se presenta "como una transacción entre la exigencia democrática de la libertad y el principio, imprescindible para todo progreso de la técnica social, de la distribución diferenciada del trabajo" (Kelsen, 2005:52), se sustenta en la ficción de la representación. Pero justamente se trata esta de una ficción que ha sido instituida para legalizar el parlamentarismo bajo el aspecto de la soberanía del pueblo, ocultando la verdadera restricción que experimenta el principio de la libertad y que ha facilitado a sus adversarios el argumento de que la democracia se funda en un engaño (Kelsen, 2005). Para Kelsen, por el contrario, el parlamentarismo puede ser concebido sin necesidad de la ficción de la representación, justificando su valor como procedimiento.

Así, la esencia del parlamentarismo no es para Kelsen la de representar al pueblo, sino que el parlamentarismo es esencialmente construcción de la voluntad normativa del Estado a través de un órgano colegiado, elegido por el pueblo en base al derecho de sufragio universal e igual (Kelsen, 1988), por tanto, democráticamente, según el principio de la mayoría. La libertad sigue siendo el fundamento del parlamentarismo, pero es limitada por dos principios propios de la democracia representativa: el principio de mayoría y el de la formación indirecta de la voluntad. La idea de libertad como autodeterminación se combina con la necesidad de la división de trabajo, tendencia necesariamente contradictoria con la idea de libertad originaria. En definitiva, el núcleo positivo del parlamentarismo es para Kelsen aquello en lo que Carl Schmitt concentraría sus críticas: la discusión.

Para Kelsen, todo el procedimiento parlamentario con su técnica, con sus controversias, discursos y réplicas, tiende a la consecución de transacciones y allí radica el verdadero sentido del principio de la mayoría en la democracia. Es tan importante el parlamento para la concepción democrática kelseniana, que incluso Kelsen descree de la posibilidad de prescindir de él en el Estado moderno. Considera que en todos los desarrollos sociales siempre ha sido necesario que en el proceso de formación de la voluntad estatal exista, junto al órgano de gobierno, un órgano colegiado para la legislación (Kelsen, 2005). Por eso, concluye que los intentos por eliminar de raíz el parlamento de entre los órganos de un Estado moderno no podrían prosperar nunca. En último término, todos los ensayos hacia la articulación estamental del Estado o hacia la dictadura, aún cuando en sus programas incluyan la desaparición del régimen parlamentario, se conforman con una mera reforma del mismo.

En todo caso, y ante la perspectiva de una "crisis" de sus instituciones, cree que sería posible pensar en una serie de reformas que, sin prescindir de la forma parlamentaria, posibiliten la superación de esa "fatiga" que es la causante de sus mayores ataques. Tanto en su obra de 1920 como en la de 1925, se refiere a la necesidad de incorporar el procedimiento de referéndum en las constituciones, crear mecanismos de iniciativa popular, generar instituciones de control permanente sobre los diputados por parte de un grupo organizado de electores, suprimiendo o restringiendo las inmunidades parlamentarias, fomentar el mandato imperativo y la representación proporcional, entre otros. Con estas reformas considera Kelsen que sería posible neutralizar las acusaciones de "divorcio respecto del pueblo" agitadas por sus enemigos (Kelsen, 2005).

5.3. Los elementos centrales de la democracia kelseniana

Después de haber definido el concepto de democracia en Kelsen a partir de su desarrollo teórico e histórico, y de haber ahondado en sus ideas acerca del parlamentarismo, nos resta profundizar tres notas que van intrínsecamente ligadas a esta concepción de democracia: su relación con el relativismo, su tendencia a buscar el punto medio y su vínculo con la tolerancia. Estos tres elementos, veremos, no pueden deslindarse del concepto de democracia en Kelsen y se relacionan también con su concepción acerca de la legitimidad.

La primera cuestión, la de su relación con el relativismo filosófico, se encuentra desarrollada extensamente en un artículo de 1933 titulado *Staatsform und Weltanschauung* (*Forma de Estado y Visión del mundo*).[23] Allí Kelsen plantea la oposición entre el tipo democrático y el autocrático de personalidad y de Estado. El primero se caracterizaría por el relativismo filosófico y el segundo por el absolutismo y la óptica metafísica. Así, la disparidad de visiones acerca del Estado proviene en realidad para Kelsen de diferentes actitudes frente a lo absoluto: "la creencia en lo absoluto genera como presupuesto una visión metafísica del mundo, por el contrario, el rechazo de lo absoluto conduce a una visión del mundo crítica, positivista y empirista" (Kelsen, 2003e:259).

Por eso mismo, entiende Kelsen que la democracia es mas afín a la ciencia que la autocracia. Notablemente, en democracia florece la "ciencia" del Estado, mientras que en la autocracia, sólo se desarrolla una "ideología" del Estado. Mientras los grandes metafísicos se han declarado en contra de la democracia y en favor de la autocracia, los filósofos se han manifestado a favor de la democracia inclinándose casi siempre hacia una visión empirista y relativista. Así, para Kelsen la ciencia sólo puede prosperar en un clima de libertad, independencia de influencias políticas externas pero también libertad interna, libre juego de argumentos y contra argumentos. En definitiva, el alma de la ciencia es para el jurista de Viena la tolerancia (Kelsen, 1993).

Ahora bien, ¿qué entiende Kelsen por relativismo filosófico? Se trata para él de un empirismo antimetafísico que insiste en una clara separación entre realidad y valor, "distinguiendo entre proposiciones relativas a la realidad y juicios de valor genuinos que, en último análisis, no se fundamentan en un conocimiento racional de la realidad, sino en factores emocionales de la conciencia humana, en los deseos y temores del hombre" (Kelsen, 1988:228). Dado a que estas proposiciones no hacen referencia a valores inmanentes a una realidad absoluta, no pueden establecer valores absolutos sino relativos. Por eso una filosofía relativista es decididamente empirista y racionalista y, en consecuencia, tiene una franca propensión al escepticismo.

Finalmente, en relación a la forma en que estas posturas interpretan el conocimiento, el absolutismo filosófico, que parte de la hipótesis de que hay una existencia absoluta independiente del conocimiento humano, lleva a asumir que la función del conocimiento es sólo la de reflejar, como un espejo, los objetos que existen en sí mismos. En cambio, la filosofía relativista interpreta el proceso

23. No es casual que estas ideas fueran expresadas precisamente en 1933, año en que Hitler sube al poder como canciller y Kelsen debe exiliarse.

de conocimiento como creación de su propio objeto. Así, mientras que el relativismo concibe al sujeto del conocimiento como creador de su propio mundo, el absolutismo filosófico lo ve determinado por leyes heterónomas inmanentes a la realidad objetiva y como sujeto a lo absoluto (Kelsen, 1988).

Por todo esto es que Kelsen considera que la política democrática está ligada inexorablemente con la visión del mundo relativista, ya que la política de la democracia es necesariamente una de soluciones intermedias, y no hay nada más característico de una visión del mundo relativista que la tendencia a buscar un término medio entre estas dos posturas opuestas (Kelsen, 2003e). Este es el segundo eje característico de la democracia kelseniana. Para Kelsen democracia es discusión, y en consecuencia, el contenido del ordenamiento jurídico puede ser resultado de un compromiso (Kelsen, 2003e). La idea, entonces, de que todo el procedimiento parlamentario descansa sobre la fijación de una línea media entre los intereses opuestos, garantiza que los distintos intereses de los grupos representados en el parlamento se manifiesten y puedan darse a conocer en un procedimiento público (Kelsen, 2005). El sentido mismo del parlamentarismo es ese: que pueda resultar una síntesis de la contraposición entre la tesis y la antítesis de los intereses políticos. Sin embargo, en contra de lo que diría Schmitt, de que la esencia del parlamentarismo radica en la consecución de "verdades" por medio de la discusión, Kelsen afirma que el logro de la discusión parlamentaria no es una verdad "más elevada" o "absoluta", sino que constituye solamente el logro de una transacción.

Así llegamos al tercer eje de la concepción democrática kelseniana: la tolerancia. Y este valor, Kelsen lo destaca especialmente a partir de la contraposición de este régimen con los sistemas autocráticos de su tiempo. En especial, se refiere a la amenaza de la dictadura marxista antes que al fascismo que ya se cernía sobre Europa. Kelsen justifica a la democracia parlamentaria desde diferentes frentes, pero es tal vez uno de los ejes centrales el de la tolerancia a las ideas contrarias. Para Kelsen, la democracia es una forma justa de gobierno porque supone libertad, y la libertad significa tolerancia (Kelsen, 1988). El propio compromiso que surge de los acuerdos entre minorías y mayorías significa tolerancia. Si la democracia deja de ser tolerante, deja de ser democracia. Pero principalmente lo que caracteriza a la democracia, y la diferencia de la autocracia, es que la primera puede ser tolerante incluso frente a las tendencias antidemocráticas (Kelsen, 1993). Siempre, claro, que se trate de manifestaciones pacíficas, ya que todo gobierno tendría derecho de eliminar y prevenir cualquier intento de derrocarlo por la fuerza, y con eso no estaría violando ningún principio democrático.[24] Esta cuestión, que plantea Kelsen en la cita que encabeza este apartado, es de la mayor importancia.

24. Kelsen cree que "en algunas ocasiones puede resultar difícil delimitar claramente la línea fronteriza entre la libre expresión de las ideas y los preparativos para el uso de la fuerza. Pero el mantenimiento de la democracia depende de esta delimitación. Es posible que esta línea de demarcación traiga consigo cierto riesgo. Pero el honor y la esencia de la democracia exigen correr este riesgo, y si esta no puede correrlo, no merece ser defendida" (Kelsen, 1993:62).

La democracia se caracteriza por tolerar incluso a quienes pretenden destruirla; porque su esencia se vincula con el relativismo y la tolerancia.

Por último, además de estas tres características de la democracia como régimen vinculado al relativismo, a la tendencia por encontrar soluciones compartidas y a la tolerancia, Kelsen identifica algunas cuestiones menores, que distancian a toda democracia de los regímenes no democráticos. En primer lugar, su carácter racionalista, que se manifiesta en la tendencia a establecer el ordenamiento jurídico del Estado como un sistema de normas generales producido con arreglo a un procedimiento diseñado precisamente para este fin. El ideal de la legalidad juega un papel decisivo en la democracia, no así, claramente, en la autocracia (Kelsen, 1988). En este sentido, la democracia también desdeña las ideologías religiosas y metafísicas que la autocracia utiliza para legitimarse.

La oposición entre democracia y autocracia aparece también para Kelsen en la distinta forma en como se interpreta el liderazgo. Mientras la democracia no es favorable al principio de autoridad, la autocracia ve al gobernante como el representante de un valor absoluto. No se lo considera un órgano creado por la comunidad sino que se lo ve como un ser de origen divino o dotado de poderes sobrenaturales (Kelsen, 1988). Este punto en particular, puede contrastarse con la importancia del líder en la concepción democrática de Schmitt. Finalmente, Kelsen percibe que la democracia se distingue de la autocracia también en su política exterior. Mientras la democracia demuestras ideales pacifistas, "la autocracia se inclina por un pensamiento claramente imperialista" (Kelsen, 2003e:256).

En síntesis, podemos afirmar que Kelsen parte de una concepción de la democracia entendida como un procedimiento de autogobierno. Lo que la define es precisamente el procedimiento de elección y de toma de decisiones. No sin cierta nostalgia por la libertad natural primitiva, Kelsen admite que en las democracias modernas la institución adecuada para el autogobierno es la del parlamentarismo. En su ámbito se da lo que realmente lo define, que no es la representación sino la idea de acuerdo, de transacción, de consecución de un punto medio. La democracia consiste para Kelsen en ese procedimiento para llegar a acuerdos y como procedimiento, requiere de ciertas condiciones de posibilidad que se vinculan con el relativismo ético y la tolerancia política.

6. Excurso: Kelsen y Schmitt sobre el Defensor de la Constitución

Uno de los debates más recordados de la teoría política y jurídica del siglo XX es, sin duda, el que entablaron Hans Kelsen y Carl Schmitt acerca del defensor de la Constitución. Muchos trabajos recogen los aspectos fundamentales del debate

(Herrera, 1994; Korb, 2010; Paulson, 2006; Lembcke, 2007) por eso aquí nos concentraremos en presentar los argumentos principales de la polémica que nos ayudarán a comprender mejor sus concepciones acerca del Estado y el derecho y en particular, las tensiones que plantea la relación entre poder y derecho en ambos autores.

Si bien las referencias críticas entre Kelsen y Schmitt son anteriores a la polémica,[25] la discusión acerca del control de la Constitución se concentró entre los años 1928 y 1931. Este período de la República fue, como hemos visto, particularmente complejo, ya que se trata de los años en los cuales el carácter personalista del poder se agravó a partir de la imposibilidad para conformar un gabinete por parte del parlamento. Ahora bien, el debate acerca del guardián de la Constitución se desencadenó en 1928 por un texto de Kelsen publicado en Francia bajo el título *La garantía jurisdiccional de la Constitución*. Schmitt le respondería unos años más tarde, en 1931, con *Der Hüter der Verfassung* (*El guardián de la Constitución*). La respuesta de Kelsen no tardaría en aparecer y ese mismo año, bajo el título *Wer soll der Hüter der Verfassung sein?* (*¿Quién debe ser el defensor de la Constitución?*) arremetió contra las ideas de Schmitt.

En su obra *La Garantía Jurisdiccional de la Constitución*, Kelsen plantea sus ideas desde la autoridad que le otorga el haber sido miembro y ponente permanente del Tribunal Constitucional de Austria y redactor del proyecto, luego aprobado, de la Constitución del mismo país. Para Kelsen, la Constitución austriaca ha aportado a la institución de la justicia constitucional un desarrollo más completo que ninguna Constitución anterior (Kelsen, 1988). En esta obra repasa las ventajas del control jurisdiccional de las leyes y los decretos por parte de un Tribunal especializado e incluso plantea algunas sugerencias para la conformación del mismo. Kelsen cree que todos los actos que reciban la forma de ley deben estar sometidos al control de la jurisdicción constitucional, pero que esta competencia también debe extenderse a los reglamentos de necesidad. Para el jurista vienés, este control de constitucionalidad es especialmente importante, ya que en este terreno, toda violación de la Constitución significa un atentado a la frontera que separa las esferas respectivas del gobierno y del parlamento: una frontera de alta relevancia política.

Con respecto a la conformación del Tribunal Constitucional, Kelsen sugiere que el número de los integrantes del mismo no debe ser demasiado alto y que la forma de selección de sus miembros debería ser, por ejemplo, por elección del parlamento a propuesta del gobierno o a la inversa. Incluso no descarta la posibilidad de que esa elección sea directa por el pueblo, si bien cabe la discusión sobre la pertinencia y utilidad de ese procedimiento. Asimismo, resalta la importancia de darle una presencia adecuada en su composición a los juristas de profesión y en

25. En el caso de Schmitt, por ejemplo, encontramos críticas explícitas a la obra de Kelsen en *La Dictadura*, de 1921 y *Teología Política*, de 1922.

especial, la relevancia de excluir de la jurisdicción constitucional a los miembros del parlamento o del gobierno, interesados directos en los resultados de la misma.

Finalmente, sostiene la importancia de otorgar la mayor legitimación posible de la acción para iniciar el procedimiento. La garantía más firme sería la de dar legitimidad a cualquiera, pero desecha esta opción por considerar que generaría una sobrecarga insoportable de procedimientos. En su lugar, sugiere como posibilidad la de legitimar a las autoridades públicas, que teniendo que aplicar una norma, duden de su regularidad; a los gobiernos locales, sobre los actos emanados del Reich y a este, por los actos emanados de los gobiernos locales y también propone la figura de un "defensor" de la Constitución ante el Tribunal que oficiara como un fiscal del Ministerio Público, actuando de oficio y provisto de garantías de independencia tanto frente al gobierno como frente al parlamento. Así también, para garantizar la publicidad de estos procedimientos, Kelsen sugiere la posibilidad de celebrarlos en audiencias públicas, "debido al interés general considerable que revisten las cuestiones vinculadas a la Constitucionalidad" (Kelsen, 1988:146).

Tal es la importancia que tiene el control de constitucionalidad para Kelsen que incluso cree que "una Constitución que carece de garantías de anulabilidad de los actos inconstitucionales no es en sentido técnico, una Constitución plenamente obligatoria" (Kelsen, 1988:150). Asimismo, se trata de una institución clave para la democracia, ya que la relación entre el control judicial de la constitucionalidad y la democracia es directa en Kelsen: cuando más se democratizan las funciones estatales, tanto más debe reforzarse el control. La justicia constitucional debe ser entendida como parte de este control, ya que al asegurar la elaboración constitucional de las leyes y en particular su constitucionalidad material, aparece como un medio particularmente idóneo para proteger a la minoría contra los abusos de la mayoría. Y siendo que para Kelsen, como hemos visto, "la esencia de la democracia se encuentra, no en la omnipotencia de la mayoría, sino en el compromiso constante entre grupos representados en el parlamento por la mayoría y por la minoría" (Kelsen, 1988:152), la justicia constitucional juega un rol clave en este régimen político.

La respuesta de Schmitt a estas ideas vino en 1931,[26] en *La defensa de la Constitución*, como fuera traducido al español. Allí realiza un análisis de los distintos mecanismos que existen para llevar a cabo el control de constitucionalidad y se dedica a criticar, en especial, el del Tribunal Constitucional. El principal argumento que presenta consiste en afirmar que el Tribunal es por esencia un órgano judicial y no político, y por lo tanto, no puede ocuparse de una tarea eminentemente política como la de la defensa de la Constitución. En efecto, para Schmitt, Kelsen "politiza" la justicia al ubicar el control de la constitución en un

26. La obra fue publicada por primera vez en 1929 pero luego ampliada con comentarios y artículos de los años 1929 y 1930 y vuelta a publicar en 1931.

Tribunal, ya que cuando el poder judicial se ocupa de este tipo de cuestiones lo que en realidad estaría realizando "ya no es 'justicia', sino una turbia asociación de legislación y labor de asesoramiento" (Schmitt, 1931:66).

Este carácter político del control de constitucionalidad se notaría en particular frente a las cuestiones que se pueden catalogar de "dudosas" (Schmitt, 1931), es por eso que Schmitt defiende que la Justicia en ocasiones rehúse pronunciarse sobre cuestiones que inevitablemente implicarían una toma de postura política. En efecto, lo que la doctrina constitucional llama "cuestiones políticas no justiciables"[27] es para el jurista de Plettenberg una problemática propia de la procura del Poder Judicial por mantenerse dentro de sus atribuciones. No debe considerarse "como signo de una mera precaución política o como mezquindad de subalterno, ni debe tildarse por esta razón como un acto reprobable, psicológica o sociológicamente" (Schmitt, 1931:66), sino que demostraría solamente que es impropio atribuir a un Tribunal ciertas funciones que "rebasan el ámbito de una subsunción real, es decir, que traspasan las fronteras establecidas por la sujeción a normas de contenido preciso" (Schmitt, 1931:67).

Otra de las críticas de Schmitt al modelo del control jurisdiccional, consiste en afirmar que la elección de ese sistema respondería, entre varias razones, a la influencia del modelo del Tribunal Supremo de los Estados Unidos y que su adaptación a la realidad alemana carecería de todo tipo de adecuación a las circunstancias autóctonas. La diferencia principal entre ambas realidades estribaría para Schmitt en la circunstancia de que el Tribunal norteamericano defiende principios generales erigiéndose como protector y defensor del orden social y económico, mientras que el Tribunal Supremo del Reich, más limitado en su capacidad de control, no podría realizar una función similar (Schmitt, 1931).

Además, Schmitt cuestiona la concepción misma de Constitución que se encuentra detrás de la idea de control jurisdiccional. Para Schmitt, un Tribunal Constitucional de Justicia "a lo Kelsen" sólo podría ser posible partiendo de entender a la Constitución como un compromiso o un contrato. Esto ocurriría cuando el Estado no es considerado como una unidad hermética sino que "descansa de manera dualista o pluralista sobre un convenio o compromiso de varias partes" (Schmitt, 1931:78). En efecto, esta es la concepción de la que parten Kelsen y muchos otros que veían en la Constitución de Weimar un compromiso entre distintos grupos y partidos de la República. A estas tendencias opone Schmitt

27. La tesis de las *political questions*, o "cuestiones políticas no justiciables", fue expuesta como doctrina tribunalicia aparentemente, por primera vez de modo preciso, en el célebre caso Marbury vs. Madison (1803). La doctrina norteamericana se ha dedicado en extensión a esta cuestión, por ejemplo ver Tribe (1983). En la doctrina argentina, Germán Bidart Campos es uno de los que sostiene la existencia de algunas cuestiones políticas que escapan al control judicial, ver por ejemplo Bidard Campos (1967) o Sagües (1997). La "nueva" generación de constitucionalistas no considera que existan cuestiones políticas no justiciables, ver por ejemplo Gargarella (1997).

su concepción de la Constitución como una decisión política del pueblo alemán unificado y titular del poder constituyente, afirmando como el único elemento contractual de la Constitución, el de la organización federal del país. De esta manera interpreta Schmitt el artículo 19 de la Constitución de Weimar,[28] que establece que el Tribunal de Justicia Constitucional del Reich sólo es competente para los litigios constitucionales que se planteen dentro de un Territorio o *Land* y por lo tanto, no tendría la misma competencia que un Tribunal Constitucional como el que piensa Kelsen.

Finalmente, Schmitt presenta un argumento de corte histórico para cuestionar el control jurisdiccional de la Constitución. Desde su punto de vista, la idea de un Tribunal Constitucional sería inadecuada a la realidad alemana por dos motivos. En primer lugar porque el modelo de control jurisdiccional surgió en el siglo XIX como una respuesta ante los desbordes del Poder Ejecutivo. Para Schmitt en su época el peligro ya no proviene del Ejecutivo sino del legislador: la regulación constitucional debe procurar, en especial en la Alemania de Weimar, "a la misión de proteger ciertas actividades e intereses que competen a la legislación, contra el legislador mismo, o mejor dicho contra las variables mayorías parlamentarias" (Schmitt, 1931:36). Esta idea proviene necesariamente de la concepción crítica que tiene Schmitt sobre el parlamentarismo y que analizaremos en el próximo capitulo.

El segundo motivo de esa inadecuación histórica lo ve Schmitt en el proceso que describe como "de transición hacia el Estado total" y que tiene que ver con la evolución histórica que va del Estado absolutista en los siglos XVII y XVIII, pasando por el Estado neutral del siglo XIX hasta llegar al "Estado Total", del siglo XX. Así, mientras la tendencia liberal del siglo XIX era la de limitar en lo posible el Estado a un mínimo e impedirle intervenciones a la economía, la tendencia en el siglo XX es la de intervención del Estado. La antítesis entre Estado y Sociedad, ha ido cambiando y este se ha convertido en la "autoorganización" de la sociedad. En este contexto, cree Schmitt que el parlamento de Weimar ya no podría garantizar la unidad estatal que aseguraba en el Estado neutral, y por eso postula que deben oponérsele instancias y procedimientos que sean independientes de los poderes públicos de este género de Estado. Y esta instancia neutral, veremos, la encuentra en el presidente del Reich y no en un Tribunal Constitucional.

Ahora bien, ¿Cuáles son los motivos que presenta Schmitt para elegir al presidente como el defensor de la Constitución? Schmitt recurre en primer lugar a su interpretación de la teoría del poder neutro de Benjamín Constant. Esta

28. Este artículo establecía que "Las cuestiones constitucionales dentro de cada Land en que no exista jurisdicción competente para resolverlas, así como cualquiera otras que no sean de derecho privado entre los diferentes Lands o ente un Land y el Imperio serán decididas, a petición de una de las partes, por el Tribunal de Estado del Imperio, en todo aquello en que otro Tribunal del Imperio no sea especialmente competente. El Presidente del Imperio ejecutará la sentencia del Tribunal de Estado del Imperio".

institución, afirma, se puede encontrar en casi todas las Constituciones, tanto Repúblicas como monarquías, e incluso, esta teoría habría estado presente en el debate de los redactores de la Constitución de Weimar y se habría confirmado extraordinariamente en la realidad de la República (Schmitt, 1931). Este poder de "árbitro" del presidente, que Schmitt incluso compara con el que realizan los árbitros oficiales en los conflictos laborales y el arbitraje vigente en el derecho internacional, proviene de las atribuciones constitucionales con las que se ha dotado a la figura presidencial y de su forma de elección.

Así, para Schmitt, el presidente del Reich tiene atribuciones que le hacen independiente de los órganos legislativos, aunque simultáneamente está obligado al refrendo de los ministros, quienes, a su vez, dependen de la confianza del parlamento (Schmitt, 1931). Asimismo, cree que estas atribuciones, como el derecho a promulgar con fuerza de ley decretos, descansaría sobre una interpretación del artículo 48 que habría logrado afianzarse en una práctica jurídica y que "resultaría adecuada a las concretas peculiaridades de la situación excepcional de un Estado económicamente oprimido, obligado a la tributación y que, al mismo tiempo, soporta grandes cargas sociales" (Schmitt, 1931:149).

Otro elemento que designaría al presidente como defensor de la Constitución es para Schmitt el del carácter de su elección. El presidente en Weimar era elegido directamente por el pueblo. De esta manera, la Constitución lo ubicaría en el centro de todo un sistema construido sobre bases plebiscitarias, lo que le otorgaría neutralidad e independencia respecto de los partidos políticos. En el mismo sentido, sus facultades políticas frente al poder legislativo, como la de disolver el Reichstag y promover plebiscitos, serían por naturaleza facultades de "apelación al pueblo" (Schmitt, 1931:194). Estos elementos lo posicionarían como contrapeso al pluralismo de los grupos sociales y económicos del poder, garantizando la unidad del pueblo como conjunto político. Así, desde la lectura de Schmitt sería la misma Constitución la que ha nombrado a su protector. Tanto por su estabilidad y permanencia relativa (mandato por siete años, dificultad de su revocación, independencia con respecto a las cambiantes mayorías parlamentarias) como también por el género de sus atribuciones y su forma de elección, el presidente del Reich habría sido pensando como una institución neutral que como tal, protege y garantiza el sistema constitucional.

La respuesta de Kelsen a estas afirmaciones no se hizo esperar. Al poco tiempo de que se conociera la publicación de Schmitt, respondió con su escrito *Wer soll der Hüter der Verfassung sein?* Allí, lleva a cabo su defensa del control jurisdiccional de la Constitución e intenta probar la naturaleza ideológica de los argumentos de Schmitt al afirmar que el presidente es el defensor de la Constitución. El argumento principal que guía la respuesta de Kelsen es que nadie puede ser juez en su propia causa, y que precisamente ninguna otra instancia sería menos adecuada para ser garante de la Constitución que aquella a la que la misma

Constitución le otorga el ejercicio del poder y que, por eso, tiene la ocasión para violarla (Kelsen, 1985b).

Sin embargo, este no es el único argumento que presenta Kelsen sino que, como hace con muchos de sus oponentes teóricos, se toma el trabajo de responder una a una las razones esgrimidas por Schmitt. Así, respecto del argumento acerca de la función "exclusivamente jurídica" que debiera tener un Tribunal Constitucional, Kelsen sostiene que este asunto es completamente banal. Desde su perspectiva, el análisis de Schmitt parte del presupuesto erróneo de que existe una contradicción esencial entre la función jurisdiccional y las funciones "políticas", y que en particular, la decisión sobre la constitucionalidad de las leyes es un acto político. Así, "presuponer que el ejercicio del poder termina en el proceso legislativo es falso, ya que no se ve, o no se quiere ver, que el ejercicio del poder encuentra su muy especial continuidad e incluso hasta su efectiva iniciación en la jurisdicción" (Kelsen, 1985b:18), no menos que en la administración.

Para Kelsen la contradicción entre jurisdicción y legislación no existe, ya que si se mira a la "política" como "decisión" en orden a la resolución de los conflictos de intereses (para hablar con la terminología de Schmitt), "entonces está presente en toda sentencia judicial, en mayor o menor medida, un elemento de decisión, un elemento de ejercicio del poder" (Kelsen, 1985b:19). Por eso cree que la decisión judicial, al igual que la legislativa, debe entenderse como creadora de derecho. Desde su concepción del derecho como una unidad escalonada, un contrato entre privados es creador de derecho y una sentencia de cualquier tribunal también lo es. Schmitt, en cambio, reserva el ámbito político para la creación normativa y el ámbito de la justicia para la mera aplicación de la norma. Desde la visión schmittiana, el juez sólo realiza una subsunción normativa y su tarea termina cuando la ley ya no le dice nada sobre cómo resolver el asunto (Paulson, 2006). Para Kelsen, en cambio, la justicia comienza precisamente a funcionar entonces, cuando las normas se vuelven dudosas o controvertidas en cuanto a su contenido. Siendo para Kelsen todo conflicto jurídico un conflicto de intereses, toda disputa jurídica es consecuentemente una controversia política, y todo conflicto que sea caracterizado como conflicto político, o de intereses, o de poder, puede ser resuelto como controversia jurídica.

Como veremos en la conclusión de este capítulo, por más que Kelsen reniegue metodológicamente de incluir al poder en los ámbitos de la ciencia jurídica, es totalmente consciente de que detrás del derecho, se encuentra, en definitiva el poder. Lo mismo vale entonces para el argumento de Schmitt acerca de la supuesta incapacidad del Tribunal para pronunciarse sobre cuestiones "dudosas o discutibles" en cuanto a su contenido. Para Kelsen, como hemos dicho, en todos los casos de actuación judicial, tanto en sentencias comunes como aquellas de contenido constitucional, la Justicia se pronuncia sobre cuestiones dudosas (Kelsen, 1985b). Este es precisamente su ámbito de actuación, y en todo caso, si lo que se quiere es delimitar lo mejor posible su campo, eso dependerá del poder discrecional que la ley le otorgue al juez. Por eso para Kelsen las leyes, especialmente aquellas que determinan los derechos fundamentales, no deben ser formuladas en términos demasiados generales, ni emplear terminología difusa como "libertad", "igualdad" o "justicia" a fin de que no exista "un desplazamiento del poder del parlamento al Tribunal Constitucional" (Kelsen, 1985b:33).

Con respecto a la segunda cuestión marcada por Schmitt, la de la inadecuación del modelo norteamericano, Kelsen afirma que es curioso que Schmitt adjudique la calidad de "defensor" de la Constitución al Tribunal norteamericano y no al alemán, cuando según su criterio, este último no hace algo muy distinto cuando ejerce su derecho de control. También le llama la atención que Schmitt hable de un temor frente a los atropellos del poder legislativo, cuando precisamente en Weimar el problema de la constitucionalidad de las funciones del gobierno y sus ministros pasa por la utilización de las facultades del artículo 48. El temor al gobierno es para Kelsen aún más importante que el temor al legislador, porque precisamente entiende que la función política de la Constitución es la de poner límites jurídicos al ejercicio del poder, y en este caso, quien esta en mejores condiciones de transgredir esos límites es el Poder Ejecutivo.

En definitiva, Kelsen no comparte el análisis de la situación de Weimar realizado por Schmitt. Al mismo tiempo que habla de una tendencia inexorable de las instituciones políticas hacia el "Estado total", el jurista de Plettenberg describe la sociedad de Weimar como repleta de pluralismo. Para Kelsen es imposible que las dos cosas se den al mismo tiempo. Para que haya una estructura política pluralista debe existir una real oposición entre Estado y sociedad (Kelsen, 1985b) y Schmitt habla de un "giro hacia el Estado total" cuando la oposición entre Estado y sociedad desaparece. Entonces, para Kelsen no sólo la predicción de Schmitt no tiene nada de novedosa (ya que el fin expansivo del Estado también se ha percibido con anterioridad) sino que se trata de situaciones excluyentes.

Notablemente, Kelsen critica esta concepción de Schmitt desde un argumento a la izquierda, ya que sostiene que este planteo sobre un "giro hacia el Estado total" es tan sólo "una ideología burguesa mediante la cual se oculta la fuerte contradicción en la que está el proletariado —o por cierto una buena parte del mismo— respecto del actual Estado legislativo de la democracia parlamentaria" (Kelsen, 1985b:47). Para Kelsen, con este supuesto giro hacia el Estado total, la oposición entre Estado y sociedad debería haber perdido su sentido. Sin embargo, desde el punto de vista del proletariado y de una teoría social proletaria, es una oposición tan actual y exacta como lo fuera en algún momento para la burguesía.

Kelsen también llama en dos ocasiones la atención sobre el hecho de que Schmitt pase por alto los años de experiencia austriaca en la materia. Para el jurista vienés, Schmitt pone la solución austriaca "entre comillas" (Kelsen, 1985b:32) y se limita a postular su solución "decisionista" obviando las pruebas del funcionamiento de este Tribunal. Asimismo, frente a la afirmación schmittiana de que un Tribunal constitucional en la democracia parlamentaria del siglo XX sólo se enfrenta al parlamento, Kelsen le responde recurriendo también a la experiencia austríaca. Como mencionamos, estando Kelsen mismo en el Tribunal Constitucional, existió un fuerte enfrentamiento entre el gobierno y este que terminó en una reforma constitucional y una nueva composición del cuerpo.

Así llegamos finalmente al último argumento de Schmitt. El que se basa en la teoría del poder neutro de Constant y en las atribuciones constitucionales del presidente del Reich. Kelsen responderá a todas esas cuestiones e intentará demostrar que toda la argumentación de Schmitt es una operación ideológica. Con respecto a la teoría del poder neutro, la interpretación kelseniana es distinta de la de Schmitt. Kelsen recuerda que cuando Constant afirma que el monarca es el titular de un poder "neutral" se basa en el supuesto de que el poder ejecutivo se escinde en dos poderes diversos, uno pasivo y otro activo, y que el monarca únicamente ejerce el pasivo. Entonces, sólo por sus funciones simbólicas el monarca sería un poder neutral (Kelsen, 1985b). Esta traslación que hace Schmitt del poder neutro del monarca al jefe del Estado de una forma semipresidencial como la de Weimar no tiene fundamento para Kelsen, ya que las funciones y atribuciones de ambos son muy distintas, al mismo tiempo que estas atribuciones marcadas por Schmitt provienen de una interpretación demasiado extensiva del artículo 48.

Asimismo, y en relación a las atribuciones constitucionales que harían de la figura presidencial la más adecuada para la defensa de la Constitución, Kelsen sostiene que las mencionadas por Schmitt ni siquiera son funciones que tengan que ver con el control de constitucionalidad y que Schmitt parece ignorar todo el tiempo la posibilidad de que el Presidente sea quien viole la Constitución, especialmente a partir del mal uso del artículo 48. En efecto, el mismo Kelsen (1942) sostenía años más tarde, en una nota de su estudio comparativo de 1942 entre la Constitución austríaca y la norteamericana, que precisamente el mal uso del artículo 48 fue el medio por el cual el carácter democrático de la República fue destruido en Alemania y se preparó el camino para el nacionalsocialismo.

Esta es una de las razones por las cuales el presidente del Reich no sería un poder neutral en el sentido que quiso darle Constant. Pero además, Schmitt ve esa neutralidad en el sentido de la capacidad de lograr hacer superar las diferencias de intereses entre los individuos. Y una vez más para Kelsen esto no es más que ideología. Cuando Schmitt ve en la institución del jefe de Estado no sólo un símbolo ético político postulado por la unidad del Estado, sino el producto o el generador real de dicha unidad, en el sentido de una efectiva solidaridad de intereses, lo que hace es ocultar la contraposición radical y real de intereses existentes, que se dan en el hecho, aún más significativo y subyacente, de las clases sociales. Así, Kelsen cuestiona esta noción de unidad, de homogeneidad del pueblo, tan cara a la teoría democrática de Schmitt, nuevamente desde una posición crítica muy cercana al materialismo histórico.

Asimismo, cree que es comprensible que todo jefe de Estado, en la medida en que es independiente de los grupos de intereses enemigos entre sí, busque con sus actos una línea intermedia de compromiso. Pero esto no significa necesariamente que represente un poder neutral (Kelsen, 1985b). La idea del poder neutral implica mucho más que la mera posibilidad de un equilibrio de intereses. Y más aún si se agrega el dato de que esa posibilidad de neutralidad está fuertemente limitada por el hecho de que el jefe de Estado no puede actuar sin los ministros, dependientes estos de la mayoría parlamentaria. Lo mismo sucede con el supuesto de la elección plebiscitaria del presidente. Kelsen resalta la circunstancia que en realidad es elegido por una mayoría, nunca por la totalidad del pueblo, sin dejar de lado el hecho de que es sumamente cuestionable que exista una voluntad general, uniforme y reconocible en la población. Además, cree que la realidad de Weimar prueba muy bien que la elección por sufragio directo tampoco ofrece ninguna garantía para que la función de equilibrar intereses antagónicos del presidente sea llevada a cabo con éxito.

Por último, Kelsen agrega dos argumentos más en contra de la idea del presidente como guardián de la Constitución. El primero de ellos es que la propia Constitución le otorga explícitamente en su artículo 19 a la Corte Constitucional, a los Tribunales civiles, penales y administrativos, la tarea de establecer la constitucionalidad de las leyes y de otros actos (Kelsen, 1985b). Y en todo caso, si la cuestión reside en un problema de interpretación constitucional, Kelsen entiende que es el parlamento, y no sólo el presidente del Reich, el que es elegido por todo el pueblo, y por lo tanto, ocupa "un lugar protagónico en la escena política" (Kelsen, 1985b:77). Este argumento "desenfocaría" la apuesta de Schmitt por el ejecutivo y permitiría interpretar que los constituyentes de Weimar pensaron en más de un actor preponderante de la escena política.

En el mismo sentido presenta Kelsen un último argumento acerca del carácter democrático de los poderes del Estado. Schmitt afirma que el presidente tendría una legitimidad democrática mucho más importante que la de un Tribunal Constitucional. A esto Kelsen le responde que ese carácter democrático sólo puede provenir del método por el cual son designados uno y otro. Por lo tanto, dado que "no hay obstáculo alguno para que el pueblo elija también de manera directa a los miembros de tal tribunal" (Kelsen, 1985b:72), tampoco habría razones para adjudicarle semejante carácter antidemocrático. Así, un Tribunal Constitucional podría tener una legitimidad democrática tan directa como la de un presidente.

Realizando un balance de su intercambio con Schmitt Kelsen concluye que su intención no es la de menospreciar los argumentos schmittianos por su carácter "político-partidario", sino que lo reprochable de los mismos es que Schmitt pretenda hacer pasar tal intento ideológico por científico. Así, cierra Kelsen la polémica sentenciando que el escrito de Schmitt da cuenta de "cuán necesaria es la exigencia de una rigurosa separación entre conocimiento científico y juicio de valor político" (Kelsen, 1985b:81). Para el jurista vienés la confusión entre ciencia y política es el típico método de las modernas formas ideológicas y como tal debe ser rechazada desde la perspectiva del conocimiento científico.

Es posible concluir que el debate entre Kelsen y Schmitt pone en discusión aspectos centrales, y muy actuales, acerca de los vínculos entre poder y derecho, derecho y democracia y, en particular, la cuestión del papel de los tribunales en la política democrática moderna. Así, ambos plantean tres argumentos que aún hoy se utilizan en la discusión sobre el tema: el de la incompatibilidad entre la función de justicia y de política, el de la incompatibilidad entre la existencia de una Corte constitucional y la división de poderes, y la cuestión de la incompatibilidad entre la existencia de una Corte constitucional y la democracia (Van Ooyen, 2008). Es por eso que la disputa entre los juristas no sólo tiene un interés histórico, sino que también interpela a nuestro tiempo con la cuestión sobre los fundamentos de la justicia constitucional (Lembcke, 2007).

Y en lo que respecta a esta investigación, el debate pone de manifiesto las concepciones acerca del orden jurídico que manejan ambos juristas, el normativismo de Kelsen y el decisionismo de Schmitt, así como también la relación que plantean los dos entre poder y derecho. En definitiva, detrás de la defensa de determinados mecanismos de control constitucional se encuentra en realidad la cuestión de los límites al poder y el lugar que ocupa esto en sus teorías del derecho y del Estado. En el debate acerca del guardián de la Constitución, podemos apreciar no sólo los alcances de la visión schmittiana acerca del poder como último fundamento del derecho, sino también, y de manera muy manifiesta, la visión kelseniana acerca de la existencia de vínculos ciertos entre poder y derecho y la función política que tiene un Tribunal Constitucional.

7. Conclusiones: La legitimidad del Derecho y el Estado en el pensamiento de Kelsen

> "La pregunta a la cual tiende el derecho natural es la eterna pregunta por aquello que se esconde tras el derecho positivo. Y quien busque la respuesta no encontrará, me temo, ni la verdad absoluta de una metafísica, ni la justicia absoluta de un derecho natural. Quien sin cerrar los ojos levante el velo, verá venir a su encuentro la mirada fija de la cabeza de la Gorgona del poder" (Kelsen, en Métall, 1976:37).

La Teoría Pura del Derecho nos dice mucho más acerca de los objetivos y fundamentos filosófico-ideológicos de Kelsen que lo que a primera vista se podría pensar. Como bien señala la frase que encabeza esta conclusión, desde muy temprano Kelsen fue consiente que detrás del derecho se encuentra el poder y la fuerza. Sin embargo, su apuesta metodológica es la de lograr una ciencia jurídica despojada de todos los elementos sociológicos que abundaban en ella. Su apuesta política, es la de desenmascarar a aquellos que intentan ocultar tras ropajes jurídicos sus ansias de dominar a otros. Podemos concluir que la respuesta que da Kelsen a la cuestión de la legitimidad del derecho y del Estado es coherente con esos objetivos y con su defensa de la democracia parlamentaria. Como veremos al final de esta investigación, su visión "formal" de la legitimidad, se condice con su idea "procedimental" de la democracia.

Ahora bien, ¿cuál es la respuesta de Kelsen a la pregunta por la legitimidad? Partiendo de su concepción del Estado como idéntico al orden jurídico podemos decir que la pregunta se simplifica a la de por qué obedecemos al derecho. Y esta cuestión consiste en lo que Kelsen llama validez, que constituye el eje de su llamada "nomodinámica". Así también, dado que el punto de partida de la Teoría Pura es, como hemos visto, la dimensión prescriptiva, del deber ser, el problema de la validez es para Kelsen uno de tipo normativo y nunca podría ser un problema sociológico. Por eso nos preguntamos por qué deben ser obedecidas las normas legales y no por qué se las respeta efectivamente o no. Para el jurista de Viena, una validez del ser, o la pregunta de por qué ciertas normas de convivencia social se respetan efectivamente, o los motivos psíquicos de un comportamiento social, son cuestiones objeto de la sociología, de la psicología social pero no de la disciplina jurídica (Kelsen, 1945).

De esta manera para Kelsen la validez de una norma es su modo específico de existir, y esa razón de validez es siempre otra norma, nunca un hecho (Kelsen, 1986). Desde esa perspectiva, una norma jurídica inferior es válida por haber sido creada de acuerdo con los requisitos de la norma superior. Pero si nos preguntamos por qué determinada norma jurídica es válida, siempre tendremos que responder en relación a otra norma (superior) que regula la creación de la norma inferior, es decir, que determina los hechos que condicionan la existencia de la norma inferior. Si continuamos investigando por qué las normas jurídicas son válidas, llegaremos a una última norma cuya creación no viene determinada por ninguna otra norma superior. Para Kelsen, debe existir una razón última, una norma fundamental, origen de la validez de todas las normas que pertenecen a un determinado orden legal. Aunque la existencia de cualquier norma se vea condicionada por determinado hecho, la razón de que las normas existan —es decir, que sean válidas— no es entonces un hecho sino una norma.

Así, el fundamento último de validez del orden jurídico es según Kelsen, la *Grundnorm* o norma fundante básica.[29] Esta norma es presupuesta, ya que no puede ser impuesta por una autoridad cuya competencia tendría que basarse en una norma superior. Su validez ya no puede derivarse de ninguna norma superior

29. Traducción que prefiere Roberto Vernengo a "Norma fundamental". Para un análisis más extenso acerca de ellas diferentes formulaciones de esta norma, ver Paulson (2000).

y tampoco puede volver a cuestionarse su fundamento (Kelsen, 1986), por eso constituye la unidad de una multiplicidad de normas, "en tanto representa el fundamento de la validez de todas las normas que pertenecen a ese orden jurídico" (Kelsen, 1986:202). Esta noción kelseniana de validez es de tipo dinámico, ya que una norma jurídica no vale por tener un contenido determinado, sino por haber sido producida de determinada manera y, en última instancia, por haber sido producida de la manera determinada por una norma fundante básica presupuesta (Kelsen, 1986).

Frente a la pregunta sobre la esencia de la norma fundante básica, Kelsen sostiene que esta sólo puede ser una norma pensada. La norma fundante básica no es una norma querida, sino que como norma solamente pensada, no se puede prescribir que deban obedecerse las órdenes del constituyente. Y con esto, cree Kelsen, la teoría positivista del derecho no hace innovación alguna, ya que sólo esta haciendo consciente lo que todos los juristas hacen, en general inconscientemente, cuando interpretan el sentido subjetivo de las normas como normas objetivamente válidas. Así, la doctrina de la norma fundante básica, es para Kelsen sólo "el resultado de un análisis del proceso que un conocimiento positivista del derecho siempre ha utilizado" (Kelsen, 1986:214).

Ahora bien, ¿cuál es la relación de este concepto de validez con el concepto de legitimidad del derecho? Kelsen da cuenta de lo que él llama "principio de legitimidad". Este principio, sostiene, se hace especialmente claro cuando una Constitución no es modificada por las vías establecidas por ella misma, sino que es reemplazada revolucionariamente por otra. Para Kelsen, este principio de legitimidad significa que la norma de un determinado orden jurídico "vale durante todo el tiempo que trascurra hasta que su validez no sea terminada en la manera determinada por ese orden jurídico o hasta que sea reemplazada por la validez de otra norma" (Kelsen, 1986:217). En otras palabras, se trata en realidad del principio de legalidad: una norma es válida hasta que no sea derogada por el procedimiento por el cuál ha sido creada o sea reemplazada por otra norma fundante básica. Desde el punto de vista jurídico kelseniano, el criterio decisivo de una revolución es que el orden en vigor es derrocado y reemplazado por un orden nuevo, en una forma que no se encuentra prevista por el anterior.

De esta manera, podemos observar cómo para Kelsen la legitimidad se iguala con la legalidad, ya que consiste en la adecuación de procedimiento normativa de las leyes con respecto a la Constitución. Sin embargo, el mismo Kelsen termina admitiendo que la remisión normativa no alcanza para hablar de validez, y por eso recurre al principio de eficacia, que le pone límites al principio de legitimidad (Kelsen, 1986). Esta cuestión viene de afrontar una vieja y siempre recurrente objeción: ¿cómo se distingue una comunidad jurídica, como es el Estado, de una banda de ladrones? Esa dificultad no existe en el iusnaturalismo, porque fácilmente puede responder que una norma es válida sólo si es justa, si se apega a ciertos principios éticos. Sin embargo el positivismo no puede acudir a ese argumento, entonces recurre al de la efectividad, en otras palabras, termina recurriendo al poder. Veamos cómo funciona el argumento.

Para Kelsen, el derecho es producido por el poder siempre que se trate de un poder a su vez derivado del derecho, y siempre que por "derivado del derecho" se entienda regulado, al menos formalmente, por una norma jurídica. En efecto, el elemento que diferencia la relación definida como poder estatal de las demás relaciones de poder es el estar regulado jurídicamente y consiste en el hecho de que los hombres que ejercitan el poder como gobierno del Estado están autorizados por un ordenamiento jurídico a ejercer tal poder, produciendo y aplicando normas jurídicas, es decir, en el hecho de que el poder estatal tiene carácter normativo. Así, lo que diferencia una orden de una banda de ladrones de la orden del Estado es que esta última constituye un mandato autorizado por una norma jurídica. Y la última norma jurídica que cierra el sistema es la norma fundante básica. Ahora bien, el problema aparece cuando el bandido que emite una orden obedece también a una norma de la banda a la que pertenece, por lo que su poder pasa a ser también un poder autorizado. ¿Qué diferencia ahora al Estado de la banda de ladrones?

La solución kelseniana al problema es la de recurrir a la efectividad. Así, un ordenamiento jurídico en su conjunto es válido sólo si las normas que produce resultan observadas a grandes rasgos, en otras palabras, si el ordenamiento en su conjunto es efectivo. Y un orden es en conjunto efectivo cuando existe un poder coactivo que asegura esa efectividad. Por eso, es posible concluir con Norberto Bobbio (2005) que el positivismo de Kelsen soluciona el problema recurriendo no a la norma, sino al poder. Para el jurista vienés, el problema de la relación entre validez y eficacia del derecho "es uno de los más importantes y, al mismo tiempo, uno de los más difíciles de una teoría positivista del derecho" (Kelsen, 2003f:22). Una teoría positivista del derecho se encuentra ante la tarea de encontrar el justo medio entre dos extremos que son ambos teoréticamente insostenibles: el que sostiene que entre validez y eficacia no hay relación alguna y el que afirma que la validez del derecho se identifica con su eficacia. La primera, sería la solución que adoptaría una teoría idealista, la segunda, una realista.

Para Kelsen, la primera opción es falsa, ya que no puede negarse que un ordenamiento jurídico pierde su validez cuando deja de ser eficaz. Además, existe una relación entre el deber ser del derecho, su validez, y el ser, en la medida en que una norma jurídica, para ser válida, precisa ser establecida por un acto del ser. Pero la segunda solución también es falsa, ya que existen numerosos casos en los cuales las normas jurídicas son consideradas como válidas aunque no sean eficaces, es decir, aunque de hecho no se las acate ni se las aplique. Así, para Kelsen, un ordenamiento jurídico en su totalidad es válido aunque no todas sus normas sean acatadas siempre y sin excepción. Pero no puede ser considerado como válido cuando deja de ser eficaz en términos generales. Por eso la validez del derecho no puede identificarse con su eficacia, sino que la eficacia de las normas jurídicas es condición de su validez. Así, el verdadero fundamento de la validez de un ordenamiento jurídico es para Kelsen la norma fundamental presupuesta, aquella que estatuye que uno debe comportarse de acuerdo con una Constitución que ha sido efectivamente creada y es eficaz en términos generales y de acuerdo también con las normas creadas en virtud de esta constitución, que son eficaces en términos generales.

Las conclusiones que se pueden derivar de esta forma de entender a la legitimidad del derecho, y por tanto del Estado, son muchas. Sin embargo, la principal radica en identificar que en última instancia, la idea de legitimidad en Kelsen se iguala con la de adecuación a un procedimiento de sanción determinado. En definitiva, la legitimidad se identifica con la legalidad. Así, a partir de un modelo de entender al derecho basado en la neutralidad valorativa y el relativismo ético, llegamos a la conclusión que el derecho, y el Estado, son obedecidos porque sus normas se corresponden con el procedimiento establecido, en última instancia, en la Norma Fundamental. Y así llegamos a una de las cuestiones que más debates ha generado con la Teoría Pura del Derecho: el alcance y la naturaleza de esta Norma Fundamental. Porque, como veremos, el mismo Kelsen reconoce en sus últimos años que se trata de una ficción, una que ayuda a entender al derecho, pero que en definitiva, la validez de las normas descansa siempre en la efectividad en términos generales que tenga el orden jurídico, es decir, en una cuestión del "ser". Y esto nos lleva nuevamente a la cuestión de los vínculos entre poder y derecho.

A partir del análisis de estos presupuestos, es interesante analizar la lectura que hace Norberto Bobbio (2005) sobre la solución de Kelsen al problema del poder y del derecho. Bobbio considera que mientras la teoría tradicional parte del poder para justificar la existencia del derecho, Kelsen cree necesario partir de la norma para justificar el poder. Para el italiano, una vez definido el poder jurídico como el poder de producir (o aplicar) normas jurídicas, los conceptos de norma y poder se entrelazan fuertemente el uno con el otro. Incluso considera que la Teoría Pura del Derecho, en tanto teoría del derecho positivo, "es conjuntamente una teoría del derecho como norma y del derecho como poder" (Bobbio, 2005:17). Para el positivismo jurídico el derecho es producto del hombre, no existe en la naturaleza, por eso una teoría jurídica rigurosamente positivista no puede dejar de tomar en cuenta el concepto de producción jurídica y este, a su vez, no puede dejar de tomar en cuenta el concepto de poder. Para que se pueda hablar de un ordenamiento jurídico, es necesario concebirlo como un conjunto de normas producidas por la voluntad humana, y para que las normas puedan ser producidas, es necesario que alguien tenga el poder de hacerlo. En este sentido, para una teoría positivista del derecho, la noción de norma no puede disociarse de la de poder, porque norma y poder son las dos caras de una misma moneda: en el sistema kelseniano, lo que cierra el sistema jurídico es la Norma Fundamental. En la doctrina tradicional, por lo contrario, es el poder.

Kelsen define a la relación entre derecho y poder a partir de entender que el derecho es un orden u organización específicos de poder (Kelsen, 1969). Pero ¿qué significa afirmar que un poder esta regulado por el derecho? La respuesta se encuentra en el problema que el mismo Kelsen plantea, que es el de distinguir entre una banda de ladrones y el Estado. Y como vimos más arriba, la solución la encuentra en la noción de efectividad del derecho. Un ordenamiento jurídico sólo es válido si también es eficaz, es decir, si las normas que el produce son, a grandes rasgos observadas. Es decir, la solución se encuentra, en el poder que hace eficaz esas normas; entonces podemos preguntarnos junto con Bobbio: ¿no termina la norma fundamental por ser una solución ficticia?

Como es sabido, el concepto de norma fundamental ha recibido numerosas críticas pero de todas ellas, la que Bobbio considera más pertinente es la que la considera un instrumento ingenioso pero totalmente inútil. En efecto, no se entiende, "si no es por la estricta corrección formal", por qué razón sería necesario cerrar el ordenamiento jurídico con una norma última, en vez de con un poder último, cuando además, lo que permite finalmente identificar un ordenamiento como jurídico no es la validez de las normas sino su eficacia, lo cual quiere decir que lo que cierra el sistema no es una norma sino un poder. Entonces, si para Kelsen, la legitimidad del derecho proviene de su efectividad, presuponer una norma que realiza la función de norma legitimante, es una operación superflua. Así, para Bobbio la teoría normativa del derecho es la comprobación histórica más convincente de que, una vez descartada la solución iusnaturalista, según la cual es derecho aquello que es justo, no hay otra solución que aquella según la cual es derecho lo que de hecho es habitualmente observado. En suma, la norma fundamental tendría la función de transformar al poder en derecho. Pero "¿existe un derecho sin poder? Y si no existe derecho sin poder, ¿la norma fundamental es la que transforma el poder en derecho, o es la efectividad del poder la que lo hace?" (Bobbio, 2005:24)

Este problema de la noción de Norma Fundamental no fue ignorado por Kelsen. A lo largo de su producción teórica fue evolucionando en la comprensión de este fenómeno y hacia mediados de los años sesenta introdujo una modificación en su teoría, que pese a no corresponder al período de Weimar, es interesante para comprender los alcances del concepto de validez y legitimidad en Kelsen. En en un artículo de 1964, titulado *La función de la Constitución,* Kelsen sostiene que la meta de fundamentar la validez de normas que configuran un orden moral o legal positivo, se alcanza únicamente por medio de una ficción. La norma básica no constituye entonces ya una hipótesis, sino una ficción (Kelsen, 1994), que se diferencia de una hipótesis por el hecho de que la acompaña, o debería acompañarla, la conciencia de que no responde a la realidad. La continuidad de esta última posición kelseniana es evidente en su *Teoría General de las Normas,* obra en la que trabajara Kelsen en sus últimos días de vida y que fuera publicada póstumamente. Allí Kelsen mantiene esta postura afirmando que "la norma base de un ordenamiento es una norma pensada, y como tal, es una auténtica o 'verdadera' ficción en el sentido de la filosofía del como-si vaihingeriana, la cual, como está señalado allí, no sólo contradice la realidad, sino que es contradictoria consigo misma" (Kelsen, 2007b: 251).

Podemos concluir entonces que la elección kelseniana de cerrar el sistema jurídico con una norma no es para nada avalorativa o "pura", en el sentido que le da a su teoría. Detrás de toda esta elaboración teórica hay una elección práctica política e ideológica (Correas, 2003; Bobbio, 2005). En la de Kelsen se encuentra la idea del primado del derecho sobre el poder, en definitiva, el ideal del Estado de derecho. Y esto se refleja también en su defensa del control jurisdiccional de la Constitución y su debate con Schmitt. Kelsen no es para nada ciego a la realidad del poder, todo lo contrario. Pretende quitarle todo viso de "cientificidad" a las doctrinas políticas, no quiere dejar librada el poder de la normatividad que controla, pero en esa empresa termina delimitándolo todo a la legalidad, por lo que la defensa del régimen democrático, por ejemplo, debe realizarse con argumentos políticos, no jurídicos. Pero esta cuestión, la de la relación entre el concepto de legitimidad kelseniano y su concepción democrática, será tema de la conclusión de esta investigación.

Capítulo III
El pensamiento jurídico y político de Carl Schmitt

No es tarea sencilla desligar el pensamiento de un jurista de la talla de Schmitt de su vergonzoso compromiso político con el nacionalsocialismo. Pero lo cierto es que es una tarea que vale la pena realizar, teniendo en cuenta la trascendencia de su obra y el impacto que su pensamiento tuvo en el debate teórico de la época. Como se mencionó anteriormente, las obras más importantes de Schmitt son las que escribió durante la época de Weimar, al calor de los acontecimientos de su tiempo: desde su *Romanticismo Político* de 1919 hasta *Legalidad y Legitimidad* de 1933.

¿Cómo leer entonces la obra de Schmitt? Siguiendo a Julien Freund (2007) podríamos afirmar que es posible hacerlo de dos maneras diferentes: teniendo en cuenta el contexto en el cual fue producida, las tomas de posición personales del autor, sus vacilaciones y sus simpatías, o bien concentrándose en los puntos fuertes de su pensamiento, sin tomar en cuenta su vinculación con tales circunstancias. En el presente capítulo optaremos por la segunda opción. Sin embargo, demostraremos que su teoría política tiene elementos que poco tienen que ver con una concepción de democracia pluralista o participativa, sino más con una teoría no democrática del poder político.

En lo que sigue, a fin de desarrollar la concepción schmittiana sobre la legitimidad del derecho y del Estado, nos concentraremos en cuatro ejes de su pensamiento. En primer lugar, su concepción acerca de la naturaleza humana, fuertemente influenciada por el pensamiento de Thomas Hobbes y Donoso Cortes y vinculada asimismo con su propio concepto de lo político. En segundo lugar, analizaremos su concepción acerca del Estado, su contextualización histórica y también la controvertida noción de Estado "total". En tercer lugar, presentaremos la concepción del derecho de Schmitt, teniendo especialmente en cuenta el componente decisionista presente en toda su obra de Weimar y analizando los cambios y continuidades que esa concepción sufrió después de 1933. Finalmente, veremos cómo su postura crítica frente al liberalismo se vincula fuertemente con su particular concepción de la democracia y explica en gran medida su idea acerca de la legitimidad del derecho y del Estado. Para terminar, incluiremos un excurso acerca del compromiso político de Schmitt con el régimen nacionalsocialista.

1. Vida y obra del jurista de Plettenberg

Carl Schmitt nació el 11 de julio de 1888 en Plettenberg, provincia de Westfalia y falleció el 7 de abril de 1985 en el mismo lugar. Fue hijo de comerciantes católicos, de modesta condición económica. Su padre Johann, leal al partido católico *Zentrum*, esperaba que Schmitt abrazara el sacerdocio (Bendersky, 1989), sin embargo en 1907, tras pensar primero en seguir la carrera de filosofía, Schmitt decidió estudiar derecho en la Universidad de Berlín. Se graduó rápidamente y obtuvo el doctorado en 1910, tras lo cual llevó a cabo sus prácticas en Düsseldorf. Con el estallido de la Primera Guerra Schmitt se enroló en la infantería de reserva, aunque debido a una lesión en su espalda, fue inhabilitado para el combate y destinado al servicio del Estado Mayor. Sus primeras obras de esa época fueron *Gesetz und Urteil. Eine Untersuchung zum Problem der Rechtspraxis* (*Ley y sentencia. Una investigación sobre el problema de la práctica jurídica*) de 1912 y *Der Wert des Staates und die Bedeutung des Einzelnen* (*El valor del Estado y el significado del individuo*) de 1914. Con este último trabajo consiguió el 16 de febrero de 1916 su *Habilitation* en la Universidad de Estrasburgo, donde enseñaría teoría del Estado. Por esos años, Scmitt se casó con quien fuera su primera mujer, la serbia Pawla Dorotic.

Su participación en la guerra lo retrajo de sus tareas académicas, pero fundamentalmente hizo que perdiera su puesto en Estrasburgo, que tras el armisticio pasó a ser territorio francés. Gracias a Moritz Julius Bonn, Schmitt pudo continuar su carrera docente en la *Handelshochschule* de Munich y luego, debido al creciente reconocimiento que empezó a ganar por entonces, logró un puesto en la Universidad de Greifswald, donde enseñó sólo un semestre. Esta ciudad, ubicada en la zona báltica de Prusia no era el mejor ambiente para el temperamento católico y renano de Schmitt, que consiguió prontamente un puesto en la Universidad de Bonn, ciudad mucho más afín a su modo de vida (Bendersky, 1989).

De esta época son sus obras *Politische Romantik* (*Romanticismo Político*), de 1919, *Die Diktatur* (*La Dictadura*) de 1921 y *Politische Theologie* (*Teología Política*) de 1922. En 1923 publicó *Catolicismo Romano y Forma Política* y se vinculó con los círculos del catolicismo político, publicando también artículos en las más importantes revistas católicas. Ese mismo año publicó *Die geistesgeschichtliche Lage des heutigen Parlamentarismus* (*Situación del Parlamentarismo actual, vista desde la perspectiva histórico espacial*) donde se encuentra sistematizada su crítica a la forma parlamentaria de gobierno. También por este tiempo comenzaron sus discusiones con Kelsen, a quien seguiría oponiéndose hasta el final de la República.

Estos sucesos fueron acompañados por cambios trascendentes en su vida privada. En 1924 pidió la anulación de su matrimonio con Pawla Dorotic. No trascendieron las razones de ese pedido, ya que Schmitt siempre guardó mucha reserva respecto de su intimidad, pero sí es conocido que en 1926 se volvió a casar, esta vez con Duschka Todorovitsch, nuevamente una joven de ascendencia serbia y ortodoxa, con la cual tendría cinco años más tarde una hija, llamada Anima.[1]

La fama y el prestigio de Schmitt eran cada vez más importantes para 1927. El 10 de mayo de 1927 presentó por primera vez su concepción polémica de lo político en un seminario para la *Hochschule für Politik* (Bendersky, 1989) y ese mismo año publicó *Der Begriff des Politischen* (*El Concepto de lo Político*), obra en la que desarrolla estas ideas. La *Hochschule für Politik* celebró una serie de seminarios en torno al problema de la democracia e invitó a Schmitt a ir a Berlín a colaborar con esos debates. Es interesante señalar que uno de los alumnos de estos seminarios fue Hermann Heller, quien si bien compartía por entonces la visión de la soberanía de Schmitt, no aceptaba la dicotomía amigo-enemigo como definitoria de la política. Como veremos, para Heller esta forma de concebir a la política y al derecho reduce todo a una mera lucha por el poder. Sin embargo, por aquellos años, la condena al pensamiento de Schmitt no era generalizada entre los jóvenes juristas de Weimar (Bendersky 1989).

La obra de Schmitt ha sido frecuentemente calificada como asistemática, sin embargo, a principios de 1928 publicó su *Verfassunslehre* (*Teoría de la Constitución*), un verdadero intento por sistematizar sus ideas jurídicas, justo cuando su carrera académica en Bonn ya estaba concluyendo y decidía su mudanza a la ciudad de Berlín, el verdadero centro de la política durante la República de Weimar. Allí acepto la cátedra de Teoría del Estado en la *Handelshochschule* de la Universidad de Berlín, donde pudo ejercer una influencia política mucho mayor que en Bonn. Ya durante su estancia en esta ciudad publicó *La defensa de la Constitución*, que como vimos forma parte de la polémica con Kelsen acerca del guardián de la Constitución. Los años de aparente tranquilidad habían acabado en Weimar y se avecinaban los últimos de la República, en los que Schmitt tuvo una actividad académica cada vez más importante.

En 1932, publicó su obra *Legalität und Legitimität* (*Legalidad y Legitimidad*) y participó profesionalmente del conflicto judicial y político entre el gobierno de Prusia y el del Reich con motivo del golpe de Estado de Papen. Ese mismo año fue convocado por la Universidad de Colonia, donde Kelsen era decano de la Facultad de derecho. Sin embargo, al poco tiempo de la llegada de Hitler al

1. La hija de Schmitt se casó con un profesor español de la Universidad de Santiago de Compostela, miembro de la falange española y fue ella quien se encargó, durante la época franquista, de traducir muchos trabajos de Schmitt al idioma español.

poder, Schmitt fue invitado por la Universidad de Berlín para tomar la cátedra de derecho público de esa universidad, sin duda el puesto más prestigioso que tuvo en toda su carrera (Bendersky, 1989). El 1 de mayo de 1933 se afilió al partido nacionalsocialista y comenzó entonces su participación con el régimen, cuestión que analizaremos en el excurso que cierra este capítulo. Por distintas intrigas políticas que tuvieron lugar hacia 1936, Schmitt se alejó de todo contacto con la política, aunque conservó su cátedra de derecho en la Universidad de Berlín y el título de consejero del Estado prusiano. De aquí en más se dedicó principalmente a temas de relaciones internacionales y derecho internacional. Sus principales obras de este período son: *Die Wendung zum diskriminieren Kriegsbegriff* (*El giro hacia el concepto discriminador de la guerra*) de 1938, *Land un Meer* (*Tierra y Mar*) de 1942, *Der Nomos der Erde* (*El Nomos de la Tierra*) de 1950 y *Theorie des Partisanen* (*Teoría del partisano*) de 1963.

En 1945, tras haber estado un tiempo detenido por las fuerzas aliadas, Schmitt se retiró a Plettenberg y pasó allí el resto de sus días. Es un hecho conocido que desde su casa siguió ejerciendo una influencia considerable en teóricos y académicos que iban a visitarlo y a escuchar sus ideas, hasta que murió poco antes de cumplir los 97 años. De este último período, además de las obras ya mencionadas de derecho internacional, se destacan *Ex Captivitate Salus. Erfahrungen der Zeit 1945/46*, (*Ex Captivitate Salus. Experiencias de los años 1945/46*) publicada en 1950, en la que reflexiona sobre la experiencia de su encierro tras la caída de Hitler pero donde no realiza ningún tipo de autocrítica acerca de su alianza con el nazismo. También cabe mencionar *Politische Theologie II. Die Legende von der Erledigung jeder Politischen Theologie* (*Teología Política II. La leyenda de la liquidación de toda teología política*) publicada en 1969, en la que plantea una réplica tardía a la postura de Erik Peterson, quien pretendía probar la imposibilidad teológica de una teología política.

La trascendencia de la obra de Schmitt en la República Federal Alemana estuvo signada por su nunca renegada afiliación al nazismo y sus escritos antisemitas de los años cuarenta. El rechazo generalizado por parte de la comunidad académica no pudo, sin embargo, contrarrestar la gran influencia que tuvo su figura y su obra en los años de la República Federal,[2] pero también después de la unificación alemana, en la década de los noventa. Su legado estuvo presente en los primeros años de la República en nombres como los de Ernst Forsthoff, Ernst Rudolf Huber, Hans Peter Ipsen, Josef Kaiser, Helmut Quaritsch, Werner Weber, entre otros (Lepsius, 2008). En los años ochenta se fue diluyendo el

2. Para Habermas (2007) el motivo por el cual Schmitt siguió ejerciendo un influjo intelectual considerable en la República Federal se debe ante todo a la calidad de su obra, pero también porque además de ser un gran constitucionalista fue un buen escritor "que supo unir la contundencia conceptual con asociaciones ingeniosas e incluso sorprendentes y que hasta bien entrados los años treinta, puso su saber profesional al servicio de diagnósticos de la época dotados de una elevada sensibilidad" (Habermas, 2007:75).

interés por Schmitt en la teoría jurídica a la par que renacía su recepción en la ciencia política y la filosofía. En los años setenta ya la izquierda italiana empezó a reinterpretar la reflexión de Schmitt y luego también la derecha española y argentina se apropiaron de su discurso (Pinto, 2000).

En el caso de la bibliografía anglosajona, es posible hablar de un revival más contemporáneo de la figura de Schmitt encabezado por los trabajos de David Dyzenhaus, quien encuentra en este "resurgimiento" de la obra de Schmitt un intento por pensar una verdadera *Staatslehre* en inglés (Dyzenhaus, 1998) capaz de combinar los estudios políticos, jurídicos y sociales en una misma empresa. Entre los principales trabajos en lengua inglesa sobre Carl Schmitt se enrolan también la obra de Ellen Kennedy (2004), Chantal Mouffe (1999), William Scheuerman (2000) y la obra editada por Arthur Jacobson y Bernhard Schlink (2000) sobre el pensamiento jurídico de Weimar.

En Argentina, Schmitt recibió primeramente atención por parte de los sectores nacionalistas quienes adoptaron selectivamente algunas de sus ideas (Dotti, 2000a), pero fue en realidad a fines de los años cuarenta cuando el debate acerca de su pensamiento cobró renovada fuerza. El acontecimiento que convocó esta reaparición fue la celebración de la Convención Constituyente de 1949 durante el gobierno de Perón. Entre los legisladores peronistas que promovieron la Ley de Necesidad de Reforma se encontraba Joaquín Díaz de Vivar, quien mencionó por primera vez a Schmitt en el parlamento retomando las nociones de "Constitución" que utiliza el alemán. El nombre de Schmitt, sin embargo, no sólo circuló entre los peronistas sino también entre los miembros de la oposición.[3]

El eje central de la recepción schmittiana en la Convención Constituyente fue la argumentación del oficialista Díaz de Vivar acerca de la legitimidad de la reforma constitucional. Desde su punto de vista, el origen plebiscitario de los convencionales constituyentes legitimaba la totalidad del accionar de esa Convención, superando así los prejuicios formalistas y legalistas. La presentación de Díaz de Vivar, resaltó hábilmente los elementos más "democráticos" del pensamiento de Schmitt e intentó ocultar los de corte autoritario (Dotti, 2000a). Su activismo en favor de Schmitt, sin embargo, no quedó solamente en su intervención parlamentaria y convencional, sino que también lideró uno de los intentos[4] por traer a Schmitt a la Argentina, para que dictara unos cursos en la Universidad

3. Dotti (2000a) resalta que la oposición presentó el 15 de marzo de 1949 un Proyecto de Resolución que pretendía desestimar la reforma y en donde Schmitt es mencionado como uno de los "maestros del nazismo". Asimismo, el convencional radical Mercader cuestionó la idea de un peronismo revolucionario y citó a Schmitt para referirse a su análisis del principio de la mayoría.

4. El proyecto de Díaz de Vivar no fue el único. Poco tiempo después, el segundo provino de un profesor, discípulo de Schmitt, William Gueydan de Roussel, que le sugirió esta idea a Marcelo Sánchez Sorondo, nacionalista argentino. Este intento también se vio frustrado porque si bien los trámites burocráticos del lado argentino se concluyeron sin problemas, Schmitt decidió no realizar el viaje (Dotti, 2000a).

de Buenos Aires. Incluso llegó a presentarse personalmente ante el presidente Perón a fin de disponer lo necesario para que esto fuera posible (Dotti, 2000a). Ese proyecto, sin embargo, fue rechazado por Perón mismo, quien ya había sido catalogado por pro-nazi por algunos sectores y no quería verse involucrado con el profesor alemán.

Díaz de Vivar no fue el único en traer las ideas de Schmitt al debate constitucional argentino. Fue también el jurista Arturo Enrique Sampay, considerado autor intelectual de la Constitución de 1949, quien también mencionó a Schmitt en la Convención. De hecho, Sampay fue etiquetado por muchos como un schmittiano, cuestión que él mismo se ocuparía de desmentir (Sampay, 1965). Las referencias de Sampay sobre Schmitt se dieron en dos de sus intervenciones y en ambas, las mismas tuvieron un sentido crítico (Dotti, 2000a). Pero además, Sampay se dedicó al pensamiento de Schmitt en varios trabajos. En efecto, escribió un largo artículo, luego publicado como libro bajo el titulo *Carl Schmitt y la crisis de la ciencia jurídica*, donde critica su decisionismo. En conjunto, la recepción teórica que hace Sampay de la obra de Schmitt se caracterizó por reconocer las cualidades teóricas del pensador alemán, pero al mismo tiempo por impugnar lo que él consideraba el sentido filosófico y jurídico del pensamiento schmittiano (Dotti, 2000a).

Sin embargo, el *revival* del pensamiento de Schmitt, que en Europa tuvo lugar en los años setenta y ochenta, llegó a Argentina en los años noventa. Los nombres de Jorge Dotti, Juan Carlos Corbetta y Julio Pinto, se destacan entre quienes trabajaron y divulgaron la obra schmittiana, aunque la interpretación que se ha hecho de la misma ha sido diversa. Para Jorge Dotti (2000a) han predominado las versiones de una "vulgata schmittiana", que pone énfasis en la idea de Schmitt como teórico del nazismo. Entre quienes creen ver en Schmitt intentos por defender el régimen de Weimar de la amenaza del nazismo se encuentran el propio Dotti (2000a) y, en el ámbito europeo, el autor de la primera biografía de Schmitt, Joseph Bendersky (1979). Julio Pinto (2000) por su parte, destaca que Schmitt nunca manifestó un arrepentimiento por su adhesión al régimen nazi, pero resalta la vigencia de su obra en múltiples aspectos.

Cualquiera sea la interpretación escogida, un punto en común en la mayor parte de los autores que se han ocupado de su obra, es el reconocimiento de la trascendencia de las ideas de Carl Schmitt para la teoría política contemporánea. Sin embargo, como se intentará probar en este capítulo, la teoría política de Schmitt no se corresponde con una teoría democrática, en el sentido de la democracia pluralista y tributaria del Estado de derecho. Y esto no tiene que ver con el alcance de su compromiso con el partido nazi, basta con analizar su obra para poder dar cuenta de ello. Es por eso que a continuación presentaremos los distintos ejes de su teoría política y jurídica que permiten demostrar esto y dejaremos sólo para un excurso final la cuestión de su compromiso con el régimen nazi.

2. Los presupuestos antropológicos del pensamiento de Schmitt

Las ideas políticas y jurídicas de Schmitt parten de un fuerte pesimismo antropológico vinculado, como veremos, a cierta cosmovisión determinada que tiene de la filosofía de la historia y de la escatología cristiana. Pero su visión antropológica proviene también de la influencia que tiene sobre su pensamiento la obra de dos teóricos que fueron abiertamente admirados por Schmitt: Thomas Hobbes y Donoso Cortés. De ambos se servirá para construir su concepto de lo político, que se vincula directamente con el problema de la naturaleza humana. Para Schmitt, toda teoría que sostenga que el hombre es bueno por naturaleza, como entiende que presuponen tanto el liberalismo como el anarquismo, niega la política misma porque rechaza la esencia del fenómeno político (Freund, 2007). En otras palabras, lo propio de lo político, el enfrentamiento entre amigo y enemigo, remonta necesariamente a un debate sobre la naturaleza humana.

Es por eso que considera que pretender eliminar la enemistad es lo mismo que intentar eliminar la política: un mundo sin la distinción entre amigo y enemigo es un mundo sin política. Para Schmitt cualquier antagonismo concreto se aproximará tanto más a lo político cuanto mayor sea su cercanía al punto extremo, es decir, a la distinción entre amigo y enemigo (Schmitt, 1991). Es por eso que identifica al liberalismo y al anarquismo como teorías "apolíticas" porque plantean la posibilidad de un hombre no peligroso. Para Schmitt, en todas las teorías propiamente políticas subyace el supuesto de que el hombre es malo, es decir, un ser problemático, "peligroso" y "dinámico" (Schmitt, 1991). Sin este presupuesto la política no tiene entidad. Al igual que podría afirmar cualquier anarquista clásico, aunque con objetivos distintos, Schmitt postula que en un mundo bueno, donde reinara naturalmente entre los hombres la paz, la seguridad y la armonía, los sacerdotes y los teólogos estorbarían tanto como los políticos y los estadistas (Schmitt, 1991).

Asimismo, Schmitt es consciente de que la cuestión de si el hombre es o no peligroso va de la mano de la de si es necesario o no el Estado. En definitiva, la peligrosidad humana significaría necesidad de Estado y el debate entre conflictividad y pacifismo sería en realidad un enfrentamiento entre las teorías autoritarias y las anarquistas.[5] Así, para Schmitt la necesidad de un Estado se deriva del supuesto

5. A diferencia de Kelsen, quien como vimos tiene como principal enemigo ideológico al marxismo clásico y bolchevique, Schmitt se enfrenta preponderantemente con el liberalismo, y en segundo lugar con el anarquismo, a quien respeta más que a otras corrientes de izquierda, porque como veremos que surge de las ideas de Donoso Cortés, es el verdadero enemigo. El marxismo, en cambio, es tomado por Schmitt en un sentido crítico, al igualarlo a la doctrina racionalista liberal pero también en cierto sentido positivo, al rescatar el carácter polémico del enfrentamiento entre clases, base del materialismo dialéctico. En ese sentido, Jorge

de peligrosidad del hombre y en ese sentido cree que el anarquismo es una teoría coherente, porque al mismo tiempo que afirma la bondad del hombre niega la necesidad del Estado (Schmitt, 1991). Ese no sería el caso del liberalismo, ya que al mismo tiempo que niega la peligrosidad humana,[6] no prescinde del Estado radicalmente sino que lo pone al servicio de la sociedad.

2.1. Hobbes, Donoso Cortés y Schmitt

La concepción antropológica de Schmitt se nutre fuertemente de sus lecturas de la obra de Hobbes. Algo que los une, sin duda, es que ambos se preguntan acerca del orden en un contexto convulsionado por la agitación interna. Schmitt percibía a su tiempo, al igual que Hobbes, como una época de guerra civil (Schmitt, 1991). Sin embargo, la obra en la que Schmitt se dedica a analizar sistemáticamente el pensamiento de Hobbes, a quien considera "un gran pensador y verdaderamente sistemático" (Schmitt, 1991:93) no es del período de Weimar. Titulada *Der Leviathan in der Staatlehre des Thomas Hobbes* (*El Leviathan en la Teoría del Estado de Tomás Hobbes*), se publicó en 1938, durante el régimen nazi.

Pero Schmitt recurre a Hobbes en numerosas ocasiones, sobre todo cuando refiere a su concepto de lo político o recurre a la idea del decisionismo jurídico. En efecto, en *El Concepto de lo Político,* resalta que Hobbes conserva vivo el sentido político "al mantener con tanta fuerza una concepción pesimista del hombre" (Schmitt, 1991:94). Para Schmitt es exacta la apreciación hobbesiana de que se producen las peores enemistades cuando las dos partes tienen la convicción de poseer la verdad, el bien y la justicia. Esta apreciación del verdadero carácter de lo político junto con máxima hobbesiana sobre la "guerra de todos contra todos", no son para Schmitt "engendros de una fantasía medrosa y turbada, ni tampoco una mera filosofía de una sociedad burguesa que se está construyendo sobre la base de la libre competencia, sino que se trata de presupuestos elementales de un sistema de ideas específicamente político" (Schmitt, 1991:94).

Dotti (1999b) considera que la lectura schmittiana de Marx es receptiva de dos actitudes diametralmente opuestas: una valoración positiva de la dialéctica como método adecuado para analizar la conflictividad política humana y, al mismo tiempo, una actitud profundamente crítica de la filosofía del marxismo como una mirada del mundo que neutraliza lo político, a partir de proponer una sociedad sin Estado.

6. Esta afirmación de Schmitt precisa al menos ser puesta en duda. ¿Parte realmente el liberalismo de considerar al hombre como un ser bueno por naturaleza? Si bien es cierto que el estado de naturaleza que postula Locke difiere en gran medida del estado de guerra de todos contra todos de Hobbes, también es una realidad que a pesar de que Locke diferencia estado de naturaleza de estado de guerra, el primero es la esfera propia del segundo, en palabras del propio Locke, el estado de naturaleza es una "condición malsana" que no debe tolerarse (Holmes, 1996; Goldwin, 2009).

Esta lectura schmittiana de Hobbes, pone de manifiesto el carácter esencialmente político de la idea de la enemistad en Schmitt. Hobbes pertenece al grupo de quienes no se hacen grandes ilusiones respecto de la posibilidad de influir con la coacción o la educación sobre la naturaleza humana. Para Schmitt, el inglés ve bien claro que el hombre es más insociable que un animal y "que está siempre resuelto y dispuesto a pisotear la razón y la lógica y a echar mano de las ventajas que cada momento le ofrezca" (Schmitt, 1990:35). Y de la fuerza de este "individualismo antisocial", deviene precisamente la urgencia de la necesidad racional por construir una paz social. La racionalidad de los individuos es, en definitiva, la que los lleva a realizar el pacto y la búsqueda del orden. Y es por eso que para Schmitt la construcción política de Hobbes "sigue estando vigente hoy" (Schmitt, 1990:35), porque el racionalismo, especialmente de corte liberal, pretende aún explicar el fenómeno político.

Pero no todo es aceptación acrítica de la obra de Hobbes en Schmitt. Si bien acepta la visión antropológica hobbesiana y no la discute, es posible encontrar algunas diferencias en cuanto a su interpretación de lo político. Siguiendo la lectura que hace Leo Strauss (2008), se podría afirmar que en realidad, si bien Schmitt honra el concepto de estado de naturaleza de Hobbes, difiere del inglés en ciertos aspectos concretos. En primer lugar, para Schmitt el estado de guerra es un estado de guerra entre grupos y no entre individuos. En segundo lugar, mientras que Hobbes concibe la enemistad "total" entre todos los individuos, sin posibilidad de "amistad" o agrupamiento alguno en la naturaleza humana, Schmitt en cambio, sí admite la posibilidad de alianzas, e incluso la neutralidad. Por último, y seguramente el aspecto más trascendente, Hobbes niega el estado de naturaleza, en la medida en que todo su planteo está dirigido a abandonarlo y extinguirlo. Schmitt, por el contrario, "a la negación del estado de naturaleza le contrapone la afirmación de la conflictividad, es decir, de lo político" (Strauss, 2008:143).

Cabe agregar, que si bien Hobbes no habla de la negación total de lo político, porque el estado de naturaleza persistiría entre las naciones y como una posibilidad latente entre los individuos, Schmitt encuentra en este aspecto de la teoría hobbesiana la raíz misma del liberalismo (Schmitt, 1990). Como veremos más adelante, el liberalismo se caracteriza para Schmitt por negar la conflictividad, y este sería el problema del carácter finito del estado de naturaleza hobbesiano. La identificación de raíces liberales en la obra de Hobbes aparece con claridad en el texto de Schmitt de 1938, en el que describe cómo el inglés, a partir de introducir la distinción entre fe y confesión, permite la aparición de los primeros derechos individuales liberales y, de esa manera, mata al Leviatán (Schmitt, 1990).

Un último elemento separa también las teorías de Schmitt y de Hobbes. Para el alemán, la hipótesis de la "peligrosidad" del hombre conlleva también un debate moral. La maldad hobbesiana, en cambio, es pensada en términos animales, y por lo tanto supone la inocencia del hombre. Para Schmitt, la concepción de la maldad humana se debe tomar como perversidad moral porque sólo así es posible afirmar que la idea política es la decisión moralmente exigente (Strauss, 2008). La peligrosidad no es entonces para Schmitt una condición natural sino racional (Schmitt, 1955) y es justamente por ese motivo que puede ser limitada.

Esta concepción de la naturaleza humana pareciera confirmarse a partir de los análisis que hace Schmitt de las ideas del conservador español Juan Donoso Cortés. Schmitt lo cita por primera vez en *La Dictadura* y en 1922, en un trabajo que luego fue publicado en *Teología Política*, advierte sobre la importancia de rescatar el pensamiento de los contrarrevolucionarios Bonald, De Maistre y Donoso Cortés. Sin embargo, se concentra principalmente en el pensamiento de este último, a quien considera el más actual. En ese sentido, se podría afirmar la visión antropológica schmittiana también sigue, además de la Hobbes, la línea donosiana (Villar Borda, 2006). Aunque ciertamente no se podría decir exactamente que Schmitt es un "discípulo" de Donoso Cortés (Hofmann, 1964), porque las influencias filosóficas que recibió fueron muchas. Lo que sí es posible sostener es que existen nexos ciertos entre las tesis de Donoso Cortés y algunas de las ideas de corte más totalitario de Schmitt (Villar Borda, 2006).

Schmitt escribió cuatro artículos sobre el pensamiento de Donoso Cortés que fueron publicados todos juntos en 1950, bajo el título *Interpretación de Donoso Cortés en el contexto europeo*. A partir de ellos es posible identificar los elementos que más atraen a Schmitt de su obra, entre los cuales se encuentra su concepción acerca de la dictadura. En un discurso proclamado el 4 de enero de 1849,[7] titulado *Discurso sobre la dictadura*, Donoso Cortés advertía sobre la necesidad de adoptar medidas que excedieran lo normal ante circunstancias excepcionales: "cuando la legalidad basta para salvar la sociedad, la legalidad; cuando no basta, la dictadura" (Donoso Cortés, 1965:220). Así, en determinadas circunstancias, considera que la dictadura es más adecuada como fundamento de gobierno que la mera legalidad. Frente al escenario político de su tiempo, frente a la amenaza de la revolución, Donoso Cortés opta por la dictadura. Desde su punto de vista, la cuestión no está entre la libertad y la dictadura, porque si así fuera, él votaría por la libertad. Pero como de lo que se trata es de elegir entre "la dictadura de la insurrección y la dictadura del gobierno", la elección de Donoso Cortés es clara: "la dictadura del gobierno, como menos pesada y menos afrentosa" (Donoso Cortés, 1965:235).

Schmitt también es atraído por la "sensibilidad" del pensamiento contrarrevolucionario de Donoso Cortés ante el problema de la decisión (Dotti, 1999a). El "diálogo eterno" de los románticos y liberales resulta intolerable para el español porque percibe que su momento histórico requiere de decisiones urgentes.

7. Para Villar Borda (2006), el discurso refleja el pánico producido por la Revolución de 1848 y la radicalización del pensamiento de Donoso. Para Dotti (1999a) en cambio, no existe un cambio radical en Donoso Cortés sino que a lo largo de su desarrollo intelectual la continuidad es tan importante como la ruptura.

Para Donoso Cortés es consustancial al liberalismo burgués "no decidirse por uno ni por otro en la contienda y, en su lugar, tratar de entablar una discusión" (Schmitt, 2005a:81), por eso define a la burguesía como la "clase discutidora", una clase que traslada la actividad política al plano de la discusión aplazando una toma de decisión.

Así es que para Donoso Cortés, la dictadura no es el extremo opuesto de la democracia, sino de la discusión (Schmitt, 2005a). Esta idea de la no incompatibilidad de dictadura y democracia, veremos, será receptada en el pensamiento de Schmitt. Lo mismo sucede con su diagnóstico de la modernidad. Para Schmitt, Donoso Cortés es el verdadero pensador moderno, porque logró percibir correctamente el cambio que tuvo lugar después de 1848, desde el principio de legitimidad tradicional al democrático y a partir de esa observación propuso la dictadura (Schmitt, 2005a). Esta transición desde la legitimidad monárquica clásica a la dictadura, que no precisa de una tradición que la sostenga reviste, para Schmitt, una gran importancia teórica para la historia de las doctrinas antirrevolucionarias (Schmitt, 1952).

Finalmente, también es posible encontrar en Schmitt un rescate de la filosofía de la historia donosiana. Filosofía pesimista, que avizora un futuro aterrador donde el socialismo es el protagonista. Según Donoso Cortés, "la victoria del mal es lógica y natural, pudiéndola evitar tan sólo un milagro divino" (Schmitt, 2005a:81). La civilización, "desde las alturas católicas" (Donoso Cortés, 1965:229) camina con pasos rapidísimos a la consolidación de un despotismo, "el más gigantesco y asolador", la humanidad "es una nave sin rumbo" y "la batalla decisiva que se avecina es entre el catolicismo y el socialismo ateo" (Schmitt, 2005a:82).

Sin embargo, en el pensador español se encuentra cierta valoración del socialismo de corte anarquista, a quien reconoce como verdaderamente combativo, resaltando su "grandeza diabólica". Para Donoso Cortés, el anarquismo es fuerte porque es una "teología satánica" (Donoso Cortés, 2007:151) y desde ese punto de partida emprende su polémica contra el anarquista Pierre Joseph Proudhon, su gran enemigo teórico.[8] Schmitt percibe que la oposición entre Donoso Cortés y el anarquista francés es más visceral aún que la que podría tener con un socialista marxista, porque en sus visiones se oponen también distintas concepciones acerca de la naturaleza humana. Así, el español parte del dogma católico del pecado original para explicar la realidad social, mientras que Proudhon, y para Schmitt todo anarquista, parte de una antropología positiva como presupuesto. Schmitt coincide con Donoso Cortés en que partir del pecado original es una decisión religiosa y política de enorme actualidad y no un dogma. En efecto,

8. Es interesante que para Schmitt, Proudhon sigue siendo un pequeño burgués moralista apegado a la autoridad del padre de familia y al principio de la familia monógama. Bakunin, en cambio sería el verdadero enemigo de Donoso Cortés, porque es quien enfrenta a la teología "con todo el rigor de su naturalismo absoluto" (Schmitt, 2005a:90).

hablar de la maldad natural del hombre "implica dirigirse polémicamente contra el anarquismo ateo y su axioma del hombre bueno" (Schmitt, 2005a:80), por eso se trata de una posición esencialmente política.

Es por todo esto que podemos concluir que no sólo las ideas sobre la dictadura, la decisión y la filosofía de la historia donosianas influyeron sobre Schmitt, sino también su propia concepción acerca de la naturaleza humana, proveniente de una escatología cristiana pesimista (Rossi, 2002). Schmitt es consciente de que Donoso Cortés no ahorró adjetivos degradantes para describir la condición humana y "su desprecio por el hombre no conoció límites" (Schmitt, 2005a:81). Y en lo político, este desprecio donosiano se tradujo también en desprecio por las masas, desprecio por los burgueses y trabajadores. Para Donoso Cortés, el hombre, "al que filósofos y demagogos elevan a la medida absoluta de todas las cosas, no es la encarnación de la paz sino que, por el contrario, siembra el terror y la destrucción" (Schmitt, 1952:65). Es posible afirmar que esta idea de combate, y la idea misma de un combate final, marcaron fuertemente la concepción política de Schmitt.

2.2. El concepto de lo político en Schmitt

Como hemos visto, ya sea a partir de la influencia de Hobbes como de la de Donoso Cortés, el pesimismo antropológico define la teoría política de Schmitt. Influye en esto también su aceptación del dogma católico del pecado original, presupuesto teológico que encuentra vinculado "metódicamente" con el teórico político del pesimismo antropológico (Schmitt, 1991). Esta opción antropológica y filosófica de Schmitt determina su noción de lo político (Strauss, 2008), que si bien es una constante en toda su obra, aparece desarrollada mayormente en su *El concepto de lo político*,[9] de 1927.

Allí, como es conocido, Schmitt define a lo político a partir del concepto de enemistad y rescata su autonomía. La distinción propiamente política es para nuestro autor la distinción entre el amigo y el enemigo (Schmitt, 1991). Se trata esta de una enemistad existencial, porque el enemigo es existencialmente otro distinto, un extranjero, con el cual caben conflictos existenciales.[10] Es también un enemigo público, no es odiado en la esfera privada y personal (Schmitt, 1991) sino que es un adversario público. Es *hostis* no *inimicus*, retomando la antigua

9. El texto apareció en 1927 bajo la forma de un artículo y en 1932 bajo la forma de libro. Schmitt agregó tres corolarios, uno de 1931, 1938 y 1950. En 1963, Schmitt añadió un prefacio.

10. Para Schmitt (1991) el enemigo no es meramente un competidor, como intenta presentar el liberalismo, que pretende disolver el concepto de enemigo por el lado de lo económico, con la idea de oposición, o por el lado del espíritu, con la noción de oponente en la discusión.

distinción romana que reservaba el primer término para el enemigo en la esfera pública y el segundo para el enemigo privado.

Asimismo, este concepto de enemigo implica para Schmitt la posibilidad real de una guerra, pero la politicidad no está en el mismo combate sino que en un comportamiento determinado por la posibilidad real de una guerra: la guerra no es el objetivo o el contenido de la política sino que constituye su presupuesto, que siempre está dado como posibilidad real y así determina la acción y el pensamiento humanos, originando un comportamiento específicamente político. Por eso entiende que la guerra no es la continuación de la política por otros medios,[11] sino sólo su presupuesto.

De aquí las críticas de Schmitt a las ideas pacifistas y a la noción de humanidad. Un mundo sin la posibilidad de la guerra "sería un mundo sin la distinción del amigo y el enemigo, y, por tanto, un mundo sin política" (Schmitt, 1991:65). Así también, entiende que la idea misma de "humanidad" excluye el concepto del enemigo, ya que la humanidad como tal, no puede hacer guerra alguna porque no tiene un enemigo identificado. Por eso es un instrumento especialmente adecuado para la expansión imperialista del propio poder, un instrumento típico del imperialismo económico. Pero no es un concepto político.

En relación a este punto, es ineludible referirse a los debates teóricos acerca de si la concepción política de Schmitt es o no belicista (Dotti, 2000a). En ese sentido es interesante la opinión que sugiere que Schmitt antes que un belicista, es un defensor del orden, que cree necesario relativizar los conflictos internos del Estado y salvaguardar la unidad política frente a las contingencias externas (Fernández Vega, 2002). Desde su punto de vista, el Estado extrae su legitimidad y eficacia de asegurar el orden y evitar la guerra, su función específica es la de pacificar. Si bien, entonces, la visión política de Schmitt es una visión de lucha (Corbetta, 1998), esto no significa que identifique la guerra con la política.

Asimismo, la posibilidad de un "Estado mundial" que abarque la humanidad entera es algo que jamás podrá darse para Schmitt. En un mundo en el que la posibilidad de la guerra fuera nula, no habría ni política ni Estado. El mundo político es, desde su punto de vista, un *Pluriversum*, no un *Universum*. Y en este sentido, cree que toda teoría política es "pluralista" (Schmitt, 1991). Sería una ficción engañosa postular una "paz mundial" inminente, como un estadio idílico de absoluta y definitiva despolitización. Todo Estado, presupone siempre la existencia de otros Estados y la enemistad precisa persistir entre Estados, aunque no al interior de estos. Para Schmitt el Estado es la forma clásica de unidad política. Ella concentra las decisiones políticas instaurando la paz interior. Al Estado le corresponde el *jus belli*, la responsabilidad real de determinar en caso

11. Para Schmitt, la famosa frase de Clausewitz implica en realidad que la guerra no es uno de tantos instrumentos de la política sino, en realidad, la *última ratio* del agrupamiento de amigos y enemigos. La guerra se rige por sus propias reglas, tiene su propia "gramática".

dado al enemigo y combatirlo (Schmitt, 1991) y esto supone la posibilidad de hacer la guerra y disponer abiertamente de la vida de los hombres. Pero su actividad normal consiste en la completa pacificación, es decir, en mantener la paz en su interior y ante una situación crítica, decidir también "quién es el enemigo interno" (Schmitt, 1991:75).

Es por esto que Schmitt advierte sobre los peligros de la época de despolitización y neutralización[12] que se cierne sobre el siglo XX. Se trata de un proceso que busca aniquilar la política misma. Este fenómeno tuvo su inicio con las ideas liberales que implantaron una filosofía de la historia que planteaba la llegada de una época de paz universal, y cuyo origen encuentra Schmitt en el pensamiento de Benjamin Constant. Frente a esto, cree que es necesario oponer al liberalismo "otro sistema", y esa primera palabra en contra del pensamiento liberal no es otra que la afirmación de lo político (Strauss, 2008). Para poder acabar con la cortina de humo que el liberalismo ha puesto entre nosotros y la realidad, es necesario para Schmitt mostrar la verdadera naturaleza de lo político.

En síntesis, Schmitt parte del presupuesto del pesimismo antropológico para construir toda su teoría política. De hecho, es su mismo concepto de lo político el que se encuentra definido por la idea de enemistad. Este pesimismo se presenta como necesario para la afirmación de lo político y para la fundamentación del Estado y el derecho. Podemos concluir que Schmitt concibe a la política como lucha por el poder y desde ese punto de vista es que plantea su teoría jurídica y política. Asimismo son claras las influencias teóricas de Thomas Hobbes y Donoso Cortés, tanto por la idea de enemistad, en el caso de Hobbes, como los elementos que se vinculan con la dictadura, la decisión, el principio de legitimidad democrática y su filosofía de la historia, en el caso del filósofo español.

3. El Estado en el pensamiento de Carl Schmitt

El Estado ocupa un lugar de preeminencia en las reflexiones de Schmitt. Sin embargo, no encontramos una definición positiva del mismo en su obra. En efecto, Schmitt escribe una teoría de la Constitución, no una teoría del Estado. En *El concepto de lo político*, por ejemplo, parece dejar la definición del Estado en suspenso y se ocupa de señalar que no es el Estado (Hernández Castellanos, 2010). Sin embargo, Schmitt se refiere al Estado de muchas otras maneras,

12. Schmitt agrega como corolario de la edición de 1932 del *Concepto de lo político*, un texto titulado "La época de la neutralidad y despolitización". Es interesante plantear que existe cierta tensión en el hecho de que por un lado entienda que la conflictividad del hombre es un hecho ineludible de la realidad y al mismo tiempo plantee la posibilidad de un proceso de despolitización que logre en efecto aniquilar la política.

remarcando su carácter de unidad política moderna y carácter histórico. Para Schmitt el Estado es un fenómeno histórico que encuentra su expresión máxima en el Estado absolutista. Este modelo lo conduce a privilegiar la dimensión exterior de la soberanía, haciendo del *ius belli,* el atributo mayor de la potencia estatal y relegando a segundo plano la cuestión de las formas y la legitimidad.

En la concepción schmittiana el concepto de Estado presupone el de lo político (Schmitt, 1991) aunque lo político no se acaba en lo estatal. Si bien casi siempre lo político suele equipararse con lo "estatal", la ecuación que iguala lo estatal con lo político es para Schmitt incorrecta e induce a error. El Estado tuvo el monopolio de lo político, al menos cuando en el siglo XVIII no reconocía "sociedad" alguna como antagonista, o al menos donde el Estado, como poder estable y distinto, se encontraba por encima de la "sociedad". Con la aparición del Estado legislativo que contrapone Estado y sociedad, o con la evolución del siglo XX hacia un Estado total en donde Estado y la sociedad se solapan recíprocamente, lo político dejó de identificarse con el Estado abarcando otras dimensiones (Schmitt, 1991).

Ahora bien, el Estado tiene para Schmitt una finalidad específica, como buen hobbesiano, la identifica con la pacificación al interior de su territorio. Como hemos mencionado, el Estado como responsable del *jus belli,* tiene la tarea de determinar por virtud de una decisión propia al enemigo y combatirlo (Schmitt, 1991). Concentra en sí la posibilidad de hacer la guerra y de disponer abiertamente de la vida de los hombres, pero siempre orientado a la que es su actividad principal, la de procurar dentro del Estado y de su territorio la completa pacificación, la consecución de la paz, lo que implica también la determinación del enemigo interno. El Estado es así el encargado de evitar los "pluralismos" que puedan surgir en su interior, porque cuando son las agrupaciones interiores de amigos y enemigos, y no las exteriores, las que determinan la contienda armada, entonces prima la política interior y la política se refiere a la guerra civil, precisamente lo que el Estado busca evitar.

Así, podemos observar que el fundamento último del Estado, lo que justifica su existencia es esa decisión política que pacifica. Schmitt rechaza toda justificación del Estado que encuentre su legitimación en la celebración de un contrato o un pacto social,[13] como así también cualquier explicación que lo sustente en la conveniencia del mayor grupo, como podría sostener una posición utilitarista. El fundamento del Estado para Schmitt es simplemente una decisión (Agapito, 1991). Por eso entiende que lo que define al Estado no es el monopolio de la coacción, como señala la perspectiva weberiana, sino que su esencia está determinada por el monopolio de la decisión (Schmitt, 1991). Así, el Estado es la unidad decisiva, total y soberana: es "total" porque todo caso puede ser potencialmente

13. De ahí su crítica a la "solución racionalista" que le da Hobbes al problema del origen del Estado.

político y caer bajo su decisión y porque la participación política es el destino del hombre. Es una unidad soberana, porque a ella le compete siempre la determinación del caso excepcional.

Dijimos que Schmitt concibe al Estado como un fenómeno histórico. Para el jurista de Plettenberg, el Estado es una forma históricamente determinada y como tal, ha ido evolucionando con el tiempo y puede llegar a desaparecer. Esta evolución arrancaría con el pasaje del Estado absolutista del siglo XVIII, al Estado neutro liberal del siglo XIX. Este Estado, concretamente el Estado legislativo parlamentario, tiene como principales características la de la primacía del parlamento, la impersonalidad del poder, la vigencia de un concepto formal de ley, y su justificación se encuentra en el principio de legalidad (Schmitt, 2002c). Pero Schmitt también identifica un tipo de Estado jurisdiccional, en el que la última palabra la pronuncia el juez al dirimir un litigio, no el legislador que crea las normas y uno gubernativo o administrativo, en el que la decisión administrativa se expresa para casos concretos (Schmitt, 2002c). Así, distingue a estos tipos de Estado según la zona de actividad política en la cual encuentran el centro de su actividad.

Esta evolución se dirige, para Schmitt, hacia el Estado total. Contrariamente a lo que uno podría pensar en una primera instancia, no se trata esta de una teoría del Estado totalitario[14] (Freund, 2007). El fenómeno del Estado total que trabaja Schmitt abarca un doble proceso: por un lado, la noción quiere subrayar el considerable incremento de la potencia del Estado, gracias a nuevos medios (como las formas modernas de comunicación), pero también, este término se refiere a la interpenetración entre las dos esferas de la sociedad y el Estado (Kervégan, 2007). Tal vez de esta doble utilización del concepto provenga la mayor parte de las confusiones y ambigüedades. En efecto, tanto en *Legalidad y Legitimidad*, de 1932 como en el artículo "*Weiterentwicklung des totales Staates in Deutschland*" (*Perfeccionamiento del Estado total en Alemania*) de 1933, Schmitt se refiere a estos dos sentidos del término Estado total. Asimismo, ya había hablado al respecto en 1931 en un texto titulado "*Die Wendung zum totalen Staat*" (*El giro hacia el Estado total*), que también se encuentra en *La defensa de la Constitución*, publicada ese mismo año.

Los dos sentidos del término Estado "total" se refieren a la fuerza o debilidad del Estado. Así, podemos identificar un Estado "total por lo débil" es decir, un Estado que se ha vuelto total por debilidad, en razón de su incapacidad para contener el avance de los partidos y los intereses organizados. Este sería el ejemplo de lo ocurrido en la República de Weimar. Se trata de un Estado que interviene en todos los dominios de la vida para satisfacer los distintos intereses de los grupos, actuando también en el dominio de la economía (Schmitt, 2002c), lo que atentaría contra sus funciones específicamente políticas. Así, se vuelve un Estado débil, y la debilidad de esta unidad política se agrava por el pluralismo de partidos,

14. En la traducción al español de José Díaz García, la palabra alemana "totaler" es traducida por "totalitario".

esos "fragmentos de poder que se apoderan de la influencia política" (Schmitt, 2002c:116) intentando imponer sus intereses. Este Estado total por debilidad es para Schmitt un Estado administrativo, un modelo de Estado interventor en los términos del *Welfare State*. Es un Estado que ya no puede permanecer neutral hacia lo económico, lo religioso o lo cultural (Schmitt, 1999c).

El otro sentido de Estado total se refiere a un Estado cualitativamente "fuerte". Este consiste en una unidad política sustancialmente autoritaria, idea inspirada en algún sentido en el fascismo italiano. Este tipo de Estado se caracteriza por ser el "auténtico", por su afirmación política de la potencia y porque se encuentra entera y conscientemente ordenado a la verdadera idea de lo político (Schmitt, 1999b). Es "total" con respecto a la calidad y la energía y no permite el desarrollo de ningún tipo de fuerzas hostiles a él, distinguiendo entre amigo y enemigo. Y es por eso que desde el punto de vista de Schmitt todo Estado genuino es "total" en este sentido.

En un sentido o en otro, la teoría del Estado "total" de Schmitt generó entre 1931 y 1933 un importante debate entre las más importantes figuras de la escuela política y jurídica alemanas (Scheuermann, 1999). Se escucharon tanto voces apologéticas, como la de su discípulo Ernst Forsthoff autor de la obra *Der totale Staat*, como voces críticas, entre ellas la de Heinz Ziegler en *Autoritärer Staat oder Totaler Staat*. En el período que se abre con la llegada de los nazis al poder, Schmitt vuelve a utilizar este concepto de Estado total en el segundo sentido, para expresar su creencia de que el nazismo representaba una alternativa al Estado cuantitativamente débil de la República de Weimar adoptando las características de un auténtico Estado total, en términos de fortaleza.

De esta noción de Estado "total" es posible también deducir las ideas de Schmitt acerca del tamaño y las funciones del Estado. Schmitt no es un apologista de más Estado sino un defensor de un Estado políticamente fuerte, capaz de asumir las propias obligaciones sin dispersar las propias energías en actividades no políticas. Para Schmitt el Estado tiene el deber de intervenir siempre que la política sea cuestionada por la religión, el arte o la economía, pero si interviene en la economía, no debe hacerlo como si fuera un empresario sino como un organismo político estimulado por la economía. En otras palabras, si la política no puede reemplazar a la economía, el Estado en cambio puede intervenir políticamente si la situación así lo requiere. Porque para Schmitt, si el Estado asume injerencia en la esfera de la economía y de lo social, se debilita por su dispersión de energía.

De aquí que se haya interpretado que si bien Schmitt es crítico del liberalismo político o filosófico, no es tan clara esa crítica respecto del liberalismo económico (Herrera, 1998). Existe un componente esencial de la concepción liberal económica que consiste en la defensa de la propiedad privada y que está presente en la obra de Schmitt. Este aspecto particular de la relación de Schmitt con el liberalismo económico, se percibe con mayor claridad en un texto de 1932 titulado "*Starker Staat und gesunde Wirtschaft*" (*Estado fuerte y economía sana*), en el que defiende la idea de un Estado fuerte junto con la de la liberalización de la economía (Herrera, 1998). En cierto sentido, aquí Schmitt profundiza la línea que venía desarrollando a partir del concepto de Estado total como un Estado fuerte cuyas funciones son esencialmente políticas.[15]

Por último, y coherentemente con su concepción de lo estatal se presenta la noción schmittiana del rol del Estado en el ámbito internacional. Si bien la mayor parte de su obra sobre la temática es posterior a 1945, algunas nociones básicas aparecen ya en trabajos anteriores. En líneas generales se podría decir que la visión internacionalista de Schmitt se acerca en muchos sentidos al realismo de Edward Hallett Carr y Hans Morgenthau (Scheuermann, 1999; Campderrich Bravo, 2006). Schmitt advierte acerca de los potenciales peligros que podrían traer nuevas formas de imperialismo ocultas tras la máscara del universalismo liberal. En ese sentido, el antiuniversalismo de Schmitt en esta materia es muy marcado y esto, junto con su concepción tradicional de la soberanía estatal, lo ubica en un polo opuesto al cosmopolitismo kelseniano. También son conocidas sus críticas a la Sociedad de las Naciones, su rechazo para toda organización internacional que se inspire en convicciones morales, como así también su teoría de los grandes espacios o "*Großraum*", que ha sido vinculada con el compromiso de Schmitt con el régimen nazi y la doctrina del "espacio vital" alemán (Campi, 2007).

En síntesis, Schmitt concibe al Estado como un fenómeno histórico que ha ido evolucionando y que, percibe, ha llegado a una instancia clave en su desarrollo: la del Estado total. Cree que el Estado es necesario para la ordenación social, es quien a partir de detentar el monopolio de la violencia y de la decisión, permite cierto tipo de paz al interior de la unidad. Pero también es consciente que como forma política el Estado puede llegar a desaparecer, de hecho no lo iguala con lo político, y en eso se distancia de la postura fuertemente estatalista de Heller, para quien la instancia estatal es un elemento ineludible de la organización estatal. Sin embargo, también es posible encontrar en el concepto de Estado total de Schmitt la idea de un Estado fuerte, que si bien es compatible con una lectura en clave autoritaria, no siempre fue utilizada en ese sentido en la obra schmittiana.

4. La concepción del Derecho de Schmitt

Si bien Schmitt no elaboró una teoría sistemática del derecho, sí se ocupó en reiteradas ocasiones de indagar acerca de su naturaleza (Kaufmann, 1989). Así,

15. Como se explicará en el capítulo siguiente, la visión de Hermann Heller es en este punto claramente opuesta. Heller defenderá un Estado interventor en la economía y que precisamente por esa razón se fortalece en su función social. La principal crítica de Heller a las ideas del tipo de las de Schmitt que plantean un liberalismo económico de corte autoritario se encuentran en su texto de 1932 titulado *Autoritärer Liberalismus*, incluido en sus obras completas editadas en Leiden.

al igual que con el concepto de Estado, Schmitt busca dejar atrás una definición meramente jurídica o formal e intenta desentrañar cuál es la esencia del orden jurídico. Tal vez se podría decir que su *Teoría de la Constitución* representa el único intento por presentar un "sistema" ordenado de ese pensamiento. Allí afirma numerosas veces en el prólogo su intención de desarrollar no una serie de disertaciones monográficas sobre el derecho, sino un verdadero sistema. Más allá del éxito o no en alcanzar tal sistematización,[16] es cierto que la preocupación de Schmitt sobre el derecho puede ser considerada como un verdadero producto cultural nacido de la crisis weimariana (Neumann, 2000).

Una de las mejores maneras para acceder a la concepción del derecho de Schmitt es a partir de las críticas que elaboró al positivismo y al normativismo kelseniano (Kervégan, 2007). Incluso hay quienes han llegado a sostener que la hostilidad de Schmitt hacia el pensamiento de Hans Kelsen es la clave para comprender toda su obra (Neumann, 2000). Es por eso que en lo que sigue nos concentraremos en cuatro de las principales críticas que elabora Schmitt al normativismo kelseniano y a partir de ellas, desarrollaremos los ejes centrales de su concepción sobre el derecho.

La primera de estas críticas consiste en señalar que el normativismo, en particular el kelseniano, deja de lado los elementos sociológicos del derecho. Esta idea ya aparece en una de las primeras obras de Schmitt, *Gesetz und Urteil. Eine Untersuchung zum Problem der Rechtspraxis*, de 1912. En ella responde por primera vez a algunas de las ideas esbozadas por Kelsen en *Problemas Capitales de la Teoría Jurídica del Estado*. Aquí vemos que para Schmitt lo que Kelsen considera secundario, la sociología jurídica, es precisamente lo esencial en el estudio de lo jurídico (Delacroix, 2005). Desde su perspectiva, el positivismo jurídico ignora el importante papel que juega el vínculo entre el derecho y las convicciones morales fácticas de sus destinatarios en el análisis jurídico (Kaufmann, 1989).

En esta temprana obra, Schmitt se propone superar la antinomia entre derecho y poder, sin embargo es en *El valor del Estado y el significado del individuo*, en donde sostiene que el derecho nunca puede permanecer normativamente puro si quiere ser efectivo. En efecto, nuestro autor relaciona explícitamente el momento de indeterminación de la norma con el de "puro poder" (Scheuermann, 1999), es decir, el momento de la decisión. Desde esa perspectiva, la pretensión metodológica de la Teoría Pura supone la necesidad de eliminar todo elemento personalista y de referir el orden jurídico a la validez impersonal de una norma impersonal (Schmitt, 2005a) lo cual nos lleva, sostiene Schmitt, a desconocer la importancia del momento de realización del derecho.

16. Pablo Lucas Verdú (1989) sostiene que el carácter asistemático de la obra de Schmitt es sólo aparente, David Dyzenhaus (1999), por su parte, considera que el pensamiento de Schmitt es deliberadamente asistemático.

Y este desconocimiento por parte del positivismo kelseniano es el eje de la segunda de las críticas que elabora Schmitt a la teoría kelseniana. La Teoría Pura del Derecho deja de lado el momento de realización del derecho, es decir, subordina la efectividad a la validez. Demostrando, de esa manera, una ligazón con el pensamiento liberal, esta teoría deja de lado el elemento esencial de la realización del derecho, que es la decisión. Para Schmitt lo jurídico está compuesto tanto por la norma como por la decisión. Como veremos, esta última es la condición de validez y de efectividad de la norma para Schmitt. Kelsen, entonces, no advertiría estos dos componentes o directamente ignoraría el momento de la decisión por considerarlo extrajurídico.[17] Como hemos visto, para el jurista vienés el orden jurídico es un sistema cerrado de normas cuya validez última reside en un modelo de adecuación con una norma fundamental. Schmitt arremete contra esas ideas. Desde su punto de vista, el normativismo kelseniano no puede dar cuenta ni del momento de creación del derecho, ni del problema de la excepción, lo que constituye la esencia de la tercera crítica que elabora Schmitt a este pensamiento.

El normativismo elude pronunciarse sobre la excepción o simplemente la rechaza por considerarla una cuestión extrajurídica. Para Schmitt el orden jurídico es tanto norma como decisión y es, precisamente, la situación de excepción la que pone de manifiesto estos elementos: en los casos normales se reduce el elemento de la decisión, y en el caso excepcional, el elemento normativo (Schmitt, 2005a). Así, Kelsen llegaría a la conclusión de que el Estado no es ni el creador, ni la fuente del orden jurídico; tales nociones son, a sus ojos, "simples personificaciones e hipóstasis, duplicaciones del orden jurídico unitario e idéntico en sujetos diferentes" (Schmitt, 2005a:38). Para Schmitt, esto se pone de manifiesto en el hecho de que Kelsen resuelva el problema del concepto de la soberanía negándolo, lo cual representa para el alemán "la vieja negación liberal del Estado frente al derecho" (Schmitt, 2005a:40) y el desapego hacia el problema de la realización del mismo.[18] Esta tradición es la propia del Estado de derecho, que contrapone al mandato personal la validez objetiva de una norma abstracta. Para Schmitt, quienes adoptan estas ideas pasan por alto que "la noción de la personalidad y su entronque con la autoridad formal nacieron de un interés jurídico específico: la clara conciencia de cuál es la esencia de la decisión jurídica" (Schmitt, 2005a:50). Podríamos afirmar entonces que para Schmitt en la realidad de la vida jurídica importa más quién decide el objeto de decisión.

17. Como hemos visto en el capítulo anterior, Kelsen no niega la decisión y el poder que existen detrás del derecho, sin embargo, sostiene que se trata de problemas extrajurídicos, ajenos a la teoría del derecho, pero no necesariamente al derecho. Tanto en las críticas de Schmitt como en la de Heller pareciera por momentos que no tienen en mira esta dimensión del pensamiento kelseniano.

18. Para Schmitt, Locke ejemplifica esta tradición porque para el inglés, la ley da autoridad, aunque no dice quién otorga autoridad, y eso Locke no lo ve. No compete a cualquiera ejecutar y realizar un precepto jurídico. Y el precepto jurídico, en cuanto norma decisoria, sólo da a entender cómo se debe decidir, pero no a quién toca hacerlo.

Esta reivindicación de la excepción que data en Schmitt ya de su obra de 1921, *La Dictadura*, se ve más claramente en *Teología Política*, de 1922.[19] Allí, sostiene que la tendencia del Estado de derecho a regular lo más a fondo posible el estado de excepción no entraña sino el intento de circunscribir con precisión los casos en que el derecho se suspende a sí mismo (Schmitt, 2005a). Para él, "una filosofía de la vida concreta no puede batirse en retirada ante lo excepcional" (Schmitt, 2005a:33), sino, que en todo caso, debe poner ahí su mayor atención. El caso excepcional transparenta, para Schmitt, más notoriamente la esencia de la autoridad del Estado, ya que en estos casos es donde se ve cómo la decisión se separa de la norma jurídica y la autoridad demuestra que para "crear derecho no necesita tener derecho" (Schmitt, 2005a:31). Es por todo esto que el concepto de excepción es tan importante en su concepción del derecho. Por eso llega a afirmar que la excepción es más interesante que el caso normal, ya que "lo normal nada prueba; la excepción, todo" (Schmitt, 2005a:33).

En cuarto lugar y en relación a todo lo anteriormente expuesto, Schmitt critica al normativismo kelseniano que ignore que la normatividad se entiende sólo en referencia a la efectividad. En otras palabras la Teoría Pura no concibe la posibilidad de referir el orden jurídico a un orden concreto ya que, como hemos visto, para la concepción kelseniana el deber ser no puede ser validado en función del ser. Y en esto se sustenta la cuarta crítica de Schmitt al normativismo kelseniano. Crítica que refleja un cuarto aspecto de su concepción del derecho que se manifiesta especialmente después de 1933: la referencia del derecho a un orden concreto. Sin embargo, se podría decir que ya en su *Teoría de la Constitución* Schmitt había afirmado el carácter existencial del derecho. Allí sostenía que la unidad del Reich alemán no descansaba en los 181 artículos que componen su Constitución y en su vigencia, sino en la existencia política del pueblo alemán. Por lo tanto, es la voluntad del pueblo alemán, elemento existencial, la que funda la unidad política y jurídica, "más allá de las contradicciones sistemáticas, incongruencias y oscuridades sistemáticas de las leyes constitucionales concretas" (Schmitt, 2006:35). Así, la Constitución de Weimar vale porque el pueblo alemán "se la ha dado".[20]

19. Giorgio Agamben (2003, 2008) profundizó sobre el concepto de estado de excepción en Schmitt y llamó la atención sobre las ambigüedades del mismo en sus obras *Estado de excepción* (*Homo sacer II, 1*) y *Homo Sacer I*.

20. Schmitt advierte sobre un peligro que se cierne sobre la República de Weimar: entre sus intelectuales predomina la idea de que toda Constitución es independiente de la situación política y social del momento de su elaboración. Nuestro autor cree que la gravedad de esta creencia radica en que el contenido de la norma constitucional dependerá absolutamente de las coaliciones de partidos que estén en el poder y no de valores o principios permanentes. De esta manera, como lo elaborará más acabadamente en *Legalidad y Legitimidad*, de 1933, cualquier mayoría que logre el poder tiene en sus manos la posibilidad de cambiar los fundamentos reales de la ordenación político-jurídica.

De ahí los problemas que encuentra en el carácter de compromiso de la Constitución de Weimar. Schmitt identifica en el texto constitucional ciertas regulaciones y declaraciones que no contienen decisión alguna y en las que los partidos de coalición buscaron soslayar una decisión. Es por eso que la Constitución de Weimar no contiene para Schmitt todas las decisiones políticas fundamentales ineludibles en el año 1919. Principalmente, no contiene la decisión más importante: la de escoger entre una ordenación burguesa o socialista de la sociedad. Para el jurista, la segunda parte de la Constitución muestra un grado intermedio entre concepciones burguesas y socialistas. En esta segunda parte sólo se introdujeron, y en cierto sentido se proclamaron como programa una serie de reformas sociales, pero no se extrajeron consecuencias políticas específicas de los principios del socialismo. En definitiva, la decisión fundamental recayó por completo a favor del Estado burgués de derecho y de la democracia constitucional (Schmitt, 2006).

Para nuestro autor, una Constitución no puede basarse en otra norma sino en la decisión política "surgida de un Ser político, acerca del modo y forma del propio Ser" (Schmitt, 2006:94). El fundamento de validez de la Constitución es la voluntad política, no una norma fundamental, como afirmaría Kelsen. Así es como es posible entender la distinción que realiza entre un sentido formal y político de ley. El primero se referiría a la norma aprobada por los órganos legislativos competentes, dentro del procedimiento legislativo señalado (Schmitt, 2006). El segundo consistiría en un concepto "político" de ley. "Político" significa para Schmitt un concepto de ley resultante de la forma de existencia política del Estado y de la conformación concreta de la organización del dominio. En otras palabras, ley en sentido político es voluntad y mandato concretos, la voluntad del Rey en una monarquía, la voluntad del pueblo en una democracia, y este concepto es el resultado de la forma de existencia política del Estado y su conformación (Schmitt, 2006). Como veremos en el próximo apartado, Schmitt advierte sobre el esfuerzo del Estado de derecho de desplazar el concepto político de ley para colocar una "soberanía de la ley" en el lugar de una soberanía existente concreta.

Lo que se ha descripto hasta aquí de la concepción del derecho schmittiana es coherente con lo que se ha dado a llamar una concepción decisionista de entender al derecho. Esto significa que su posición sujeta la idea de validez del orden jurídico a la decisión particular de una voluntad (Flax, 2004). Es una decisión surgida de un ser político, como sostiene en la *Teoría de la Constitución*, pero se trata siempre de una decisión sobre ese orden. Es ya casi un lugar común decir que Schmitt suscribiría la afirmación de Hobbes de *Auctoritas, non veritas facit legem* y que su postura decisionista define toda su concepción del derecho.

En su dimensión filosófica, el decisionismo de Schmitt sería una reacción contra los principios de la crítica heredados del iluminismo (Negretto, 1994) y como tal se correspondería con una postura eminentemente antiliberal. Karl Löwith (2006), por su parte, cree que el decisionismo de Schmitt es antirromántico y ateológico y constituye sólo el reverso de su acción según las circunstancias y la ocasión. Esto sería así porque su decisionismo carecería de los presupuestos teológicos y metafísicos de siglos anteriores y de cualquier tipo de presupuestos morales humanitarios, lo que lo convierte, por esto, en necesariamente ocasional. Así, Schmitt defiende una política de la decisión soberana cuyo contenido es sólo producto de la *occasio* contingente de la situación política del momento. Desde esta hermenéutica explica Löwith el aparente "abandono" de la decisión en las obras schmittianas posteriores a 1933. Para el filósofo, en ellas Schmitt no se traiciona en lo más mínimo, porque comparte la fidelidad con el pensamiento de lo que corresponde en las situaciones políticas respectivas (Löwith, 2006).[21]

Este supuesto "quiebre" en el pensamiento jurídico de Schmitt suele ser vinculado con la aparición en 1934 de la obra *Über die drei Arten des rechtswissenschaftlichen Denkens* (*Sobre los tres modos de pensar la ciencia jurídica*). Aquí, realiza un análisis de las formas de abordar el análisis del derecho a partir del concepto mismo que se tenga de él, ya que cree que todo jurista adopta en su trabajo, de manera consciente o inconsciente, un concepto de derecho. Este concepto puede consistir en entender al derecho como regla, como decisión o como un orden concreto (Schmitt, 1996) y de ellos se derivan tres modos de pensamiento jurídico: el normativismo, el decisionismo y el pensamiento del orden concreto. Como

21. Sobre el tema se han planteado al menos tres posturas: la del "oportunismo" de las tesis de Schmitt, la de una "continuidad" de sus ideas y, finalmente, la del "quiebre". En la primera y coincidiendo con Löwith, Jürgen Habermas (2007) sostiene que tras la toma del poder por los nazis, Schmitt fue lo suficientemente oportunista como para dar a su construcción del Estado ese pequeño giro que era necesario para reinterpretar el decisionismo del Führer en términos ya no puramente hobbesianos, sino en función del orden concreto. Para Maus (1998), la teoría de Schmitt coincide durante todas sus etapas con los intereses de aquellos sectores de la burguesía que no auspiciaron de manera autónoma al fascismo pero que sí durante mucho tiempo usaron al fascismo para sus propios propósitos. Para Javier Flax (2004), el giro hacia el orden concreto operado en Schmitt, se funda en la necesidad de eludir la neutralidad valorativa hacia la cual derivó el Estado legal, posibilitado cualquier contenido normativo. Pero su respuesta, entiende, es por lo menos conservadora y deja muchos interrogantes en cuanto a la hermenéutica de cuál sea ese orden y si ese orden consagra un *statu quo* deseable o no. Entre quienes creen que en las ideas de Schmitt prevalece la continuidad por sobre la ruptura o el oportunismo, se encuentran Dyzenhaus, 1999 y también Scheuerman, 1999. Para este último, ya los primeros análisis de Schmitt acerca del problema de indeterminación de la ley demuestran que su teoría del derecho de la era nazi no representa un quiebre, como muchos comentadores quisieran demostrar. Para este autor, la opción schmittiana por el nacionalsocialismo descansa en una lógica: los nazis representan para Schmitt una respuesta a los más profundos dilemas de la moderna teoría y práctica del derecho. Esta postura es también la adoptada por Jorge Dotti (2000a) quien, si bien niega que se desprenda un carácter autoritario de las ideas de Schmitt, cree que el decisionismo es una constante en su obra. Finalmente, entre quienes consideran que en 1933 se da efectivamente una "ruptura" en el modo de entender el derecho en Schmitt, se encuentra Renato Cristi (1991), quien sostiene que a partir de la concepción del orden concreto el jurista recomienda un punto de vista suprapersonal, que trasciende tanto al decisionismo como al normativismo.

veremos, Schmitt critica el primer tipo de pensamiento y destaca las certezas de los otros dos, aunque priorizando el tercero tipo de acercamiento.

El pensamiento de reglas o normativismo sería aquel que tiende a aislar e incluso a hacer absoluta la norma o la regla. Se presenta como impersonal y objetivo y considera que en virtud de su abstracción puede resolver los casos particulares, siempre con independencia de las circunstancias y de las situaciones empíricas. Para Schmitt, el pensamiento de normas es sólo una parte restringida y derivada de la total temática de la ciencia jurídica. Este tipo de pensamiento plantea los mismos problemas que Schmitt objetaba a Kelsen, como por ejemplo, el del momento de la positivización del derecho, porque una norma no puede aplicarse, manipularse o ejecutarse a sí misma, tampoco puede interpretarse, definirse, ni sancionarse por sí sola (Schmitt, 1996). Tampoco puede el normativismo dar cuenta de las situaciones de "anormalidad" o excepción, ya que el "desorden" de la situación concreta no interesa a los normativistas que sólo se interesan por la norma.

Por su parte, el tipo de pensamiento decisionista, se caracteriza por considerar que un acto de voluntad es el último fundamento de toda la existencia del derecho y de todo valor jurídico (Schmitt, 1996). El fundamento del derecho es una decisión que, como tal, crea derecho, y cuya "fuerza jurídica" no puede ser deducida de reglas, ya que "incluso una decisión que no se corresponde con una regla crea derecho" (Schmitt, 1996:26). Este modelo tiene, como el anterior, una larga historia. Reaparece en la época de la Reforma y en Hobbes se expresa de la manera más impactante. Según esta visión, el derecho existe por la voluntad de la autoridad, ya sea una persona o una asamblea, y el soberano lo es, porque decide sobre el caso crítico. Ese establecimiento del orden como auténtica y pura decisión, no puede derivarse ni del contenido de una norma previa, ni de un orden ya constituido, porque si así fuera estaría siendo concebido o bien de modo normativista, como una sencilla autorrealización de la norma vigente, o bien desde el pensamiento del orden concreto, como consecuencia de un orden ya dado, como restablecimiento y no como establecimiento del orden. Así, la decisión soberana no se explica jurídicamente ni desde una norma, ni desde un orden concreto, ni encuadrada en un orden concreto. Sólo la decisión funda tanto la norma como el orden. Y esta decisión soberana surge de la "nada normativa y de una concreta falta de orden" (Schmitt, 1996:31). Para Schmitt, el pensamiento positivista jurídico del siglo XIX representa una combinación del decisionismo y el normativismo. El positivista se somete tanto a la decisión del accidental legislador en posesión del poder estatal de legislar, pero a la vez consigue que esa decisión siga valiendo de modo fijo e inquebrantable como norma, es decir, que el legislador accidental también se someta a la ley por él sancionada (Schmitt, 1996).

Finalmente Schmitt se refiere al tercer tipo de pensamiento jurídico, el que se impone sobre los otros dos: el del orden concreto. Para este tipo de pensamiento el orden no es considerado como una regla o una suma de reglas sino que la regla se concibe únicamente como un elemento e instrumento del mismo (Schmitt, 1996). En otras palabras, a diferencia del normativismo o el decisionismo, para los cuales el derecho es el que genera el orden, en el caso del pensamiento del orden concreto, el derecho lo presupone. Schmitt se refiere al mismo con el término "nomos", que no es sinónimo de ley, regla o norma, sino de derecho. Y el derecho es tanto norma como decisión, pero sobre todo orden (Schmitt, 1996). Desde esta perspectiva el derecho no se identifica con una norma positiva cualquiera sino que debe llevar en sí ciertas cualidades de orden, soberanas e inalterables pero concretas. Con esto Schmitt pretende distinguir el modo de pensamiento del orden concreto del normativismo que absolutiza y aísla la norma o la regla, y del decisionismo, que se muestra igualmente insuficiente para poder dar cuenta de los cambios producidos en la sociedad. El pensamiento del orden concreto es, desde su punto de vista, el más adecuado para las nuevas tareas de la situación estatal, popular, económica e ideológica y para las nuevas formas de comunidad (Schmitt, 1996).

En síntesis el pensamiento jurídico de Schmitt se caracteriza por cierta continuidad, si lo que observamos es el criterio de legitimidad último del derecho. Como se analizará en la conclusión de este capítulo, tanto la visión exclusivamente decisionista como la que hace referencia también a un orden concreto escapan a la normatividad avalorativa y la racionalidad instrumental propias de la visión normativista liberal. En la concepción jurídica schmittiana predomina el punto de vista de lo existencial, de aquello que se manifiesta en el estado de excepción. No es la normalidad lo que le interesa, sino lo que toma preminencia en la excepción, y eso es, en última instancia, la decisión. Esta visión decisionista se caracteriza por partir de una concepción que acepta los aspectos sociológicos del derecho, por oposición a una visión de la ciencia jurídica "purificada" de los elementos no jurídicos. Asimismo, la concepción schmittiana del derecho se caracteriza por poner de relieve la decisión positivadora frente a la norma impersonal y por resaltar la excepción, como el momento en el que propiamente se hace visible el elemento propiamente jurídico del orden. Finalmente, la concepción schmittiana, al igual que, como veremos, la de Heller, entiende al derecho en correspondencia con la dimensión existencial del ser, y plantea una conexión necesaria entre los ámbitos del deber ser y el ser.

5. La crítica de Schmitt al liberalismo y su concepción democrática

Que Carl Schmitt sea conocido como uno de los críticos más agudos de la democracia parlamentaria y del liberalismo no es ninguna novedad. Desde sus primeros escritos y en casi toda su obra, es la cosmovisión liberal el principal objeto de sus críticas, al menos en su versión política. La suya no se trata de una propuesta que pretenda salvar las deficiencias del liberalismo desde una posición autocrítica (Bielefeldt, 1998) sino una que procura reemplazarlo por una versión antiliberal de la democracia. Es por eso que podríamos afirmar que entender los ejes principales de la crítica schmittiana al liberalismo es el mejor camino para comprender su propia concepción de la democracia y el diagnóstico que realiza de la crisis de Weimar.

Podemos resumir las críticas de Schmitt al liberalismo básicamente en tres: en primer lugar una crítica al liberalismo como teoría apolítica. Como veremos, se trata en realidad de un reproche a la concepción antropológica liberal que, para la interpretación schmittiana, niega la conflictividad del ser humano y por lo tanto a la política. En segundo término, sus críticas se dirigen a señalar que la concepción liberal, ceñida a la normatividad formal, no puede dar cuenta de la situación de excepción y por lo tanto, ignora la decisión política. Veremos que esta crítica está fuertemente vinculada a las que ya presentamos que hace al normativismo kelseniano y a la vez, se relaciona también con su crítica a la idea liberal del imperio de la ley y de la legalidad como criterio de legitimidad. Finalmente, su ataque al liberalismo se identifica con la afirmación de la "caducidad del parlamentarismo", institución que, desde su punto de vista, ya no cumpliría con su misión histórica y por lo tanto, debería ser desplazada. En relación a estos ejes, entonces, también analizaremos la concepción democrática de Schmitt, quien partiendo de un concepto sustancial de democracia, la identifica con los conceptos de identidad, homogeneidad, la posibilidad de exclusión, y las ideas de representación, aclamación y liderazgo carismático.

5.1. Schmitt contra el liberalismo

La primera cuestión, la de la apoliticidad del liberalismo, aparece principalmente en su obra sobre el concepto de lo político. Allí remite a la concepción antropológica del liberalismo que, desde su punto de vista, lo lleva a negar la conflictividad humana y en consecuencia, la politicidad.[22] El liberalismo, como hemos mencionado, carece para Schmitt de una teoría positiva del Estado porque toda su propuesta es la de someter lo político a lo económico y crear un sistema para limitar el poder. El objetivo último que lo moviliza es el de someter al Estado y la política a una moral individualista, iusprivatista, despojándolos de su sentido específicamente político, negando en última instancia, la oposición amigo-enemigo, y por lo tanto, la politicidad.

22. Como ya hemos señalado, es muy discutible que el liberalismo parta de la idea de una naturaleza humana positiva. En realidad todo parecería indicar lo contrario.

Desde esta hermenéutica, para el liberalismo no hay enemigos sino socios, el enemigo sería en realidad alguien con quien es posible ponerse de acuerdo, no con quien se tiene un enfrentamiento existencial. Por eso cree Schmitt que el liberalismo ha llevado a cabo una singular y sistemática transformación y desnaturalización de todas las ideas y representaciones de lo político. Ha ido edificando toda una serie de conceptos desmilitarizados y despolitizados convirtiendo la idea de lucha en la de "competencia o discusión" (Schmitt, 1991:99). El liberalismo elude así el enfrentamiento poniendo en su lugar la discusión racional parlamentaria, propia de la burguesía, "esa clase discutidora"[23] (Schmitt, 2005a:81), y esto deviene de la esencia misma del parlamentarismo, que así como "discute y transige sobre cualquier bagatela política" (Schmitt, 2005a:85) pretende disolver la verdad metafísica en una discusión. Su esencia radicaría en las medias tintas y por eso pone su esperanza en que el encuentro definitivo, la cruenta y decisiva batalla, "pueda quizá transformarse en un debate parlamentario y suspenderse eternamente gracias a una discusión eterna" (Schmitt, 2005a:85).

Este problema de la neutralización liberal-economicista de la decisión política ya lo había planteado Schmitt en 1919 en su *Romanticismo Político* (Dotti, 2000b). En efecto, además de acusar al romanticismo de "ocasionalista" porque la evolución de sus ideas políticas demostraría que el sentimiento romántico del mundo y de la vida puede asociarse con las circunstancias políticas más diversas y las teorías filosóficas más opuestas (Schmitt, 2000b), Schmitt advierte que el romántico no toma partido por ninguna posición y su método consiste en realidad en la evasión ocasionalista de una posición conflictiva (Schmitt, 2000b). Asimismo, Schmitt interpreta la secularización de Dios como yo romántico como coherente con el endiosamiento del individuo liberal, del productor-consumidor en el libre mercado (Dotti, 2000b), y por eso, desde una perspectiva histórica y sociológica, entiende Schmitt que el romanticismo es visualizable como un "producto" de la mentalidad liberal.

Sin embargo, es interesante señalar que pese a la apoliticidad que propugnaría el liberalismo, Schmitt advierte que el proceso de despolitización y neutralización liberal no es algo inocente, sin ningún objeto, sino que tiene un "sentido político determinado y se orienta polémicamente, en el marco de una cierta situación, contra un determinado Estado y su poder político" (Schmitt, 1991:90). Por eso para Schmitt lo único "no belicoso" del liberalismo es en realidad su terminología, por la esencia misma de la ideología liberal. Todo imperialismo económico crea un vocabulario esencialmente pacifista, que elude la guerra y habla de ejecuciones, sanciones o pacificaciones. El adversario ya no recibe el nombre de "enemigo" sino que cuando obstruye la paz se lo declara *hor-la-loi* y *hors l'humanité*, y

23. Como hemos visto, Schmitt toma esta denominación de Donoso Cortés, quien afirmaba que es consustancial al liberalismo burgués no decidirse por uno ni por otro en la contienda y, en su lugar, tratar de entablar una discusión.

cualquier guerra iniciada para la conservación o ampliación de una posición de poder económico es precedida de toda una pantalla propagandística que la presenta como "cruzada" y "última guerra de la Humanidad". Esto demuestra para Schmitt como incluso un sistema presuntamente apolítico y anti-político como el liberal, se pone al servicio de agrupaciones de amigos y enemigos, sin poder escapar a la consecuencia interna de lo político (Schmitt, 1991).[24]

El segundo aspecto de la crítica schmittiana al liberalismo es el de la relación entre liberalismo y excepción. Como ya hemos señalado, Schmitt analiza el momento de la excepción y su relación con el poder soberano en *Teología política*, y allí resalta cómo es que el liberalismo olvida el momento de la decisión para ceñirse en su concepto jurídico exclusivamente a la norma. El paradigma liberal elude la decisión que descansa detrás de toda norma y lo hace postergando eternamente el enfrentamiento y el momento de decidir por medio de la discusión eterna. Schmitt, recuperando la perspectiva de la teología política, considera que el problema del liberalismo es el de estar encerrado en una teología deísta, que desterrando del mundo el milagro y junto con él, la noción de violación "excepcional" de las leyes naturales que lleva implícita ese concepto, no admite la intervención directa del soberano en el orden jurídico vigente (Schmitt, 2005a). El pensamiento liberal se limita a oponer norma a voluntad y de esa manera, olvida la esencia real del orden jurídico sin poder explicar la excepción. Es en estos momentos excepcionales en donde aparece para Schmitt la dualidad propia de los modernos Estados constitucionales: sus elementos liberales y políticos.

Finalmente, y vinculado a esta crítica centrada en la negación del problema de la excepción y la soberanía, la crítica de Schmitt tiene otra arista desarrollada en su *Legalidad y Legitimidad*, de 1933. Aquí se centra en la crítica al positivismo jurídico y la cuestión del imperio de la legalidad. Como veremos en la conclusión del capítulo, Schmitt es crítico del concepto de legalidad entendido como legitimidad, propio del Estado legislativo parlamentario. En términos generales, su reproche es hacia el presupuesto del principio de mayoría, propio de la formación de voluntad parlamentaria. Para Schmitt el método mayoritario sólo tiene sentido siempre que se pueda presuponer la homogeneidad sustancial de todo el pueblo (Schmitt, 2002c). En la medida en que este presupuesto de homogeneidad indivisible no existe, la decisión parlamentaria se convierte en el despotismo de la mayoría.

Es por esto que Schmitt cree que el criterio de legalidad neutral y avalorativo propuesto por el liberalismo puede desembocar en una revolución legal

24. Tal vez con este punto quedaría saldada la supuesta inconsistencia que marcamos al inicio del capítulo en referencia a que por un lado Schmitt postula la irrenunciable conflictividad del hombre, pero al mismo tiempo habla de una época de despolitizaciones. En realidad esa "despolitización" sería entonces sólo aparente, porque en definitiva se pone al servicio de una distinción propiamente política.

antidemocrática.[25] Desde esa perspectiva sólo es ilegal y "tirano" quien ejerza el poder estatal o paraestatal sin tener de su parte la mayoría del 51%, mientras que quien tenga esta mayoría es legal y justo y todo lo que haga se convierte en derecho y en legalidad. Así, el principio de legalidad sin contenido sustancial o valorativo alguno conduce para Schmitt por sí solo *ad absurdum* (Schmitt, 2002c) y vuelve al orden político totalmente impotente frente a la irrupción de nuevas fuerzas sociales. Si la mayoría puede fijar a su arbitrio la legalidad y la ilegalidad, también puede declarar ilegales a sus adversarios políticos internos, es decir, puede declararlos *hors-la-loi,* excluyéndolos así de la homogeneidad democrática del pueblo: "quien domine el 51% podría ilegalizar, de modo legal, al 49% restante. Podría cerrar tras sí, de modo legal, la puerta de la legalidad por la que ha entrado y tratar como a un delincuente común al partido político contrario, que tal vez golpeaba con sus botas la puerta que se le tenía cerrada" (Schmitt, 2002c:48).

Finalmente, la crítica schmittiana al liberalismo va de la mano de su cuestionamiento a los principios del parlamentarismo. En su artículo titulado *La situación histórico-cultural del actual parlamentarismo*, de 1923, analiza y crítica la esencia misma de este sistema que no es otra que la de la discusión pública. El liberalismo, que subyace tanto debajo de la idea de debate como de la de publicidad, "confía en que la competencia de las ideas permite el acceso a la verdad y la justicia" (Schmitt, 2002d:63). Lo esencial del parlamento es para Schmitt la deliberación pública, no la democracia, y esto constituye su principal problema. Desde su punto de vista, la evolución de la moderna democracia de masas ha convertido a las nociones de debate y de publicidad en fórmulas vacías. Los partidos políticos "no se enfrentan en la discusión sino que se constituyen en poderosos grupos de poder económico y social" (Schmitt, 2002d:9). El parlamentarismo, tal y como se ha desarrollado en el siglo XIX, habría perdido su fundamento espiritual y su sentido: la negociación ha desplazado a la discusión y la búsqueda de satisfacción de intereses particulares a la de la verdad, el parlamento se ha convertido en "una institución envejecida y ya inconcebible" (Schmitt, 2002d:20).

¿Dónde se origina esta crisis? Para Schmitt la respuesta hay que buscarla en los elementos internos del parlamentarismo. Como Marx predijera del capitalismo, Schmitt cree que el parlamentarismo lleva en sí mismo los gérmenes de su destrucción: su origen se halla "en la contradicción entre un individualismo liberal mantenido por el patetismo moral y un sentimiento de Estado democrático esencialmente dominado por ideales políticos" (Schmitt, 2002d:22). En otras palabras, se trata de la contradicción que existe entre la conciencia liberal del

25. Esta advertencia parece hacerla Schmitt con referencia a la posibilidad de una revolución legal desde la izquierda. Sin embargo, quienes utilizarían estas herramientas hacia 1933 serían los integrantes del partido nacionalsocialista.

individuo y la homogeneidad democrática que, como veremos, es un elemento esencial de la concepción democrática schmittiana.

Así, desde su punto de vista, liberalismo y democracia responden a tradiciones históricas diferentes y por eso no necesariamente van de la mano. La democracia precisa para Schmitt del supuesto de homogeneidad de un determinado pueblo, mientras que el liberalismo postula la igualdad de todos los seres humanos, sin distinción. Sin embargo, Schmitt cree que la crisis del parlamentarismo conduce a la crisis de la democracia misma, porque no cree que sea posible solucionar a partir de la universal igualdad formal, el problema de la igualdad sustancial y de la homogeneidad, corrompidas ambas en la moderna democracia de masas. Democracia y liberalismo, si bien pueden ir unidos durante algún tiempo, formarían para Schmitt una unidad precaria, porque en cuanto esta liberal-democracia llega al poder, tiene que decidirse entre sus distintos elementos. La moderna democracia de masas al intentar realizar la identidad entre gobernantes y gobernados, se toparía con el parlamento como un obstáculo. Podemos concluir, que si democracia y liberalismo no van necesariamente juntos, entonces es posible pensar una democracia sin liberalismo. La voluntad de todo un pueblo podría ser representada tanto por una asamblea como por una sola persona. Y así llegamos a la teoría de la dictadura de Schmitt.

Pero antes de pasar a desarrollar la concepción schmittiana de la democracia cabe realizar una valoración de la crítica de Schmitt al liberalismo, que suele ser presentada como una de las más contundentes realizadas desde fuera del paradigma liberal. Pero ¿es realmente la crítica schmittiana externa al sistema? ¿Desde dónde es que Schmitt cuestiona al liberalismo? Leo Strauss (2008) intenta responder a esa pregunta y al respecto sostiene que así como Hobbes sienta las bases del liberalismo en un mundo no liberal, Schmitt emprende la crítica del liberalismo en un mundo liberal. Su tendencia antiliberal permanece contenida por la "sistemática del pensamiento liberal", que "aún no ha sido reemplazada por ningún otro sistema" (Strauss, 2008:168).

Finalmente, cabe preguntarse si la crítica de Schmitt se dirige hacia todo tipo de liberalismo o bien hacia ciertos aspectos de esta doctrina. En ese sentido, se podría decir que Schmitt no realiza una crítica directa a los elementos fundamentales del liberalismo económico sino que por el contrario, conecta su noción de Estado total en el sentido de Estado "fuerte" con un Estado que "deja hacer" en la economía a la sociedad civil. Como ya se ha mencionado, estas ideas se encuentran mejor expresadas en "*Starker Staat und gesunde Wirtschaft*", una conferencia que Schmitt para una asociación de empresarios alemanes en noviembre de 1932. Sería posible entonces afirmar que la crítica de Schmitt al liberalismo es parcial, porque está exclusivamente dirigida al Estado de derecho formalista de Laband, Jellinek y Kelsen, más no al liberalismo económico que pretende desplazar al Estado del ámbito económico dejándole libertad de acción al sector empresarial, ya sea a través de la iniciativa privada, ya sea a través de la autogestión económica (Cristi, 1991, 1998b). Este carácter de liberalismo autoritario en Schmitt ya había sido advertido por Hermann Heller en 1932, en su artículo *Autoritärer Liberalismus?*

5.2. La democracia schmittiana

Como ya hemos adelantado, la concepción schmittiana de democracia bien puede reconstruirse a partir del reverso de sus críticas a la democracia liberal parlamentaria. Cada uno de los aspectos que cuestiona de ese modelo se traduce en ejes de importancia para su propia idea de lo que es un régimen democrático. Así, podemos identificar que frente a la despolitización propugnada por el liberalismo, la negación del conflicto y la negociación, la democracia schmittiana se caracteriza por el rechazo al compromiso entre las posiciones encontradas, el rechazo del punto medio, de la negociación en sí misma y, en definitiva, del parlamento.

Frente a la negación de la excepción y del problema de la soberanía, la democracia schmittiana reafirma la preeminencia de la decisión sobre la norma. El fundamento último del régimen es la decisión del soberano, no los derechos liberales consagrados en la Constitución o la división de poderes y los principios de primacía de la ley propios del Estado de derecho. Democracia no es sinónimo de liberalismo para Schmitt, y por ese motivo es preciso "depurarla" de sus elementos liberales. De esta manera, en la concepción schmittiana democracia y dictadura no son incompatibles (Schmitt, 2002d), por lo que sería posible pensar en una democracia sin parlamentarismo, organizada en torno a un fuerte liderazgo, o bien en un parlamentarismo sin democracia.

Schmitt propone y defiende una noción sustantiva del principio democrático. Democracia significa para el jurista la voluntad unitaria del pueblo reflejada en la decisión en favor de una determinada configuración del Estado en torno a unos determinados principios o ideas directrices. Se distancia entonces esta idea de la concepción formal o procedimental de la democracia kelseniana, porque en ella rige el principio mayoritario, que para Schmitt, no es propio de la idea democrática. En este punto se hace visible la agudeza de la capacidad crítica del jurista de Plettenberg, pero se advierten también los límites y consecuencias de su crítica (Agapito, 1991). Schmitt define a la democracia en términos de "identidad de dominadores y dominados, de gobernantes y gobernados, de los que mandan y los que obedecen" (Schmitt, 2006:230). Y esa igualdad democrática es en esencia, para Schmitt, homogeneidad del pueblo. Este concepto, el de homogeneidad, es uno de los ejes de la concepción democrática schmittiana. No se trata de la idea de igualdad de las personas en su calidad de tales, de la igualdad formal propia del liberalismo, sino que consiste en una igualdad sustancial. Ambos elementos conviven para Schmitt en el *Contrato Social* de Rousseau, en el que la fachada del contrato es liberal, pero en su interior, se refiere a este tipo de homogeneidad que le interesa destacar a Schmitt.

Se podría decir que el concepto de homogeneidad es esencialmente político, ya que exige la distinción con un otro que no pertenece al demos. La igualdad liberal, en cambio, parte del presupuesto de que todos somos iguales, sin realizar distinciones. En su prefacio de 1926 a *Situación histórico-intelectual del parlamentarismo de hoy*, Schmitt remarca la importancia de la posibilidad de distinción para la idea de democracia. Allí sostiene que es propio de toda democracia en primer lugar la homogeneidad y en segundo "la eliminación o destrucción de lo heterogéneo" (Schmitt, 2002d:12*)*. Para Schmitt, el poder político de una democracia reside en saber eliminar o alejar lo extraño y desigual, todo aquello que amenace la homogeneidad (Schmitt, 2002d).

Pero ¿de qué tipo de igualdad habla en concreto? ¿se trata de una igualdad racial, cultural, material? En ese mismo prólogo de 1926 Schmitt habla de la posibilidad de que esa sustancia se encuentre en cualidades físicas o morales, como por ejemplo la virtud cívica de los ciudadanos. Pero en realidad resalta la importancia de la posibilidad de la distinción, no de la naturaleza en la que se basa la misma. Sobre ese punto guarda silencio,[26] aunque sí aclara en una nota al pie que esa igualdad sustancial no puede encontrarse meramente en lo económico, ya que de la igualdad económica no se desprende ninguna homogeneidad política, si bien las grandes desigualdades económicas sí pueden poner en peligro la homogeneidad política (Schmitt, 2002d). La posibilidad de distinción, propiamente política, es entonces fundamental para comprender el concepto de democracia schmittiano.[27] A toda igualdad le corresponde una desigualdad, y por ello, desde su punto de vista, una democracia podría excluir una parte entera de la población sin por ello dejar de ser una democracia (Schmitt, 2002d). Por eso vincula esa idea de democracia a la noción de pueblo y no a la de humanidad (Schmitt, 2006), porque este último concepto, como ya hemos dicho, no acepta la posibilidad de una distinción.

La noción de democracia de Schmitt se completa con dos conceptos mas: las nociones de representación y de aclamación. Ambas ponen de manifiesto el carácter plebiscitario de la democracia schmittiana y la cercanía de este modelo con una concepción verticalista y dictatorial del poder. En primer lugar la idea de representación. Esta noción aparece por primera vez en la obra *Catolicismo romano y forma política*, donde Schmitt resalta el carácter "representativo" de la Iglesia Católica como un *complexio oppositorum* (Schmitt, 2000a). Este término

26. Chantal Mouffe (1998) considera que Schmitt nunca habló de igualdad racial, mientras que Karl Löwith (2006) cree que Schmitt deja traslucir que es la especificidad racial el fundamento de la existencia común.

27. Para Mouffe (1998), la advertencia de Schmitt es sumamente valiosa: la democracia cosmopolita no es realizable, la lógica de la democracia precisa de una toma de decisión acerca de quién es parte del *demos* y quien no.

hace referencia al hecho de que no hay contradicción alguna que la Iglesia no abarque, que en su seno coexisten todas las formas de Estado y de gobierno, y que su historia conoce ejemplos de asombrosa adaptación.

Lo que fascina en realidad a Schmitt de la Iglesia católica es que "esta ambigüedad infinita de su carácter se vincula con el dogmatismo más preciso y una voluntad de decisión que culmina en la teoría de la inefabilidad papal" (Schmitt, 2000a:54). Esta cualidad de la Iglesia le otorga una superioridad formal que se basa en la estricta realización del principio de representación. El poder del Catolicismo reside para Schmitt en el carácter personal de su representación. La Iglesia es el último ejemplo de la capacidad medieval para formar figuras representativas y su fuerza radica en la capacidad de "hacer presente" a la figura de Cristo en la tierra. Para Schmitt "sólo una persona puede representar" (Schmitt, 2000a:70) y en ese sentido sólo puede hacerlo quien goce de autoridad o una idea que, en la medida que sea representada, quede personificada. Esta noción del carácter personal de la representación es clave en el pensamiento de Schmitt y en 1928 vuelve a resaltar este aspecto cuando afirma que lo personal del Estado no está en el concepto mismo de Estado, sino en el de representación (Schmitt, 2006).

Así, desde la hermenéutica schmittiana la idea política del Catolicismo se opone a todo lo que significa la racionalidad técnico económica del capitalismo. La iglesia tiene su racionalidad específica, que abarca moralmente la naturaleza psicológica y sociológica del ser humano sin afectar, a diferencia de la industria o la técnica, al dominio y aprovechamiento de la materia. Frente a este modelo de representación que ofrece el Catolicismo, el liberalismo presenta una versión totalmente distinta. Ignora el carácter personalista de la representación y por eso, cree Schmitt, lleva a cabo una interpretación que en realidad termina traicionando la misma idea de representar (Kelly, 2004).

En ese sentido, es necesario distinguir entre los dos sentidos que tiene la palabra representación en la lengua alemana y que Schmitt resalta: nos referimos a los términos *Vertretung* y *Repräsentation*. En el primer caso, nos encontramos frente a la representación organizada mediante elecciones, lo que para Schmitt sería siempre una representación política inauténtica, una representación de intereses. En cambio, el segundo sentido, el de *Repräsentation*, implica una representación espiritual, que se manifiesta no por la elección sino por la "identificación" del pueblo con sus líderes, por medio de la aclamación. Esta última acepción del término es la que vincula Schmitt con la "verdadera" democracia y con el modelo de representación que encarna la Iglesia Católica.[28] El primer sentido, el de *Vertretung*, sería el propio del parlamentarismo liberal.

28. Es importante señalar que en Schmitt aparece resaltada la idea de una representación "descendente", de arriba hacia abajo, que comunica la decisión de Cristo a los sacerdotes. Roberto Espósito (2006) resalta esta dimensión cuando habla del carácter "bipolar" de la representación católica en su dimensión descendente y ascendente, de la figura del sacerdote a la de Cristo.

Esta idea se vincula con los dos principios políticos que identifica Schmitt: identidad y representación. En su *Teoría de la Constitución*, sostiene que estos principios son contrapuestos y que, de acuerdo a cómo se realicen, dan su forma a una unidad política. Así, todas las distinciones entre monarquía, aristocracia y democracia, pueden reducirse al contraste decisivo entre identidad y representación. Mientras que el principio de identidad refiere a la presencia real del pueblo como magnitud efectiva, el principio de representación, parte de la idea de que la unidad política del pueblo como tal nunca puede hallarse presente en identidad real, y por eso tiene que estar siempre representada. En el mismo texto Schmitt afirma una interpretación existencial de la idea de representación cuando sostiene que esta no es un fenómeno de carácter normativo, un procedimiento, sino algo existencial (Schmitt, 2006). Así, representar es hacer perceptible y actualizar un ser imperceptible mediante un ser de presencia pública. Schmitt ubica así a la representación en la esfera de lo político y de lo público, por oposición a cualquier tipo de representación ligada a la idea de mandato, propia del ámbito privado.

Finalmente, y vinculada a esta idea, aparece en Schmitt la noción de "aclamación". Esta es clave para poder comprender su concepción democrática y el lugar que ocupa el pueblo en su teoría política. Para Schmitt, sólo el pueblo verdaderamente reunido, como unidad, es pueblo, y sólo este puede hacer lo que específicamente le corresponde: "aclamar, es decir, expresar por simples gritos su asentimiento o recusación, gritar 'viva' o 'muera', festejar a un jefe o una proposición, vitorear al rey o a cualquiera otro, o negar la aclamación con el silencio o murmullos" (Schmitt, 2006:238). Así, la opinión unánime de cien millones de particulares no es ni la voluntad del pueblo ni la opinión pública. La "verdadera" expresión de la voluntad del pueblo es desde esta perspectiva, la *acclamatio*,[29] que es su "existencia obvia e incontestada" (Schmitt, 2002d:22),

29. Agamben recupera el concepto de aclamación que presenta Schmitt en su *Verfassungslehre* y sostiene que el verdadero aporte de Schmitt no es sólo el haber vinculado a la aclamación con la democracia y la esfera pública, sino el haber identificado las formas que la aclamación puede adoptar en la democracia contemporánea. Lo que Agamben se preocupa por resaltar es que Schmitt identifica como forma moderna de aclamación a la opinión pública y que el concepto de publicidad (*Öffentlichkeit*) solo puede recrearse a partir del nexo pueblo-aclamación-opinión pública. Para Agamben, Schmitt advierte los peligros de una posible manipulación de la opinión pública, pero cree que conforme a que su criterio último es la capacidad de un pueblo de distinguir al amigo del enemigo, mientras esa capacidad exista, los riesgos de una manipulación no serían decisivos. Sin embargo, poco desarrolla el italiano sobre este punto, más allá de identificar la posibilidad de una manipulación de este elemento con alcances de legitimación política.

Lo peculiar de Schmitt, que interesa a Agamben y lo lleva a retomar esta idea, es que el alemán vincule el concepto de aclamación con el de democracia y no con el de totalitarismo, incluso cuando a primera vista pareciera que se vincula mucho más con lo segundo. Y aquí es donde Agamben vincula esta idea con el concepto de Gloria. Al igual que Schmitt justificaba el significado político-democrático de las aclamaciones remitiéndolas al poder legitimador del pueblo reunido, para Agamben, la glorificación tiene un carácter performativo y legitimador del poder. Para Agamben la Gloria y la aclamación están presentes en el centro de los dispositivos el fenómeno democrático original, mucho más democrático que expresarse por medio de un aparato estadístico "elaborado desde hace sólo medio siglo con esmerada minuciosidad" (Schmitt, 2002d:22). El método del sufragio secreto individual no es para Schmitt democrático, porque constituye una expresión del individualismo liberal. Los métodos electorales no contienen para Schmitt en modo alguno el procedimiento de una verdadera elección popular o una verdadera votación popular, sino que expresan un procedimiento de votación individual como adición de votos. Es por eso que no son la expresión directa de la sustancia y la fuerza democrática (Schmitt, 2002d).

Resta tan sólo preguntarse acerca del lugar del factor del carisma y del liderazgo en la teoría política de Schmitt. ¿Recepta la concepción democrática schmittiana la teoría del carisma de Max Weber? Algunas posturas sostienen que sí (Bertín y Corbetta, 1997; Mc Cormick, 1998) porque en el esquema schmittiano el soberano se posiciona "por encima" del ordenamiento jurídico formal o tradicional y se identifica con el pueblo a partir del concepto de *Repräsentation*.[30] Es esa representación personal y existencial, por fuera de la normalidad, la base de la relación política. Y precisamente la idea de carisma en Weber se distingue por lo "excepcional", lo no cotidiano frente a lo cotidiano, a diferencia de los tipos de dominación tradicional o legal. Weber define al carisma como aquella cualidad que pasa por extraordinaria, por cuya virtud se la considera en posesión de fuerzas sobrenaturales o sobrehumanas (Weber, 2008). La dominación carismática no se organiza en torno a principios jurídicos fijos de carácter general, sino que supone la creación de derecho en cada caso particular, rompiendo con el pasado: el carisma es una fuerza creativa, impetuosa, que se agita en medio de las normas establecidas (Gónzález García, 1988).

¿Cómo se vinculan carisma y democracia en la teoría weberiana? Según Weber el carisma puede ser el origen de la legitimidad democrática, ya que el principio carismático de legitimidad, interpretado en su sentido originario de modo autoritario, puede reinterpretarse en forma antiautoritaria. Esto es posible porque la validez de hecho de la autoridad carismática descansa por completo en el reconocimiento, condicionado por la "corroboración", de los dominados (Weber, 2008). El carisma existe en la medida en que es corroborado en las elecciones, por lo que para Weber la legitimidad democrática se puede originar en el carisma. Así, la democracia plebiscitaria es una especie de dominación

---

modernos de las democracias contemporáneas a partir de la forma de la opinión pública y del consenso. Los medios tienen una importancia muy grande en la política moderna, no sólo porque permiten el control y el gobierno de la opinión pública, sino especialmente, porque administran y gobiernan la Gloria, "ese aspecto aclamativo y doxológico del poder que en la modernidad parecía haber desaparecido" (Agamben, 2008:11).

30. Sin embargo, es necesario aclarar, como lo hace Javier Flax (2004), que Schmitt hace una recepción "antidemocrática" de esas ideas, ya que no puede encontrarse en Weber los elementos autoritarios que surgen de la teoría de Schmitt.

carismática oculta bajo la forma de una legitimidad derivada de la voluntad de los dominados y sólo por ella perdurable. El tipo de líder carismático lo dan para Weber los dictadores de las revoluciones antiguas y modernas, los tiranos y demagogos griegos, en los Estados modernos, la dictadura de Cromwell, los gobiernos revolucionarios y el imperialismo plebiscitario en Francia. Para Weber, siempre que hubo un intento de legitimar esta forma de gobierno se buscó hacerlo por medio del reconocimiento plebiscitario del pueblo soberano.

Pero ¿de dónde proviene este líder carismático? ¿Qué tipo de institución puede darle origen? Al respecto Weber tiene dos respuestas diferentes, una que claramente se opone a la concepción de Schmitt y una posición posterior, que es la más cercana a la idea schmittiana de liderazgo democrático. La primera data de una serie de artículos para el *Frankfurter Zeitung* que en 1918, y tras algunas modificaciones, aparecieron en forma de libro con el título de *Parlamento y gobierno en una Alemania reorganizada.* Allí es donde Weber afirma que el sistema parlamentario no puede ser eliminado pero que debe ser fortalecido e intervenir en el control de la administración (Weber, 2003). De manera similar a lo que luego haría Schmitt, Weber distingue entre parlamentarización y democratización. Ambos, sostiene, no están en una relación de reciprocidad sino que a veces incluso se oponen. En efecto, el viejo parlamentarismo histórico de Inglaterra no era realmente democrático por su origen estamental, tampoco eran democráticos el derecho electoral, el censo de vivienda y los votos plurales que existían entonces. Pero también Weber advierte acerca del papel de los demagogos en la democracia y del giro cesarístico en la selección de líderes al que tiende la democracia moderna. En efecto, considera que el instrumento propiamente cesarístico es el plebiscito, que no es una "votación" o una "elección" usual, sino que constituye una verdadera profesión de "fe" en la vocación del líder, que asume para sí esta aclamación (Weber, 2003).

Weber es consciente de que este tipo de selección de líderes entra en tensión con el principio parlamentario, por eso, ante la opción por uno o por otro, Weber a diferencia de Schmitt, elige el parlamento. La forma parlamentaria no puede ser reemplazada en la concepción weberiana de la democracia, ya que el parlamento es el encargado de la importante función de establecer el presupuesto estatal (Weber, 2003) y de dotar de cierta racionalidad a la política. A diferencia de Schmitt, Weber advierte acerca de los peligros del predominio de lo irracional en la política, cree que el peligro de la democracia de masas se encuentra precisamente en la posibilidad de que tengan un fuerte predominio en la política los factores emocionales, ya que la "masa" siempre está expuesta a las influencias irracionales y emocionales del momento. Frente a esas tendencias irracionales, Weber opone el parlamento. Esa "democracia de la calle", totalmente irracional desde el punto de vista político, es más fuerte en países con un parlamento impotente o desacreditado políticamente, sin partidos políticos organizados racionalmente.

Por eso es que en 1918 Weber propugnaba por una mayor parlamentarización de Alemania y un fortalecimiento del sistema de partidos.

No obstante, no fue ciego a los problemas que esa democracia parlamentaria podía tener en una sociedad como la alemana de Weimar. En su célebre conferencia *"Politik als Beruf"* (*"La política como vocación"*) de 1919, Weber hace referencia al funcionamiento concreto del parlamentarismo en la recién nacida República. Weber advierte allí sobre la existencia de "camarillas" parlamentarias agravadas por el sistema electoral proporcional y sobre los problemas que ese fenómeno acarrea para la selección de líderes. Así, considera que la única válvula de escape posible para la necesidad de contar con una verdadera jefatura podría ser el presidente del Reich, siempre que sea elegido plebiscitariamente y no por el parlamento (Weber, 1997).

Es casi inevitable vincular estas ideas con algunos de los ejes de la obra de Schmitt. Ciertamente, existe una influencia notable del pensamiento de Weber sobre el del jurista de Plettenberg. En efecto, conocemos que Schmitt asistió al *Dozentenseminar* de Weber en Munich entre 1919 y 1920 y que estuvo cerca de su línea de investigación (Kennedy, 2004). Sin embargo, más allá de poder constatar estas influencias, es necesario también diferenciar las nociones de democracia plebiscitaria en Weber y en Schmitt, porque mientras que la propuesta de Weber acentúa los rasgos democráticos, la de Schmitt prioriza una derivación no democrática de esas ideas.[31] Esto puede verse con claridad en las interpretaciones que hacen ambos del rol del presidente del Reich y del papel del parlamento. Para Weber solo un "superhombre"[32] puede llegar a imponer los valores nuevos que requerían los cambios históricos de la época, por eso considera importante que la figura de un presidente elegido de manera directa por el pueblo se incorpore a la Constitución de Weimar. Y así finalmente fue diseñado, aunque en convivencia con un gobierno parlamentario que en los momentos de excepción y por virtud del artículo 48 de la Constitución, dejaba en manos del presidente la toma de decisiones.

De esta manera, la presidencia plebiscitaria mentada por Weber quedó reducida a los momentos de excepción, por virtud de la mayoría socialdemócrata

31. Para González García (1988), si bien Weber se encuentra muy lejos de la reinterpretación posterior de Schmitt de la "democracia del líder" en un sentido autoritario, es necesario reconocer los peligros de esta forma de dominación vinculada fundamentalmente a una personalidad carismática y, por lo tanto, a tendencias profundamente irracionales. Wolfgang Mommsen desencadenó una importante polémica teórica acerca de la valoración de la contribución de Weber de modo más o menos directo al triunfo del nacionalsocialismo en Alemania. Sus interpretaciones fueron criticadas por Reinhard Bendix, Paul Hönigsheim, y sobre todo, Karl Löwenstein. Al respecto ver Gomez Orfanel, 1986. Para Javier Flax (2004) el modelo de Weber guarda grandes similitudes, que el propio Weber señala, no con el régimen nazi posterior, sino con el presidencialismo norteamericano como factor de poder y unidad política en el contexto de una Constitución federal.

32. Sobre la filiación nietzscheana de Weber ver Pinto (1996).

presente en la Asamblea (Pinto, 2002). Lo cierto es que Weber no pudo observar esa institución en funcionamiento ya que murió en 1920 sin conocer todas las dificultades por las que atravesaría la República. En cuando a la interpretación weberiana del papel del parlamento es importante indicar que si bien presenta la alternativa presidencialista, nunca deja de señalar la importancia que tiene un parlamento independiente que, además de legislar, sea capaz de controlar a la administración. Y esto porque Weber considera indispensable el tratamiento parlamentario de los proyectos de ley, porque desde su punto de vista una democracia plebiscitaria sin parlamento sería asimilable a una monarquía y en tercer lugar, porque sin el parlamento se correría el riesgo de dar rienda suelta a toda clase de elementos irracionales y emocionales (Flax, 2004), que como vimos, Weber rechaza para la organización política.

Schmitt retoma de alguna manera las ideas de Weber respecto del presidente del Reich, pero no así las de la importancia del parlamento. Además, en el caso de Schmitt el presidente del Reich no es el encargado de una transmutación de valores preexistentes, sino que es el responsable de asegurar la preservación de la continuidad histórica de los mismos (Flax, 2004). El presidente está llamado a ser el "guardián" de la Constitución y su función es la de preservar la continuidad institucional del Reich, especialmente en los momentos de excepción. Es su característica la de representar un poder neutral, que se sitúa por encima de las partes en disputa y decide sobre el caso concreto (Schmitt, 1931), se trata de un papel mucho más conservador que revolucionario.

En síntesis, la concepción democrática schmittiana se caracteriza por su carácter sustancial. Desde su punto de vista, la democracia es identidad entre gobernantes y gobernados y se basa en la exclusión de lo heterogéneo y la mística de la unidad (Gómez Orfanel, 1988). Esta idea se completa con el presupuesto de homogeneidad, que implica la conformación de un demos determinado, y que puede ser representado por medio de una *Repräsentation* de carácter personal, espiritual y existencial, representación que como la de la Iglesia, puede ser "de arriba hacia abajo". Asimismo la de Schmitt se trata de una democracia basada en la legitimidad plebiscitaria. La participación política del pueblo, que es una entidad que sólo aparece en el momento de la aclamación, es lo que legitima el régimen político. Desde esta perspectiva, el pueblo ocupa una posición de portador del poder supremo, pero a ello acompaña una visión amorfa y desorganizada. El protagonismo político del pueblo aparece ligado a la presencia de un individuo o una minoría que le "plantea" cuestiones para que este refrende o rechace. Claramente no se trata de un planteo de democracia participativa ni deliberativa.

Tampoco podemos encontrar en la concepción democrática de Schmitt lugar para un concepto de libertad entendida en términos individuales, porque ese es un principio propio de la concepción liberal burguesa. Para él la igualdad de todas las personas en su calidad de tales no es una democracia, sino un determinado tipo de liberalismo que se corresponde con una concepción del mundo individualista-humanitaria, algo que desde la visión schmittiana no es consistente con la democracia. La democracia auténtica en la interpretación de Schmitt, obtiene ese carácter de la idea de homogeneidad y la exclusión. Es democracia porque ha sabido tomar la decisión auténticamente política de excluir al enemigo. La igualdad entendida en estos términos es muy distinta del mismo concepto interpretado desde la visión de Heller o la de Kelsen. Como analizaremos en la conclusión de la investigación, en el modelo kelseniano predomina el principio de la libertad por sobre el de la igualdad, y en el de Schmitt y Heller la igualdad, pero entendida por estos dos juristas de manera muy distinta.

6. Conclusiones: Legitimidad del Derecho y del Estado en Schmitt o sobre la necesidad del mito en lo político

> *Sólo digo que el poder es una magnitud independiente, aun respecto del consenso que haya logrado, y quisiera señalarle ahora que también lo es respecto del poderoso mismo. El poder es una magnitud objetiva, con reglas propias, respecto de cualquier individuo en cuyas manos se encuentre* (Schmitt, 2010b:25).

El problema del poder acaparó la atención de Schmitt durante toda su obra. Lo abarcó desde el punto de vista político, jurídico y sociológico. Y sobre todo, realizó un planteo siempre contextualizado del problema, en el marco de los desafíos a los que estuvo expuesta la República de Weimar, que lo tuvieron a él como testigo y en parte protagonista de muchos de los sucesos clave de su historia. Schmitt pensó al poder, el derecho, el Estado, la democracia y la legitimidad desde el horizonte de sentido de Weimar. Así, desde este contexto es que se entiende la concepción schmittiana de la legitimidad del derecho y del Estado, que al igual que su idea de democracia, se desprende de lo que critica en el ámbito político y teórico de su tiempo, de sus críticas a la noción de legitimidad racional basada en la legalidad que propugna el liberalismo y a la idea parlamentaria de la democracia.

Schmitt, como hemos visto, rechaza los principios rectores del Estado de derecho y su intento por justificar el poder y el derecho de mano de la mera legalidad. Podríamos afirmar que si retomamos la tradicional clasificación weberiana de los tipos de legitimidad, tradicional, racional-legal y carismática, Schmitt rechaza con claridad los dos primeros. El tradicional, porque en numerosas ocasiones se refiere a que el principio legitimista monárquico ha sido desplazado por el democrático (Schmitt, 2002). La tradición ya no puede ser un fundamento suficiente de la autoridad y en ausencia de ella, resta sólo la apelación al pueblo desde el principio democrático.[33]

33. Cuestión que, como hemos destacado, Schmitt reivindica en Donoso Cortés, uno de los primeros en dar cuenta de este cambio fundamental.

Pero Schmitt también cuestiona la vía racional de la legitimidad del poder. Este es el camino escogido por el liberalismo y en definitiva también por Kelsen, ambos centros de la crítica schmittiana.

Sin embargo, siguiendo esta línea, es también Hobbes objeto de sus críticas, porque es él quien apelando en la construcción de su teoría política a la racionalidad individual, introduce la racionalidad en el fundamento mismo de la unidad política (Dyzenhaus, 1994). Esta crítica, que como hemos visto desarrolla Schmitt en su obra sobre el Leviatán, implica rechazar el elemento individualista que observa en la estructura hobbesiana, más allá de aceptar el resultado final, que es el del Estado absolutista. Así, Schmitt cree que la solución hobbesiana es la correcta, pero considera que no era necesario un argumento racionalista para llegar a esa conclusión, porque al introducirlo, Hobbes ha sembrado las semillas de la destrucción del Leviatán. El pensador inglés, ha fundado por medio de la idea del pacto un argumento racional que, desde la interpretación schmittiana, ha llevado naturalmente al triunfo de la racionalidad propia del positivismo kelseniano.

Así, si bien Schmitt aprecia la utilización hobbesiana del mito del Leviatán, que le da una sustancia verdadera al orden jurídico, al mismo tiempo critica la formulación racionalista que le da Hobbes. Precisamente, Schmitt identifica en el texto de Hobbes tres imágenes que definen al monstruo bíblico: la de un gran hombre hecho de hombres, la de un gran animal, y la de una gran máquina. Es esta tercera formulación la que Schmitt cuestiona, porque es en este punto en donde Hobbes termina de destruir al monstruo bíblico y abre la puerta al racionalismo liberal.[34] La consecuencia lógica de este desarrollo es para Schmitt la elaboración teórica kelseniana, que diluye la soberanía y el Estado en el orden jurídico. El normativismo kelseniano, y su fundamento ideológico, el liberalismo, serían entonces antimíticos, antipolíticos y antiteológicos (Dyzenhaus, 1994). Y por esa razón, no servirían, desde la interpretación schmittiana, para dar una fundamentación válida ni al Estado ni al orden jurídico.

Así es como llegamos a la idea de legitimidad en Schmitt. Y si volvemos a la clasificación tripartita de Weber, la opción que más pareciera acercarse a la postura schmittiana es la de la legitimidad basada en el carisma. Teniendo en cuenta el desarrollo que hace Weber de la posibilidad de la rutinización del carisma y de que este sirva de base para una democracia plebiscitaria, esta sospecha se vuelve mucho más firme. La legitimidad del Estado y del derecho en Schmitt se fundamenta en el principio de legitimidad democrático que debe entenderse en los términos definidos y planteados por este autor. El fundamento último de la obediencia se

34. A partir de la interpretación hobbesiana, el Estado es concebido como un producto "artificial", el primer producto de la época técnica, el primer mecanismo político de gran estilo, la *machina machinarum*. Para Schmitt, en este tipo de Estado no sólo se da ya el supuesto sociológico e histórico de la época técnica industrial siguiente, sino que él mismo es obra típica y aun prototípica de la nueva época técnica.

encuentra para Schmitt en el producto de su democracia plebiscitaria que es, en última instancia, una decisión existencial.

Ahora bien, para poder comprender los límites de este concepto de legitimidad es útil observar el uso que hace Schmitt de la categoría de mito. Schmitt es un agudo observador de los cambios que se suscitan en su época. Percibe como pocos la manera en que la democracia parlamentaria europea se cae a pedazos: el diálogo ha sido reemplazado por la negociación y la razón ha sido reemplazada por el mito. La obra schmittiana demuestra una fascinación concreta por el mito político, elemento que es parte de su concepción de la legitimidad.

Las primeras menciones schmittianas de la idea de mito aparecen a principios de los años veinte en su *Situación histórico-intelectual del parlamentarismo de hoy*, donde hace mención de la obra de Georges Sorel como un hito que redescubre del papel jugado por los mitos políticos en la intensificación moderna de la lucha política. También resalta la trascendencia de la obra de Sorel en *La teoría política del mito*, obra de ese mismo año. Sorel le sirve a Schmitt para conformar una matriz en la que articula ideas provenientes de otros autores, ya que le brinda un conjunto de grandes temas que utiliza como base para su argumentación filosófico-política (Rossi, 1999).

Es posible identificar varios aspectos que recepta Schmitt de la idea de mito en Sorel.[35] En primer lugar, rescata el aspecto irracional de la idea del mito soreleano. Schmitt toma de Sorel la fuerza del irracionalismo, simulando que conoce sus peligros (Trierweiler, 2010). Sorel anticipa su crítica al parlamentarismo, en la medida en que la teoría del mito se opone al racionalismo liberal burgués y el método parlamentario. Para Schmitt, "la teoría del mito es la más poderosa prueba de que el racionalismo relativo de las ideas parlamentarias ha perdido su vigencia" (Schmitt, 2002d:96). En ese sentido, Schmitt interpreta al mito como principio de oposición a la burguesía discutidora, considera a la teoría del mito como la más poderosa prueba de que el racionalismo relativo de las ideas parlamentarias ha perdido su vigencia.

En segundo lugar, subyace a la idea mitológica de Sorel la fuerza del conflicto, la ética de la violencia. En esta concepción guerrera de lo político domina la idea de una batalla decisiva, idea que está presente tanto en Sorel como en Schmitt. Ambos remarcan la instancia del conflicto, el cual es asumido como una constante (Rossi, 1999; Zarka, 2010) y constituye un presupuesto del concepto de lo social en Sorel y de lo político en el alemán. Tanto es así que para Sorel, sólo el conflicto purifica y fortalece, porque crea unidad y solidaridad duraderas. En cambio, los partidos políticos son estructuras inestables, expuestas a coaliciones y alianzas oportunistas. Así, para el francés este es el vicio de la democracia. Sus ideales, la

35. Jeffrey Seitzer (1998) señala que entre Schmitt y Sorel hay un parentesco metodológico. Al igual que el francés, Schmitt utiliza a la historia como una herramienta. Es a partir de su manipulación de la historia comparativa que sostiene que la tradición constitucional liberal es la respuesta a la crisis de la República de Weimar, tal como él la entiende.

unidad nacional, la reconciliación de diferencias, la armonía social, la entrega al bien común, la Voluntad General de Rousseau, todas estas cosas, destruyen las únicas condiciones en las que el hombre puede alcanzar su plenitud: la lucha, el conflicto social (Berlin, 2005).

En la obra de Schmitt también es percibida la violencia como un elemento clave. Para el alemán prevalece la hipótesis de la guerra como fuente primaria de los mitos políticos. Esta idea aparece en la segunda edición de *Romanticismo Político* de 1925 y no en la primera de 1919. Para Schmitt, la creación del mito político sólo tiene su origen en la guerra real, el mito se origina en la actividad política, es emanación de una energía política (Schmitt, 2000b) que en la hermenéutica schmittiana supone la posibilidad de la guerra. En ese sentido, Sorel sostiene que muchas de nuestras ideas políticas también se originaron en la guerra. Esta presupone el agrupamiento de fuerzas nacionales en contra del enemigo.

Asimismo, la hipótesis del conflicto se vincula de manera directa en Sorel y Schmitt con la posibilidad de una batalla final. El mismo criterio de lo político se relaciona con la eventualidad de esta batalla, con un tipo de enfrentamiento existencial. En Sorel el enfrentamiento final es un enfrentamiento de clases, en Schmitt, veremos, consiste en la oposición entre el mito de la nación y el de la lucha de clases, un enfrentamiento que domina su época (Schmitt, 2002d). Es por eso que la cosmovisión liberal, ceñida a su racionalismo, no puede entender a la política contemporánea. Para Schmitt, y en el mismo sentido para Sorel, la hora de la discusión ha pasado y ha comenzado la del mito (Rossi, 1999). El mito define lo político por su capacidad aglutinante, y es por eso que para Schmitt la única idea capaz de producir un agrupamiento amigo-enemigo comparable al de la lucha de clases es la idea nacional.

En tercer lugar cabe resaltar el interés de Schmitt por la potencia política del mito soreleano (Zarka, 2010). Rescata de la teoría del mito de Sorel un aspecto cualitativo, el de la intensidad. La importancia de la potencia del mito se ve en el análisis que lleva a cabo Schmitt del *Manifiesto Comunista.* Para el jurista, la novedad del Manifiesto no es el planteo de la lucha de clases como el conflicto que define la historia de la Humanidad, sino que es precisamente la intensidad de este conflicto de clases. En efecto, el marxismo habla de un "último" enfrentamiento. Por eso lo fascinante del *Manifiesto Comunista* es para Schmitt la concentración de la lucha de clases en una última y definitiva lucha de la historia de la humanidad (Schmitt, 2002d). Así, en su lectura Schmitt presenta al marxismo como una escatología secularizada y su interpretación soreleana del marxismo le permite vincularlo a la revolución bolchevique de 1917 (Rossi, 1999).

La intensidad del enfrentamiento también es percibida por Schmitt en su descripción del mito nacional utilizado por el fascismo italiano. El jurista de Plettenberg sostiene que en Italia se ha llegado a un enfrentamiento entre los dos mitos: el de clases y el nacional, y el que ha vencido es este último. Así, el fascismo italiano se sirvió de atribuir a su enemigo comunista una imagen terrible, que ha movido mucho más afectivamente que la imagen socialista del burgués (Schmitt, 2002d). Para el alemán, el mito nacional es mucho más movilizador porque representa hasta el momento el único ejemplo de abolición consciente del mito de la democracia y el parlamentarismo. Y cita aquí las palabras de Mussolini antes de la marcha sobre Roma: "hemos creado un mito; el mito es fe, noble entusiasmo; no tiene por qué ser una realidad; es un impulso y una esperanza, fe y valor. Nuestro mito es la nación, la gran nación que queremos convertir en una realidad concreta" (Schmitt, 2002d:96).

La fascinación schmittiana por el mito también se puede ver en el análisis que hace del Leviatán de Hobbes. Pero también se puede observar en una obra posterior a la etapa de Weimar donde Schmitt vuelve sobre el "drama" de Europa. La obra es *Hamlet o Hécuba: La irrupción del tiempo en el drama,* publicada en 1956. Aquí el eje de su disertación es la figura de Hamlet, el moderno mito europeo, la personificación de la indecisión. Para Schmitt, Hamlet es un mito europeo porque expone en el personaje la forma de la tragedia europea: la vida en escisión (Schmitt, 1993). Para Schmitt, Inglaterra ha estado escindida en la disyuntiva de abrirse al mar o al continente y su decisión histórica determinó para siempre la estructura política de Europa. Hamlet es un drama que se elevó hasta la tragedia "para poder transmitir así a los tiempos y generaciones futuras, el presente vivo de una figura mítica" (Schmitt, 1993:41).

La figura del mito representa entonces un elemento constante en la obra de Schmitt que es coherente con la fundamentación última que es posible descubrir en su obra respecto de la legitimidad del derecho y del Estado. En todos sus trabajos de la época de Weimar podemos percibir esta fascinación schmittiana por las energías políticas pre y extra-constitucionales, todo su universo conceptual está sembrado de situaciones límite del derecho público: dictadura, estado de excepción, "medidas que no se pueden reconducir hacia las reglas estables ni establecidas" (Trierweiler, 2010). Incluso su crítica al parlamentarismo tiene como premisa una concepción de la racionalidad colectiva que es extremadamente demandante y para la cual no parece haber otra alternativa que una noción irracional, existencial de la política (Leydet, 1998).

Los elementos irracionales de esta concepción política, y en definitiva, de su concepto de legitimidad se encuentran fundamentalmente en la noción schmittiana de decisión, último fundamento de todo el orden jurídico y político, pero también en los ejes centrales de su idea de democracia plebiscitaria. En primer lugar, la idea de decisión como un elemento que "en términos normativos surge de la nada" (Schmitt, 2005a:52). Su origen no se encuentra en un determinado procedimiento de toma de decisiones, sino en el contexto en el que es tomada: la excepción. La decisión es creada *ex nihilo* por la voluntad del legislador y la validez de ese orden erigido no se fundamenta en su contenido, sino en la decisión misma. Cuando Schmitt reivindica el pensamiento de los contrarrevolucionarios Donoso Cortés, De Maistre o Bonald, resalta en ese sentido el carácter de la decisión en los tres: decisión absoluta, creada de la nada, que no razona, discute ni se justifica (Schmitt, 2005a).

Así, la pura decisión no se puede derivar para Schmitt ni del contenido de una norma previa, ni de un orden ya constituido, porque si así fuera se estaría pensando de modo normativista. La decisión soberana no se explica jurídicamente ni desde una norma, ni desde un orden concreto, ni encuadrada en este último, sino que sólo la decisión funda a ambos (Schmitt, 1996). Resulta difícil no vincular este origen de la decisión schmittiana con cierto contenido mítico y la idea católica de la creación *ex nihilo*. En efecto, Schmitt interpreta esa decisión que sale de la nada como el equivalente secularizado del milagro en la teología. Es algo que no puede ser previsto, ni delimitado, ni controlado. Por lo tanto es negado o rechazado por el racionalismo, que bajo la pretensión de ciencia, quiere eliminar lo excepcional. Asimismo, el origen mítico de la decisión del soberano provee a la misma de una potencia política inmensa, que el liberalismo y el normativismo kelseniano niegan cuando tratan de regular esta cuestión.

Pero como dijimos, también es posible destacar ciertos rasgos vinculados a lo mitológico y a lo irracional en los elementos centrales de la democracia plebiscitaria schmittiana. Como hemos señalado, tanto su idea de representación personal, existencial, que implica una identificación entre gobernantes y gobernados, como la noción de aclamación, que remite a la noción de un pueblo que existe sólo como unidad y en el ámbito público cuando se manifiesta respondiendo en masa a una pregunta, se vinculan más con el ámbito de lo irracional que con el racional de la democracia parlamentaria. Además, como hemos indicado, debemos incluir su recepción de la teoría del carisma weberiana, que en Schmitt adopta la forma de un liderazgo de tipo autoritario.

Podemos concluir entonces que en la concepción de Schmitt no hay lugar para fundamentaciones racionales de la legitimidad del derecho y del Estado. Y esto se percibe también en cómo plantea el jurista la relación entre derecho y poder y el derecho y los valores. En el primer caso, los vínculos entre el derecho y el poder, la postura schmittiana reivindica la primacía del poder y de la política por sobre la legalidad formal. Desde el punto de vista de las constricciones legales al poder, Schmitt está preocupado mucho más por la legitimidad y el orden que por la legalidad. Como hemos visto, para el jurista de Plettenberg las herramientas del Estado de derecho atentan contra la verdadera democracia sustancial y como tal, deben ser desmanteladas. En ese sentido, es de interés rescatar la crítica que realiza Jürgen Habermas a Schmitt en su obra *Facticidad y Validez*.

Para Habermas la forma jurídica prevalece por sobre cualquier otra cuestión. Sin dejar de lado el contenido valorativo, el poder no puede librarse completamente de las restricciones del Estado de derecho. Por eso, el que se tengan en cuenta fines colectivos no debe destruir la forma jurídica y por lo tanto, la función propia del derecho: "no debe dar lugar a que el derecho se agote en política" (Habermas, 2008b:220). De suceder eso, se agotaría la tensión entre facticidad y validez y la legitimidad quedaría asimilada a la positividad de un orden ético concreto o de una eticidad concreta, la cual, y aquí Habermas se refiere expresamente a Schmitt, "no sería sino un remedo de eticidad si el derecho (...) quedase obligado a la articulación de 'órdenes concretos' que le viniesen previamente dados" (Habermas, 2008b:220). Ya lo decía Hermann Heller en su tiempo cuando analizaba el fascismo italiano: "la norma sin voluntad fue sustituida por la voluntad sin norma, y el derecho sin fuerza, por la fuerza sin derecho" (Heller, 1985b:74).

De la mano de esto, y en cuanto a la relación entre derecho y valores, resta señalar al menos dos cuestiones. En primer lugar la advertencia schmittiana acerca de los peligros de la neutralidad axiológica del derecho, propugnada desde el liberalismo y el normativismo kelseniano.[36] En segundo lugar, la cuestión, presentada en los años sesenta, acerca de la tiranía de los valores y la interpretación de la Constitución de Bonn. Con respecto a la primera cuestión, Schmitt critica la neutralidad axiológica del derecho. Para Schmitt legalidad y legitimidad no pueden ser sinónimos,[37] la legitimidad no puede basarse en la mera legalidad formal porque esto traería el peligro de una revolución legal.

Así, mientras que para la concepción liberal el último guardián de todo derecho, el último garante del orden establecido, la última fuente de toda la legalidad, la última seguridad y la última seguridad y la última protección frente a la injusticia, es el legislador y el procedimiento empleado por él para legislar (Schmitt, 2002c), para Schmitt esta opción implica cerrar los ojos ante la situación constitucional concreta. El normativismo para salvar el sistema de legalidad, permanece aferrado a un concepto de ley funcionalista y formal, absolutamente "neutral en cuanto a los valores" y de esa manera, la "ley" es tan solo la resolución momentánea de la mayoría parlamentaria (Schmitt, 2002c). En ese sentido, Schmitt advierte en su texto de 1933 *Legalidad y Legitimidad*, acerca de la posibilidad de una revolución legal por parte de cualquier partido político que pudiera acaparar la mayoría parlamentaria. Si bien sus temores se dirigían mayormente a la posibilidad de una revolución proveniente de la izquierda, en poco tiempo tomaría lugar la revolución legal de Hitler que le permitió acaparar todo el poder.

Schmitt vuelve sobre la cuestión de la legalidad y la legitimidad en 1978, en un escrito titulado *La revolución legal mundial. Plusvalía política como prima sobre legalidad jurídica y suprelegalidad.* En este trabajo distingue entre legalidad, legitimidad y superlegalidad y define a la primera como la fórmula de la identidad y

36. Es importante volver a aclarar que Schmitt parece confundir, la neutralidad del derecho propia del liberalismo, con la neutralidad que propone para la ciencia del derecho el positivismo kelseniano. La teoría kelseniana no niega la existencia de valores detrás del derecho, sino que los deja por fuera de la ciencia del derecho.

37. Para Reinhard Mehring (1998), en Schmitt legalidad y legitimidad no se oponen sistemáticamente sino históricamente.

autorrespresentación moral, ideológica y filosófica de un orden estatal a la segunda como una fórmula de obediencia y disciplina, y a la tercera como la validez aumentada de ciertas normas frente a normas sencillas o normales (Schmitt, 1997). El jurista aclara que esta noción de "superlegalidad" proviene de Maurice Hauriou y es concebida como un concepto específicamente jurídico-constitucional. Se trata de principios o reglas constitucionales que están protegidos por procedimientos que dificultan los cambios. Constituye lo inmodificable de una Constitución.

Propone Schmitt dos ejemplos de superlegalidad. Uno, el de la Constitución francesa, que establecía la prohibición de abolir la República como forma de Estado a través de una reforma legal. El otro ejemplo es el de la Constitución de Weimar, la cual al no haber realizado una previsión semejante abrió el camino para la revolución legal de Hitler: "la puerta estaba lo suficientemente abierta para que se pudieran destruir los compromisos que formaban la base estructural de la Constitución de Weimar" (Schmitt, 1997:17). Así, para Schmitt, Hitler supo aprovechar las ventajas de su posición legal del poder para llegar a concentrarlo todo y rápidamente supo cerrar detrás de sí la puerta de la legalidad por la cual había entrado, llevando a sus enemigos políticos hacia la ilegalidad. Es por eso que para Schmitt, es imperativa la incorporación de elementos sustantivos a la Constitución, no necesariamente vinculados a la defensa de una democracia parlamentaria, pero sí, la idea de que el derecho pueda "defenderse" mediante la incorporación de cierto cuerpo de valores, de sus enemigos. Y es por eso que le parece "sumamente lógico" que se haya incorporado a la Ley Fundamental de Bonn de 1949, los principios del Estado de derecho social, parlamentario-democrático, federal y pluralista. Desde ese punto de vista, la Constitución alemana de 1949 no sólo pretendió estrechar el desfiladero del acceso legal al poder político sino que también se ocupó por cerrarlo totalmente para determinados fines y partidos políticos.

Sin embargo, a Schmitt también le interesa dejar en claro que todo valor tiene también una utilización política. En *La tiranía de los valores*, obra de los años sesenta, reflexiona, entre otras cuestiones, acerca de la relación entre los valores y el derecho. Allí evoca la discusión que tuvo lugar tras la ponencia de Ernst Forsthoff el 23 de octubre de 1959 en Ebrach. El punto en discusión es el de la utilización de la filosofía del valor en la fundamentación de la decisiones de los tribunales alemanes y la reinterpretación de los derechos fundamentales y su eficacia a partir de la introducción de la formula "social" en la Ley Fundamental de Bonn del 23 de mayo de 1949. Este interés de la jurisprudencia alemana por proveerse de una fundamentación basada en la filosofía del valor iba de la mano de una revitalización del derecho natural (Schmitt, 2009), cuestiones que expresan, para Schmitt, el afán por superar la mera legalidad del positivismo jurídico y conquistar el suelo de una legitimidad reconocida.

La idea directriz de Schmitt es que el valor tiene su propia lógica y que a la luz de la ejecución constitucional en el Estado de derecho esto es visible con total claridad. Quien habla de valores es porque quiere hacerlos imponer y quien dice que los valores "valen" sin que un hombre los haga valer, quiere engañar (Schmitt, 2009). Con "tiranía de los valores", expresión introducida por Nicolai Hartmann, Schmitt se refiere al hecho de que el valor más elevado somete al más bajo y aniquila al no-valor como tal, un valor se realiza por medio de la aniquilación de otro. Así, para el jurista la noción de tiranía de los valores ayuda a comprender que la doctrina del valor en su totalidad "sólo atiza e incrementa la antigua y prolongada lucha de las convicciones y los intereses" (Schmitt, 2009:141).

Schmitt concluye con la idea de que un jurista que se aventure a ejecutar valores de manera inmediata debería saber lo que hace. Desde su punto de vista, es necesario reflexionar sobre la procedencia y estructura de los valores y no permitirse tomar a la ligera el problema de la tiranía de los valores y de la ejecución no mediada del valor, tendría que tener en claro la filosofía moderna del valor. Coherentemente, entonces, con su visión del poder como un elemento con reglas propias que surge de la cita con la que empezamos esta conclusión, Schmitt llama la atención en esta obra de los sesenta, sobre la realidad del poder que se esconde detrás de la "ideología de los valores". Desde la hermenéutica schmittiana, el poder tiene sus propias reglas y por eso intentar racionalizarlo por medio del derecho es, desde su punto de vista, una tarea destinada al fracaso.

7. Excurso: Schmitt y el nazismo

> *Yo soy el último representante consciente del jus publicum Europaeum, su último teórico e investigador en un sentido existencial, y experimento su fin como Benito Cereno experimentó el periplo del buque pirata. Es el tiempo y el lugar del silencio* (Schmitt, 1994:70).

Estas palabras muestran como Carl Schmitt no adoptó una postura autocrítica sobre su colaboración con el régimen nazi sino que, en una de las pocas obras donde se refiere tangencialmente al tema, opta por compararse con la figura de Benito Cereno, personaje central de una novela de Herman Melville. Cereno era un capitán de un barco negrero cuyos esclavos se sublevan y matan a toda la tripulación pero preservan con vida al capitán para que les trasmita sus conocimientos especializados.[38] Más allá de este tardío y débil intento de justificación de Schmitt, en su obra posterior a 1945 no encontramos atisbos de autocrítica acerca de su compromiso político e ideológico. Schmitt formó parte

38. Julio Pinto (2000) destaca que la diferencia entre ambos es clara: mientras que el personaje de Melville busca constantemente escapar de su cautiverio, Schmitt no lo intenta nunca.

de un grupo de juristas y demás académicos que se acercaron al movimiento nazi creyendo ver en él una superación de la República de Weimar o intentando ocupar posiciones de poder. En ese contexto también jugaron un papel muy importante las universidades, los estudiantes y los profesores, que ya mucho antes de enero de 1933 evidenciaban un apoyo importante a las tendencias nacionalsocialistas y antisemitas en el ámbito académico (Rüthers, 2004).

En este punto resulta de interés plantear un paralelo entre el compromiso de Martin Heidegger y de Carl Schmitt con el partido nazi. Tan sólo unas semanas después del ascenso de Hitler al poder, Schmitt recibió una carta de Heidegger, con fecha del 22 de abril de 1933, con el ruego de no desoír el nuevo movimiento. Asimismo, cuando en el verano de 1933, Carl Schmitt envió a Heidegger la tercera edición de su *Concepto de lo político*, éste le respondió con una carta el 22 de agosto de 1933, en la que expresaba lo desconsolado que se encontraba en esa ciudad además de invitarlo a actuar juntos políticamente (Rüthers, 2004). Efectivamente ambos ingresaron en la misma fecha en el NSDAP, el primero de mayo de 1933,[39] día fijado por Hitler como fiesta nacional.

Pero no fue esta la única coincidencia entre ambos, sino que ciertos rasgos personales también los unían. Los dos provenían de pequeñas ciudades impregnadas de un espíritu católico-conservador y tuvieron vínculos formales con sectores de la Iglesia católica. Sin embargo, ambos abandonaron esos lazos de forma consciente, Heiddeger, rompió con la religión entre 1917 y 1919 y en el caso de Schmitt jugó un papel decisivo en su alejamiento el fracaso del proceso iniciado para la anulación de su primer matrimonio con Paula Dorotic (Rüthers, 2004). Otro aspecto que une las historias de Heidegger y Schmitt es su origen social. Los dos provenían de familias humildes y lograron, pese a eso, estudiar y ocupar un lugar de estatus social. El padre de Heidegger era artesano y sacristán y el de Schmitt, empleado ferroviario. Ellos tuvieron el privilegio de ser los primeros en sus familias en acceder a la posibilidad de estudiar en el *Gymnasium* y obtener un estudio académico: la habilitación y currículum universitario constituían para los dos en una especie de "carrera soñada". Finalmente, ambos ocuparon posiciones prestigiosas durante los primeros años del régimen de Hitler, Heidegger llegó a ser rector en la Universidad de Freiburg y Schmitt, obtuvo el puesto más prestigioso de su carrera en 1933: la cátedra de derecho público en la Universidad de Berlín.

Por otro lado, es elocuente también la actuación de Schmitt en la Universidad de Colonia durante los primeros días del régimen nazi. El 7 de abril de 1933 se

39. Heidegger en Freiburg y Schmitt en Colonia. Habermas (1997) sostiene que ambos pertenecieron a los "grandes aceptadores de 1933", porque se sentían infinitamente superiores a los nazis y pretendían "acaudillar al caudillo", pero que al percatarse de lo ilusivo de tan extravagante designo, ambos se negaron luego a confesar públicamente su culpa y, ni siquiera, su error político.

expidió la denominada "Ley para la reconstrucción del oficio de funcionarios".[40] Estaba pensada para "liberar a la burocracia, también a las universidades, de 'enemigos' políticos y raciales" (Rüthers, 2004:68). Como hemos mencionado, cuando Kelsen volvió de una gira de conferencias en Suecia se informó por la prensa de su destitución como decano de la Facultad de derecho y de su retiro obligado. Cuando la Universidad presentó una petición solicitando su reincorporación, la carta fue firmada por todos los profesores de la Universidad, excepto uno: Schmitt. Asimismo, dos estudiantes discípulos de Schmitt, Ernst Rudolf Huber y Ernst Forsthoff, se beneficiaron súbitamente de las purgas y obtuvieron los puestos que perdieron Schücking en Kiel y Heller en Frankfurt (Bendersky, 1989). Lo que más llama la atención de este suceso es que las relaciones de Schmitt con colegas e intelectuales judíos habían sido anteriormente intensas, incluso amistosas. Sin embargo, para la época de las purgas universitarias Schmitt publicaba un artículo sobre los intelectuales alemanes, dónde calificaba a los emigrantes como vomitados para todos los tiempos de Alemania (Rüthers, 2004).

Pero esto no fue lo único que escribió Schmitt durante este período. Si nos detenemos a analizar la obra schmittiana entre 1937 y 1944 nos encontraremos con numerosos escritos claramente propagandísticos del régimen nazi. Schmitt publicó cerca de cuarenta escritos de obsecuencia a la dictadura de Hitler,[41] y muchos de ellos al poco tiempo de asentarse el régimen en el poder. Por ejemplo, el 12 de mayo de 1933 escribió en el periódico nazi *Westdeutscher Beobachter* un artículo sobre el derecho "bueno" de la revolución alemana, con ostentosos pasajes antisemitas (Rüthers, 2004). También justificó en un ensayo aparecido el primero de abril de 1933 la eliminación de los derechos fundamentales y las garantías constitucionales y justificó hechos de la barbarie nazi como la noche de los cuchillos largos, las leyes antisemitas y el expansionismo imperialista (Pinto, 2000). Intentando consolidarse como el *Kronjurist* del Reich, Schmitt recurrió a numerosas estrategias para ganarse la simpatía del régimen. En la nueva edición de *Der Begriff des Politischen*, por ejemplo, eliminó las referencias a Karl Marx y a Georg Lukács y sustituyó el término "asociación" por el de *Genossenschaft*, palabra que en la jerga nazista tenía un contenido claramente racial (Bendersky, 1989). En el otoño de 1933 Schmitt inició una vasta línea teórica que intentaba otorgar una estructura constitucional para el tercer Reich. A fines de ese año

40. Desde 1931 hasta 1938 las facultades de derecho alemanas perdieron en total doscientos diez miembros del profesorado, entre ellos 36% de ordinarios, 37% de no ordinarios y 45% del personal restante.

41. Desde mayo de 1933 hasta diciembre de 1936, cuando perdió todos los cargos oficiales y funciones políticas relevantes, Schmitt escribió más de cuarenta contribuciones, entre ellas ensayos breves y artículos fuera de la prensa especializada, pero también dos básicos folletos de teoría del derecho y el Estado, dedicados no al análisis, sino por completo a la aprobación entusiástica a los cambios constitucionales y legales bajo el dominio del nacionalsocialismo (Rüthers, 2004).

publicó *Staat, Bewegung, Volk*, un panfleto en el que intentó articular sus ideas previas con las del movimiento nazi.

En 1934 publicó *Sobre las tres formas de pensar la Ciencia Jurídica*. En esta obra, como ya hemos visto, Schmitt adopta su postura del orden concreto y empieza a hablar de una división tripartida del Estado en: Estado, movimiento y pueblo. La propuesta de Schmitt es la de lograr un tránsito a un nuevo modo de pensar jurídico, "que se ajuste a las futuras comunidades, órdenes y formaciones de un nuevo siglo" (Schmitt, 1996:77). Ese mismo año, Schmitt publicó una de sus más indefendibles y vergonzosas expresiones con respecto a la masacre del 30 de junio de 1934, conocida como "la noche de los cuchillos largos". Ese día fueron asesinados numerosos enemigos políticos del régimen, dirigentes de las SA, del Ejército, potenciales representantes de la oposición conservadora como el ex canciller Schleicher, Edgar Jung y el presidente de la Acción Católica en Berlín, Erich Klausener. El artículo escrito por Schmitt apareció el 1º de agosto de 1934 bajo el título "El Führer protege el derecho", y en él justifica los asesinatos ordenados por Hitler mediante la proclamación de una nueva fuente del derecho: "El Führer protege el derecho ante el más grave abuso, cuando él, en el momento del peligro crea directamente derecho en virtud de su liderato como Juez supremo" (Schmitt en Rüthers, 2004: 84). Lo notable es que Schmitt tuvo que haber escrito este artículo inmediatamente después del asesinato, porque el escrito tiene un estilo "situacional", característico de todas sus producciones durante la época nacionalsocialista (Rüthers, 2004).

Para entonces, Schmitt tenía posibilidades de ascenso en el nuevo orden nacionalsocialista y ello generaba envidia e intrigas por parte de sus allegados. Lo percibían como un oportunista sin ninguna clase de convicciones. Además, vieron en él un peligroso competidor para las pocas posiciones destacadas en la jerarquía jurídica del nacionalsocialismo, ya que en poco tiempo había logrado un éxito sin antecedentes. Estas envidias y el desagrado de sus colegas demostraron ser un importante factor para el posterior desalojo político de Schmitt (Rüthers, 2004). El comienzo de todo fue la seguidilla de artículos que Wademar Gurian, un emigrado judío, comenzó a publicar en contra de Schmitt. Gurian intentaba demostrar la antigua aversión de Schmitt por el movimiento nazi, así como su estrecha vinculación con el catolicismo político y con sus amigos judíos y colegas de la época de Weimar. Para Gurian, Schmitt no podría ser jamás un nazi honestamente convencido sino que utilizaba al partido exclusivamente para sus fines personales. Estas declaraciones fueron rápida y hábilmente utilizadas por sus enemigos para despojarlo de toda oportunidad que se le pudiera presentar de ascender (Rüthers, 2004).

Los últimos intentos de Schmitt por ganarse un lugar en el régimen fue su utilización de las ideas racistas. A partir de 1935 comenzó a referirse al tema de la "cuestión judía", cuando aparecieron las leyes racistas de septiembre de 1935 que motivaron a Schmitt a calificarlas, sin ningún tipo de escrúpulos, como parte de la "Constitución de la libertad" (Pinto, 2000). Buscando asegurar su ya amenazada posición en la jerarquía jurídica nacionalsocialista y en su condición de Inspector de grupos del Reich, formó parte de la organización de un Congreso en Berlín sobre el tema de "la judería en la ciencia jurídica alemana". Alrededor de cien profesores universitarios estuvieron presentes y el papel de Schmitt, quien pronunció los discursos de apertura y de conclusión, fue importantísimo (Rüthers, 2004). El Congreso establecía, entre otras cuestiones, la de la clasificación de toda la bibliografía en autores judíos y no judíos, la necesidad de una "purificación" de las bibliotecas y la prohibición de citar a un autor judío sin designarlo como tal.

Tras estos sucesos comenzó el proceso de "caída" de Schmitt. En diciembre de 1936 tuvo que abandonar "por motivos de salud" su posición dirigente como Inspector de grupos del Reich. En el mismo mes renunció a su puesto como editor del *Deutschen Juristenzeitung*. Así, de un agasajado y temido alto representante de la jerarquía jurídica del nacionalsocialismo, Schmitt pasó a quedar reducido de la noche a la mañana "a un paria" (Rüthers, 2004:116). Solo le quedaban su membresía y colaboración en la insignificante Academia para el derecho alemán y su cátedra en la Universidad de Berlín. No es redundante resaltar que Schmitt no se distanció en 1936 y 1937 del nacionalsocialismo por su propia voluntad, sino que fue una parte importante del aparato de poder nazi la que se apartó de él. En otras palabras, Schmitt fue víctima de su propia ambición en el intento de escalar demasiado rápido y demasiado arriba, y de la envidia y de los celos de colegas competidores del viejo nacionalsocialismo (Rüthers, 2004).

Los años que siguieron en la carrera de Schmitt se caracterizaron, como hemos mencionado, por un cambio en la temática de sus escritos. En 1938 publicó *Der Leviathan in der Staatslehre des Thomas Hobbes,* y a partir de esa obra se orientó hacia el ámbito del derecho internacional. Ya hacia 1944 aparece un cambio de tono, coincidente con la suerte de Alemania en la guerra, en las expresiones antes altamente propagandísticas de Schmitt. Ya no proclama más al Führer como el último asilo de la conciencia jurídica, sino a la ciencia del derecho. Tampoco se refiere a la deificación del Estado en el centro del inventario de la situación de la ciencia jurídica europea, sino que apela a la figura de Friedrich Carl von Savigny. Después de 1945, como hizo la mayoría de la intelectualidad ligada de alguna manera u otra al nazismo, Schmitt optó por el silencio. Fue encarcelado primero por los rusos y luego por los estadounidenses y sometido a la justicia y, durante esos años escribió *Ex captivitate salus,* donde analiza tangencialmente los sucesos ocurridos sin, como ya hemos destacado, ningún vestigio de autocrítica.

En síntesis, el compromiso ideológico de Schmitt con el nazismo es innegable. Los motivos que lo llevaron a esa postura son más difusos. Muchos autores plantean su "oportunismo" político como así también su intento de "supervivencia" dentro del régimen; sin embargo, su ausencia de autocrítica y su silencio posterior son hechos que no pueden ser soslayados. Lo interesante para esta investigación es que aún separando este compromiso político de las ideas ya desarrolladas de Schmitt, y sin llevar a cabo una lectura de su obra a partir de este vínculo, de todas maneras es posible constatar, como analizaremos en la conclusión, que su teoría política no es compatible con una teoría de la democracia pluralista ni tampoco con el respeto y la garantía de los derechos individuales. Tal vez el modelo pensado por Schmitt se relacione mucho más con un modelo monárquico que uno democrático.

Capítulo IV
El pensamiento jurídico y político de Hermann Heller

Hermann Heller es, en comparación con Kelsen y Schmitt, mucho menos conocido en la doctrina jurídica y política de habla hispana, ya que no son tantas las obras de su autoría que han sido traducidas al español. Esto, pese a que fue en España donde murió y dejó varios discípulos. Pero incluso en Alemania fueron sus trabajos tardíamente receptados en la República Federal (Lepsius, 2008), aunque esa recepción no iguala a la de la obra de Schmitt o Kelsen. Sin embargo, la riqueza de su teoría para el análisis de la democracia y del Estado es muy grande y su principal legado teórico, el concepto de Estado social de derecho, ha sido receptado en numerosos textos constitucionales después de la segunda postguerra.

En este capítulo analizaremos el concepto de legitimidad de Heller a partir de cuatro ejes principales. En primer lugar su punto de vista antropológico, que veremos, coincide en gran parte con el de Kelsen y Schmitt a partir de que plantea un pesimismo antropológico de base que termina proclamando la necesidad del Estado como eje de la articulación social. Este Estado que defiende Heller, sin embargo, no es el formalista y amoral que promueve el liberalismo, sino que adopta como objetivo específico la consecución de la justicia social. El concepto de Estado social de derecho será entonces nuestro segundo eje de análisis. Así también, veremos la importancia que tiene la idea de comunidad nacional de cultura en la efectivización de los principios postulados por el mismo.

El tercer eje de nuestro desarrollo será el de la concepción del derecho de Heller. Se presentarán las principales críticas que realiza a la doctrina jurídica dominante y al normativismo kelseniano, como así también, su punto de vista metodológico propio. Se planteará asimismo la visión de Heller acerca del derecho, su conexión con la realidad social, su etapa decisionista y su posterior aceptación de las herramientas del *Rechtsstaat* liberal, como así también la importancia que tienen en su comprensión del derecho los llamados principios suprapositivos éticos. Finalmente analizaremos las características que definen a la democracia para Heller como así también las críticas que realiza al fascismo italiano y a las filosofías "existencialistas" o "vitalistas" de su tiempo. Para terminar, presentaremos algunas conclusiones sobre su forma de definir y entender la legitimidad.

1. *Vida y obra de Hermann Heller*

Heller nació el 17 de julio de 1891 en Teschen an der Olsa, una ciudad pequeña ubicada entre lo que hoy es la República Checa y los territorios del entonces extenso Reich germánico. Su familia era de origen burgués y de religión judía, condición que comprometería su estancia en Alemania, con la llegada del nazismo. Estudió derecho y Ciencias del Estado en las universidades de Kiel, Viena, Innsbruck y Graz entre 1912 y 1914. En Viena conoció a Hans Kelsen cuando asistió de oyente a sus clases como *Privatdozent* (Fieder, 1995). En diciembre de 1915, obtuvo su doctorado en derecho en la Universidad de Graz, en Austria. En 1914 se alistó como voluntario en la Primera Guerra Mundial, al igual que muchos contemporáneos suyos, y combatió en el frente ruso, donde sufrió un problema cardíaco que lo dejó fuera de los combates y que contribuyó a su temprana muerte a la edad de 42 años. En 1920 se casó en Kiel con una famosa bailarina de la época, Gertrud Falke, con quien en 1921 se estableció en Leipzig. Heller tuvo una hija llamada Cordelia, fruto de una breve relación que tuvo por el año 1928 con la escritora alemana Elisabeth Langgässer, pero siguió casado con Gertud hasta su muerte. Durante su estancia en Kiel, Heller recibió su *Habilitationsschrift* en *Rechtsphilosophie, Staatslehre* y *Staatsrecht,* presentando su trabajo *Hegel und der nationale Machtstaatsgedanke.* Aquí fue donde conoció a Gustav Radbruch, quien lo invitó a afiliarse al Partido Socialdemócrata Alemán en 1920 (Fieder, 1995). Precisamente cuatro días antes del *Putsch* de Wolfgang Kapp a la República, Heller solicitaba su carnet del partido, aunque, como veremos, se afilió al SPD haciendo constar su desacuerdo con dos de los puntos principales del programa: el materialismo histórico y el internacionalismo. De hecho, Heller formó parte del llamado círculo de *Hofgeismar,* facción del SPD opuesta a los marxistas ortodoxos del grupo de Hannover (entre quienes se contaba a Max Adler).[1]

1. En efecto, uno de los momentos más fuertes de la disputa entre estos dos sectores fue el enfrentamiento que tuvieron Heller y Max Adler en Jena en la Tercer Conferencia de Jóvenes socialistas, en 1925. Ver Schneider (1985). En su intervención, Heller presenta de nuevo las tesis de su libro, publicado algunos meses antes, *Sozialismus und Nation.* La lucha de clases no debe ser –sostiene– sólo lucha económica, conflicto de intereses, sino, sobre todo, contienda cultural para la afirmación de la nación como suprema forma de vida. En este *Kulturkampf* debe reconocérsele al Estado el valor de unidad de decisión imprescindible, dotada de cierto carácter de universalidad respecto a los intereses presentes en la sociedad que la expresa. En esta

En el mencionado *Putsch* de Kapp, Heller y Radbruch tuvieron un especial protagonismo, ya que en defensa de la democracia se opusieron al levantamiento y terminaron siendo arrestados por los militares. Ambos fueron sometidos a un juicio sumario y por muy poco se salvaron de ser fusilados. En efecto, la corte marcial llegó a emitir una condena a muerte, pero cuando el golpe ya había fracasado (Schneider, 1985). La relación entre Heller y Radbruch perduró durante muchos años, aunque no siempre coincidieron en sus ideas, ya que por ejemplo Radbruch se distanció de las posturas más decisionistas de Heller y llegó a acusarlo de "filofascista".[2] Sin embargo, Heller manifestó siempre un fuerte compromiso antifascista, sobre todo luego de su experiencia en la Italia de Mussolini, en donde permaneció un tiempo durante 1928 para estudiar de primera mano el régimen. Fruto de esa estancia escribió *Europa und der Faschismus*.[3]

En cuanto a su desempeño docente, cabe mencionar que mientras estuvo en Leipzig durante los años 1921 a 1924, Heller se dedicó a dar clases y dirigir la *Volkshochschule,* lo que refleja su compromiso político-ideológico con la educación popular que brindara a los trabajadores las bases necesarias para su integración social y participación política. Heller siempre estuvo listo para llevar a cabo su programa no sólo como educador sino también como agitador y activista político (Schluchter, 1985). Sin embargo, y a pesar de su *Habilitation* obtenida en Kiel, Heller estuvo relegado de la Universidad por su condición de judío y socialista (Müller, 1992).

En 1926 fue invitado a dar clases en Berlín, en la *Kaiser-Wilhelm-Institut für Ausländisches Öffentliches Recht und Völkerrecht* y recién en 1928 alcanzó Heller el largamente buscado reconocimiento científico al ser nombrado como Profesor asociado de Derecho Público en la Facultad de Derecho de la Universidad de Berlín. Al mismo tiempo daba clases en la *Deutsche Hochschule für Politik.* Recién en 1932 fue nombrado profesor titular en la Universidad de Frankfurt del Meno, a pesar de una gran resistencia de parte de otros profesores de esa casa de estudios (Fieder, 1995). Sin embargo, con la llegada del partido nacionalsocialista al poder, y en virtud de la aplicación de la "Ley para la Restauración del Servicio Profesional de Carrera" del 7 de abril de 1933, fue despojado de su cátedra de derecho público y obligado a emigrar primero a Londres, invitado por Harold Laski y después a Madrid, en donde fue huésped del Instituto de

intervención reaparecen, esta vez en forma de tesis propositivas, las dos reservas antepuestas por Heller a su ingreso en el partido socialdemócrata (La Torre, 1996). Ver también La Torre (2006).

2. Cuando Heller vuelve de su estadía en la Italia de Mussolini, Radbruch le escribe una carta donde le pregunta si no se ha vuelto "filofascista", a lo que Heller le responde en noviembre de 1928 que al contrario, Mussolini lo ha convertido en un ferviente demócrata (Schneider, 1985).

3. Sin embargo, como veremos, es posible calificar a la crítica de Heller al fascismo como débil. Por ejemplo, no cuestiona la limitación de derechos individuales sino que sostiene que el fascismo italiano carece de un verdadero programa y no logra dar expresión a las exigencias vitales de la colectividad nacional. Al respecto ver La Torre (1996).

Estudios Políticos.[4] Su cátedra de derecho público en Frankfurt fue otorgada a Ernst Forsthoff, discípulo de Carl Schmitt.

Cuando en 1932 el gobierno de Von Papen realizó una intervención en Prusia para derrocar al gobierno socialdemócrata, Heller participó de la defensa del partido ante el *Staatsgerichtshof*, el Tribunal Constitucional con competencia para resolver conflictos entre un *Land* y el Reich en virtud del artículo 19 de la Constitución de Weimar. En ese caso, como ya hemos adelantado, se enfrentó profesionalmente a Carl Schmitt, quien ofició en la defensa del Reich y aprovechó la ocasión para presentar sus ideas acerca del presidente del Reich como guardián de la Constitución. Más allá de esta participación en defensa de Prusia, lo cierto es que Heller no logró percatarse de la amenaza nazi con antelación (La Torre, 1996; Contreras, 2005). En efecto, no creyó en la posibilidad de la realización del Estado total en Alemania y así lo manifestó en el último artículo suyo publicado antes de la llegada de Hitler al poder titulado "Liberalismo autoritario".

Heller murió en Madrid el 5 de noviembre de 1933 a causa de una enfermedad cardíaca. Por este motivo no llegó a conocer lo que fue el totalitarismo de Hitler en Alemania ni el franquismo en España. Tras su muerte, su discípulo Gerhart Niemeyer, quien lo había acompañado en su exilio, se recluyó en Tossa de Mar con el fin de sistematizar algunas notas de Heller y darle forma a su *Staatslehre*, (*Teoría del Estado*), publicada finalmente por A. W. Sijthoffs en Leiden, Holanda, en 1934.[5] Esta ha sido sin duda la obra más reconocida de Heller y aquella que pretende sistematizar su pensamiento acerca del derecho y el Estado.

Se pueden mencionar entre sus obras más importantes: *Sozialismus und Nation* (*Socialismo y Nación*) de 1925, *Die politische Ideenkreise der Gegenwart* (*Las Ideas Políticas Contemporáneas*) de 1926, *Die Souveranität. Ein Betrag zur Theorie des Staats und Volkerrechts* (*La Soberanía. Contribución a la Teoría del Derecho Estatal y del Derecho Internacional*) de 1927, *Europa und der Facismus* (*Europa y el Fascismo*) de 1929, la voz *Political Sciencie* (Ciencia Política) de la *Encyclopedia of the Social Sciences* de 1934, además de una serie de artículos de significativa divulgación como *Estado, Nación y socialdemocracia*, *Ciudadanos y burgueses*, *Democracia política y homogeneidad social*, *¿Estado de Derecho o Dictadura?*, entre otros.

La obra de Heller fue tardíamente receptada en la doctrina jurídica alemana. En los comienzos de la República Federal, Heller estaba casi olvidado como teórico, debido en parte a su exilio, su muerte temprana y su militancia socialdemócrata

4. Es por este hecho que la obra de Heller ha tenido mayor divulgación en la academia de habla española. Sobre la recepción de Heller en España ver González Prieto (2003) y López Pina (1985).

5. La versión original se editó en alemán en Leiden en 1934 y se reeditó en la misma ciudad en 1970 y más tarde en Tubinga, en 1983. La traducción castellana de la *Teoría del Estado* la llevó a cabo Luis Tobío para Fondo de Cultura Económica en un tomo de 357 págs., y de la misma se han hecho diversas reediciones, en 1947, 1955, 1963, 1971, 1974, 1985, 1987, 1992, 1998 y 2000.

(Lepsius, 2008). Tal vez una de las más tempranas apelaciones a las ideas de Heller haya sido la de Wolfgang Abendroth, quien en las Jornadas de la Asociación de profesores de Derecho político de 1954 recurrió a Heller para referirse a la fórmula del Estado social de derecho en la Constitución. Sin embargo, es recién a partir de 1960 que se puede apreciar un "regreso" de Heller en la bibliografía especializada. En esa época se empezaron a interpretar las ideas de Heller en complementación de las de Rudolf Smend, con lo cual resurgió también un interés en la doctrina y la jurisprudencia alemana por su obra. En esto colaboró también la edición de sus obras completas en tres tomos en el año 1971.[6]

Actualmente su obra está presente en el ámbito de la academia y la jurisprudencia alemana. Por un lado, la teoría del Estado actual se nutre de la integración entre la ciencia jurídica y social postulada por Heller (Maus, 1985). Pero además, también ha sido receptado en la teoría constitucional moderna, por ejemplo en la obra del constitucionalista Peter Häberle, sobre el cual ha tenido una gran influencia.[7] En el ámbito de la justicia, también es posible constatar referencias a su pensamiento, especialmente por parte del Tribunal Constitucional Alemán. En efecto, la idea de un proceso democrático vinculado a un contenido de consensos básicos y un sistema de valores objetivos se encuentra presente en la jurisprudencia del Tribunal Constitucional (Maus, 1985).

En Argentina, en cambio, la obra de Heller ha sido la que menos atención ha recibido, si la comparamos con la de Kelsen o de Schmitt.[8] De sus obras traducidas al español, la de mayor divulgación en las facultades de Derecho de Argentina es sin duda su *Teoría del Estado*, editada por Fondo de Cultura Económica. Le sigue en divulgación *La Soberanía*, por la misma editorial, y ya con mucha menos distribución la edición de *Escritos Políticos*, elaborada por Alianza, que contiene una selección de textos elaborada por Antonio López Pina[9] y traducidos por Salvador Gómez de Arteche.

6. El libro fue publicado con el título de *Gesammelte Schriften*, en tres tomos, por la editorial Leiden, A. W. Sijthoff, con una introducción de Martin Draht y Christoph Müller. También contribuyó a la difusión de su obra la publicación de la tesis del sociólogo alemán Wolfgang Schluchter en 1968, con el título de *Entscheidung für den sozialen Rechtsstaat. Hermann Heller und die staatstheoretische Diskussion in der Weimarer Republik.*

7. Las referencias a Heller se encuentran en la mayor parte de las obras de Häberle, quien por ejemplo en *La libertad fundamental en el Estado Constitucional*, retoma la tesis de Heller de que la libertad siempre debe ser organizada en la realidad social y que por lo tanto, la función social de los derechos fundamentales es una fórmula que expresa una concepción de los derechos orientada hacia la dimensión de los grupos (Häberle, 1997).

8. Uno de los pocos libros editados en Argentina y dedicados exclusivamente al pensamiento de Heller es el de Eugenio Arbonies titulado *Semblanza de Hermann Heller y su obra "Teoría del Estado"*, editado por Ediciones Lumiere en el año 2000. Esta es una obra muy escueta, con sólo diez carillas dedicadas a una semblanza básica de Heller y el resto del libro consiste meramente en traducciones de extractos de la *Teoría del Estado* de Heller.

9. López Pina (1985) elabora allí un epílogo donde analiza la recepción de Heller en España, país que lo alojó en su exilio. En términos generales considera que la recepción helleriana

Asimismo, entre los juristas más importantes de la doctrina jurídica argentina, Heller no es un autor muy citado, y mucho menos más allá de su obra póstuma. Una excepción a esta afirmación puede el caso de Arturo Enrique Sampay, quien fuera catalogado a su pesar como "discípulo" de Schmitt. Sampay recurre con frecuencia a las ideas de los juristas de Weimar y en su obra *Introducción a la Teoría del Estado* se dedica a las ideas de Heller en su capítulo IV, en el que se refiere al intento fenomenológico de recuperar el objeto real de la teoría del Estado (Sampay, 1951).[10] Así, uno de los principales aspectos rescatados por Sampay es la propuesta metodológica del jurista socialdemócrata para la teoría del Estado.

Finalmente, es posible encontrar algunas referencias al pensamiento de Heller en otros textos de enseñanza del derecho. Casi siempre para introducir su concepto de Estado o alguna mención a la metodología helleriana. Es el caso, por ejemplo, de Mario Justo López, quien en su *Introducción a los estudios políticos*, concluye que Heller es quien cierra el ciclo de la teoría del Estado propiamente dicha, ya que a partir de entonces esta se impregna de las características de la ciencia política y queda absorbida por ella (López, 1983). En esa misma línea, y refiriéndose a cómo Heller entiende la teoría del Estado en relación con la ciencia política, podemos mencionar la obra del constitucionalista Segundo Linares Quintana, quien utiliza en más de una ocasión referencias de la *Teoría del Estado* de Heller (Linares Quintana, 1953).

2. Antropología negativa y necesidad del Estado en Heller

2.1. Su concepción antropológica

En Heller es posible encontrar una concepción antropológica negativa. Al igual que Schmitt y Kelsen, cree que el hombre no puede coexistir pacíficamente

experimentó en España el mismo destino trágico de la sociedad española desgarrada por la Guerra Civil, ya que sus principales divulgadores sufrieron la persecución política durante el período franquista al utilizar las ideas de Heller y sus herramientas conceptuales para luchar contra el régimen franquista. Entre los españoles, fue en especial Manuel García Pelayo, quien permaneciendo un tiempo más que el resto en España, ayudó a transmitir el legado intelectual helleriano con la publicación de muchas de sus obras en español.

10. En esta obra Sampay cita obras de Heller en alemán que pertenecen al *Archiv des öffentlichen Rechts* ya que aún no se habían publicado sus obras completas en alemán.

sin una instancia externa que gestione algún tipo de orden. Desde una concepción claramente hobbesiana entiende que la guerra de todos contra todos es una constante (Heller, 1985c) y que la posibilidad de enfrentamiento físico sólo puede ser refrenada a partir de la existencia de una instancia espiritual común a los hombres, en otras palabras, la existencia del Estado. Heller entiende, al igual que Schmitt, que toda acción o postura política se corresponde con una determinada concepción acerca de la naturaleza humana. De esa manera, de acuerdo a si consideramos al hombre como predominantemente bueno o malo, sociable o insociable nuestra postura o acción será más o menos autoritaria (Heller, 1930).

La antropología negativa de Heller se refleja también en su descripción de las tendencias ambiciosas de quienes ocupan posiciones de poder. Desde su punto de vista, tal como están constituidos los hombres, si los órganos estatales no son controlados, tarde o temprano abusarán de su dominio y poder en beneficio propio (Heller, 1996). De ahí, como veremos, el rescate que hace de las instituciones del Estado de derecho: los límites jurídicos al poder vienen a sofrenar las tendencias impulsivas del hombre (Heller, 1992), quien no puede en sociedad "siquiera comer, beber, alojarse o vestirse sin un orden político que al menos le defienda de muerte violenta o de robo y aún más, le garantice el tráfico económico" (Heller, 1985e:182).

Pero desde la perspectiva helleriana no sólo existen motivos políticos o económicos para evitar la violencia sino también razones ético-religiosas o culturales. Toda acción del hombre en sociedad afecta de una u otra manera a otros hombres que se disponen como aliados o adversarios. De allí la necesidad de establecer una autoridad dotada de poder de coerción, que decide entre los antagonistas de acuerdo con un ordenamiento social y obliga a quien no se preste someterse a la autoridad a reconocer tal orden. E incluso considera que el Estado es necesario cuando los hombres son aliados, porque sirve para "garantizar una acción conjunta estable entre los individuos en un territorio determinado" y en tanto "no se alcance una unanimidad de voliciones, sentimientos y pensamientos entre todos los hombres" (Heller, 1985e:181), es preciso desplegar ese orden coercitivo.

Así, podemos constatar en toda la obra de Heller un estatalismo muy marcado, coherente con su posición socialista reformista, crítica de la izquierda más extrema y tributaria de la concepción del Estado de Ferdinand Lasalle. En efecto, para Heller "ningún hombre razonable puede rechazar al Estado como institución" (Heller, 1985c:230) y la idea de una sociedad sin Estado es una total utopía. Como socialista, aspira a la máxima consecución de la libertad pero cree que sería una actitud visionaria, "extraña a la realidad y disolvente" sostener que es posible realizar "una libertad y una igualdad absolutas" (1985e: 192). Es por ese motivo que para Heller "el socialismo no es supresión, sino ennoblecimiento del Estado" (Heller, 1985e:193) y por eso cree que cuanto más positivamente considere el trabajador al fenómeno del Estado, tanto más cerca estará de la realización del socialismo.

En síntesis, si bien es claro el pesimismo antropológico de su teoría, también es clara la confianza de Heller en la política y de los políticos como instrumento de cambio. En su obra podemos encontrar un fuerte optimismo en la política socialista como herramienta para la construcción de una sociedad más justa, ya que la misma no busca "el orden por el orden, tampoco la paz por la paz; rechaza este pacifismo de cervatillo y puede incluso exigir lucha y guerra para imponer el orden justo. Su idea suprema es la cooperación, a ser posible igual y libre, de todo lo que tiene rostro humano" (Heller, 1996:59). Fiel a su socialismo reformista, Heller defiende al derecho y al Estado como instrumentos de cambio.

2.2. El surgimiento y la justificación del Estado

En su *Teoría del Estado,* Heller define al Estado como una unidad política que surge en el continente europeo a partir del Renacimiento y que está organizada con un sólo ejército permanente, una única y competente jerarquía de funcionarios, un orden jurídico unitario y un único centro recaudador de tributos, logrando imponer a los súbditos el deber de obediencia con carácter general. A partir, entonces, de esta "concentración de los instrumentos de mando, militares, burocráticos y económicos, en una unidad de acción política" (Heller, 1992:145) es que aparece el Estado como unidad territorial. El Estado surge del proceso de centralización de aquellas funciones que se encontraban previamente repartidas entre la Iglesia, los nobles propietarios de tierras, los caballeros y otros privilegiados.

Este desarrollo se produjo en distintas etapas y por diferentes procedimientos. Así, la fragmentación del poder se venció primeramente en Inglaterra, dónde ya en el siglo XI existía algún tipo de poder unificado. Sin embargo, los orígenes propiamente dichos del Estado moderno hay que buscarlos para Heller en las ciudades-repúblicas de la Italia septentrional, a causa del más temprano desarrollo que alcanzó allí la economía monetaria. En otras palabras, la unidad jurídica y política del Estado fue resultado de la monarquía absoluta europea y fue asimismo el absolutismo monárquico el que fomentó el nacimiento de un poder económico burgués muy potente, en la forma del capital móvil financiero, comercial e industrial, al que el Estado liberal le dio luego la más absoluta libertad de acción (Heller, 1992).

Estos serían entonces los supuestos históricos del Estado moderno. Sin embargo, Heller identifica también elementos naturales y culturales que son de importancia para comprender su concepción del Estado y del derecho. Para el jurista socialdemócrata, la unidad estatal "se encuentra necesariamente inserta en la conexión total de las condiciones naturales y culturales de la vida social"

(Heller, 1992: 155). Entre las condiciones naturales, identifica las condiciones geográficas y antropológicas. En relación a las primeras destaca la importancia del territorio en la unidad estatal, ya que este sirve de base para la actuación estatal en tanto "comunidad de destino de la tierra" (Heller, 1992:160). Sin embargo, admite que las circunstancias geográficas no pueden explicar por sí solas ni la unidad ni la peculiaridad de un Estado.

En relación a las segundas condiciones, las antropológicas, Heller se concentra en el concepto de pueblo, que puede ser entendido tanto como formación natural como cultural. En cuanto al concepto de pueblo como formación natural, Heller es muy crítico de las posturas que reducen el concepto al de raza. Para el socialdemócrata, la noción de raza es problemática por muchos motivos, pero fundamentalmente porque no es posible determinarla científicamente. Además, para Heller la creencia racista "es una de las ideologías encubridoras más inconscientes y, justamente por eso, más eficaces para el logro de determinados objetivos en la lucha política interna o exterior" (Heller, 1992:172). Así, la clase dominante se considera como superior y destinada por la naturaleza para mandar, "en tanto que el enemigo liberal o socialista es considerado miembro de la raza oriental que se estima inferior" (Heller, 1992:173).

Finalmente, otro argumento por el cual Heller critica a la teoría de las razas se vincula con uno de los conceptos clave de su teoría política: el de la "comunidad nacional de cultura". Desde su perspectiva, el racismo contribuye en gran medida a la total destrucción de una comunidad y de la unidad política del pueblo, porque distingue al interior de una comunidad que no necesariamente tiene un origen étnico idéntico pero que sí comparte una unidad cultural. Por eso, sostiene Heller que cuando se dice que la mayor parte del pueblo alemán tiene sangre "poco deseable", es posible creer que "se aproxima el ocaso de la cultura en Europa" (Heller, 1992:173). Desde su punto de vista el verdadero sujeto de la actuación política no es la raza, sino el pueblo (Galán, 1946). Aún más, para Heller no es la sangre la que engendra al pueblo y al Estado, sino que es el Estado el que logra conformar la unidad de la comunidad. Esto es así porque los hombres, unidos por vínculos culturales de religión, de idioma, políticos o de otra índole, "llegan a crear por medio de matrimonios repetidos, un aspecto físico unitario, una comunidad de sangre que llamamos raza secundaria o cultural" (Heller, 1992:175).

Resta destacar que es en su obra de 1925 *Socialismo y Nación*, en donde se encuentra el mayor énfasis de Heller en los elementos naturales que forman la base de la nación. Allí sostiene que los fenómenos más fuertes y duraderos de asociación entre los hombres tienen un núcleo orgánico y natural: "la sangre y el suelo, la ascendencia y el terruño, son los vínculos más importantes que al margen de la cooperación prestada mantienen a los hombres unidos y los distinguen de los otros" (Heller, 1985e:148). Sin embargo, en la misma obra concluye que si bien estos vínculos son muy fuertes, la mayor parte de los pueblos que conocemos "se integran por muy distintos elementos antropológicos" (Heller, 1985e:149), por lo que en definitiva, la sangre y la tierra no son más que bases naturales de la nación y que diferentes comunidades de sangre se pueden amalgamar en virtud de destinos comunes. Por eso, veremos, los elementos naturales si bien son importantes como base de la nación que es parte del Estado, son los aspectos culturales los que mayor peso tienen en la conformación de la comunidad nacional de cultura.

Ahora bien, estos elementos de la antropología negativa de Heller y su percepción del Estado como fenómeno histórico nos ayudan a comprender cuál es la justificación del Estado en su teoría. Desde su perspectiva, desde el momento en que se llega a una cierta etapa de desarrollo del sedentarismo y la división de trabajo, el Estado comienza a cumplir una función social: "la organización y activación autónomas de la cooperación social-territorial, fundada en la necesidad histórica de un status vivendi común que logre coordinar los diversos intereses dentro de una zona geográfica" (Heller, 1992:221). De esta manera, el Estado es la institución que "asegura la coordinación de todos los actos sociales" (Heller, 1995:203).

Esta visión del Estado como garante de la coordinación social es muy marcada en el pensamiento de Heller. Hasta tal punto que llega a afirmar que casi no hay iniciativa de parte de la sociedad civil que llegue a buen término sin la ayuda del Estado (Heller, 1985c). Desde su perspectiva, lo que hace indispensable la instancia estatal es el hecho de que convivan en un mismo territorio una multiplicidad de grupos sociales. Desde ese presupuesto, la función del Estado es la de coordinar y garantizar la acción de estos grupos y de esa manera, sostener la cultura, pero nunca eliminando o expulsando a los distintos grupos que componen esa sociedad y que tienen intereses diversos. Esto marca una diferencia importante con las ideas de Schmitt, dado que en Heller subsiste el pluralismo dentro de la unidad estatal, mientras que en Schmitt no.

Y precisamente el hecho de que el concepto de Estado helleriano sea compatible con la idea de pluralismo es posible porque, a diferencia de Schmitt, Heller parte de una concepción distinta de lo político. Ambos plantean un cierto entrelazamiento entre Estado y política que hace que no sea posible estudiar a uno sin el otro. Pero en Heller se da una identificación mayor entre ambos conceptos que en Schmitt, porque desde el punto de vista del socialdemócrata, quien rechaza al Estado rechaza a la política misma, "ya que la política sin Estado es como azucarillo sin azúcar" (Heller, 1985c:232). Esto es así para Heller porque entiende que toda política aspira a transformar en derecho del Estado sus pretensiones de poder y, como veremos, en Heller derecho y poder tienen una relación estrecha. Por eso cree, distanciándose de las posturas anarquistas, que es erróneo oponer política de clase a política de Estado. Desde su punto de vista todo lo que se puede lograr a favor de la clase proletaria se puede hacer desde el Estado, lo que volvería entonces ridículo negar al Estado como instancia de articulación.

Heller cree encontrar una prueba de ello en el hecho de que Lenin haya mantenido la institución estatal aún después de la revolución bolchevique. Para el jurista socialdemócrata hay que superar la visión marxista que le otorga al Estado una mera función pasajera, como instrumento de dominación primero en manos de la burguesía y luego en las del proletariado (Heller, 1985e), ya que es necesario valorizarlo como una instancia de articulación social. De ahí la particular concepción socialista de Heller que intenta maridar socialismo y Estado. Desde su punto de vista no es posible pensar en ninguna construcción del socialismo si antes no se ha erradicado completamente el "tan confuso utopismo liberal anarquista" (Heller, 1985e:192). Es clara aquí su postura socialista reformista que, como veremos, se asocia con la rama conservadora y reformista del partido socialdemócrata en la línea de Berstein y Lasalle, distanciándose de los grupos más revolucionarios de la República.

En síntesis, la antropología negativa de Heller lo lleva a firmar la necesidad del Estado para lograr la cooperación social. También es cierto que, en alguna medida, se distancia esta postura de la concepción antropológica schmittiana en la medida en que Heller considera que es posible cambiar la realidad del hombre por medio de la política, algo en lo que Schmitt no parece interesado. Además, a diferencia del jurista de Plettenberg, la concepción del Estado de Heller sí concibe la posibilidad de que subsista el pluralismo dentro del Estado. La pluralidad de origen, de elementos naturales, es propia de su idea de pueblo, porque ese pueblo se vuelve nación cuando forma una comunidad nacional de cultura, lo cual es posible aún, cuando sus notas naturales sean muy distintas.

La postura de Heller se distancia además de la de Kelsen en cuanto a sus ideas acerca del Estado, puesto que mientras que para el jurista vienés el Estado es un mal menor, para Heller, como hemos visto, es indispensable: su falta acaba con el elemento fundamental de la cohesión social que es la cultura. Y esto, a pesar de admitir la historicidad de su esencia, ya que pese a que Heller describe al Estado como el resultado del devenir social histórico, en su obra no es posible encontrar ningún elemento que permita pensar en la posibilidad de una sociedad sin Estado. En efecto, esto es lo que lo diferencia del socialismo de corte marxista, ya que no se trata sólo de diferencias en cuanto a los "medios" para alcanzar el socialismo sino que en el caso de Heller no hay posibilidad de lograr permanentemente una sociedad futura sin Estado. Sin ese anarquismo último que plantea el socialismo marxista, la propuesta socialista de Heller se distancia con claridad de las más revolucionarias de su época.

3. El Estado Social de Derecho: socialismo, Estado y comunidad

3.1. La idea de Comunidad Nacional de Cultura

Como hemos señalado, Heller fue ante todo un socialista, pero uno muy particular. Se afilió al Partido Socialdemócrata Alemán en 1920, días antes de su habilitación en Kiel, pero lo hizo con dos reservas expresas: objetando su materialismo histórico e internacionalismo proletario. Heller rechaza el materialismo histórico porque cuestiona la idea de la supremacía de la economía sobre la política. Para él, la historia es resultado de más cosas de las que admite el materialismo histórico, y sobre todo, cree en la supremacía de la lucha política e ideológica sobre los factores económicos. En la misma línea del pensamiento de Lasalle, Heller acusa al marxismo de ser una teoría anarquista, en la medida en que rechaza la supervivencia del Estado. Como vimos, sin renegar de la concepción de progreso del materialismo, se niega a aceptar su desatención por la política.

Asimismo, le incomodan las tesis del internacionalismo obrero. Para él, la base de la lucha de clases es la nación, la sede originaria de la *Kultur*, el espacio de la comunidad por excelencia. Como veremos, la lucha de clases no es para Heller una cuestión meramente económica sino que consiste en una lucha cultural. Sin lugar a dudas el nacionalismo de Heller es muy fuerte y, como veremos, resalta tanto los elementos naturales que indican la pertenencia a la nación, como la sangre y la tierra pero al mismo nivel la pertenencia a una comunidad cultural. Es por eso que, antes que el internacionalismo socialista aconseja al proletariado la *nationale Kulturgemeinschaft* o comunidad nacional de cultura. Sólo en ella, y a través de la interacción brindada por un lenguaje e historia común, es posible la lucha de clases (Heller, 1985e).

Este concepto de comunidad nacional de cultura tiene una importancia muy grande para la idea de igualdad que utiliza Heller. La posibilidad de compartir estos elementos culturales haría visible las diferencias sociales y de clase que hacen más difícil la igualdad social, por eso el socialismo precisa estar íntimamente conectado con esta idea. Desde el punto de vista helleriano, nadie puede tener honestamente en sus labios la expresión "comunidad popular" sin pensar que la mayor parte de esta "comunidad" apenas tiene participación en ella. Así, quien pretenda de la clase trabajadora la asunción de responsabilidades debe garantizarle primero su participación en la comunidad, ya que "comunidad popular" quiere decir para Heller también "comunidad económica" (Heller, 1985e:168).

Es por esto que para Heller, Marx nunca entendió verdaderamente el concepto de nación y por eso lo rechazaba. Cree que Marx no pudo percibir que la asimilación de la clase trabajadora en la comunidad nacional de cultura era políticamente necesaria. La misión histórica del socialismo es la de realizar en la nación la utopía socialista. Por lo tanto, para Heller es un crimen intentar persuadir a la clase obrera de que sólo tiene intereses económicos internacionales. El obrero debe combatir por su dignidad en la esfera internacional pero tiene que saber que sólo llegará a ser hombre en una comunidad nacional de cultura. Por eso para nuestro autor, el socialismo no puede construirse en el aire, "sino en una comunidad concreta y en una parcela concreta de la superficie terrestre" (Heller, 1985e:176).

Heller define a esta comunidad nacional de cultura como "una comunidad espiritual propia, una lengua materna común comunidad de las costumbres y de los usos y muchas veces leyes y religión comunes, es una palabra, un patrimonio cultural común" (Heller, 1985e:152). Lo que da pertenencia a esta comunidad nacional no es la semejanza de notas naturales, sino que como hemos visto, para Heller son los elementos culturales los que predominan, ya que solamente la participación en la producción "espiritual" de la nación es lo que da pertenencia a ella. En ese sentido, una de las referencias inmediatas de ese modo de pensar es el libro de 1907 escrito por Otto Bauer, *Die Nationalitätenfrage und die Sozialdemokratie*, que cita prolijamente en sus escritos (La Torre, 1996).

Para Heller, la cultura tiene un carácter fuertemente integrador. Así, el sentimiento subjetivo nacional y la conciencia nacional se cimentan en la diversidad y la especificidad ya existentes, porque lo esencial para formar parte de esa comunidad no son tanto los caracteres heredados como los adquiridos en el trabajo conjunto. En otras palabras, "la fuente más pura de la conciencia nacional es la identidad creadora" (Heller, 1985e:154). Este elemento es interesante para pensar qué es lo que hace de un pueblo una nación. Para Heller un pueblo sólo es nación en el grado en que la comunidad popular sea realmente "una comunidad en la cultura" (Heller, 1985e:155), pero la capacidad y la tendencia a participar en la nación está condicionada por las circunstancias personales, y junto a ellas y en especial, por circunstancias políticas y económicas. De allí, como veremos, la importancia que da Heller a que el proletariado pueda formar parte de esa comunidad de cultura y, a partir de ahí, transformar su realidad material.

Así es que para el socialismo helleriano el punto de partida de todo cambio es la comunidad de cultura: ese material espiritual previo que se compone por la lengua, las costumbres, el derecho, la economía, la ciencia, el arte, la religión, que tiene su existencia objetiva en las representaciones de los hombres (Heller, 1985e). Este es el presupuesto de la acción política para Heller, ya que es en esa forma social de vida donde nacemos, nos educamos y formamos, y solamente en el marco de ella es que podemos obrar. Por esto cree que si la clase combatiente aspira a construir una forma nueva de vida y mejor, entonces tiene que conformarse como algo más que un mero grupo económico de intereses: "de la peculiaridad de su sentimiento vital debe hacer desplegar una idea ética renovadora de la vida" (Heller, 1985e:165). Desde su punto de vista la lucha de clases sólo tiene sentido cuando es creadora, no sólo desde la destrucción del capitalismo.

En síntesis, para Heller "la nación es una forma de vida definitiva, que el socialismo no puede ni debe arrumbar", al contrario, debe servirse de ella, porque el socialismo "no significa en modo alguno el fin, sino la plenitud de la comunidad nacional, no la destrucción de la auténtica comunidad nacional del pueblo por la clase, sino la destrucción de la clase por una auténtica comunidad nacional popular" (Heller, 1985e:163). Y en esa lucha por la igualdad social juega un papel clave el idioma, como el verdadero instrumento de comunicación. Para Heller, "si hubiese más lazos de comunicación entre trabajadores ingleses y alemanes, que entre burgueses ingleses y trabajadores ingleses, entonces hablarían una lengua común los trabajadores alemanes e ingleses, y no los trabajadores ingleses y los burgueses ingleses" (Heller, 1985e:168). Esto es lo que distingue para Heller a una nación de una comunidad de clases internacionales: que entre los miembros de la nación hay una continua interacción en forma mediata o inmediata. En Heller la cultura se impone por sobre lo material, lo cual es coherente con las dos reservas que hizo al afiliarse al partido socialdemócrata: la del materialismo histórico y la del internacionalismo obrero.

3.2. Heller y el socialismo jurídico de Weimar

En el pensamiento de Heller, y de otros juristas socialistas de la época, es posible identificar la influencia de renombrados socialistas como Karl Renner, Eduard Bernstein o Ferdinand Lasalle. En efecto, Heller habría adoptado de Renner la reivindicación del Estado de derecho como parte de la lúcha socialista. El socialista consideraba al Estado de derecho como la palanca del socialismo,[11] porque creía que no necesariamente era malo por haber servido a los fines de la burguesía liberal, sino que —como toda forma jurídica— su valor está determinado por su función social y por lo tanto puede también servir a la causa socialista. La influencia de Eduard Bernstein se percibe en la reivindicación que hace Heller del parlamentarismo. Bernstein, crítico de las facciones más anarquistas del partido, defendía el parlamentarismo como vía hacia el socialismo. El ala izquierda del partido socialdemócrata se oponía explícitamente

11. Renner sostenía que no era posible ninguna sociedad sin un orden de coacción. En un estudio publicado en 1904, *Die soziale Funktion der Rechtsinstitute,* considera que el desarrollo del derecho es posible a través de un cambio de normas o de función social. Renner sostiene en la segunda edición de ese libro que las formas jurídicas no son en sí mismas ni buenas ni malas, sino que su valor está determinado por su función social. Para Herrera (2002) estas ideas tendrían una gran influencia sobre los juristas socialdemócratas de la época.

a estas ideas y entre los críticos más severos, se encontraban Paul Levi y luego Max Adler.[12] Finalmente, es posible afirmar que la concepción del derecho de Lasalle caló muy hondo en el pensamiento de Heller. Como veremos luego, su definición de Constitución y su manera de entender al derecho se asemejan mucho a la concepción helleriana.

Asimismo, es posible encontrar varios puntos en común entre Heller y el grupo de juristas socialistas de su época. Uno de ellos es su visión sobre la Constitución de 1919. Para este grupo, la consagración de principios sociales en la segunda parte de la Constitución representaba el mayor logro de Weimar. Para ellos, esta inclusión de derechos y principios sociales era parte de una verdadera "revolución", ya que entendían que la transformación del orden jurídico-privado del trabajo y de la propiedad en un orden jurídico-público era el mejor camino para el cambio (Herrera, 2002). Su programa bien podría ser resumido en la *juspublicisation* de la esfera del derecho, pasando al dominio del derecho público las instituciones de derecho privado.

Especialmente importante en este desarrollo es la noción de "derecho social". Para estos jóvenes socialistas la idea de derecho social representaba la "instancia intermedia entre el derecho burgués y el socialista" (Herrera, 2002:145). En ese sentido el derecho del trabajo representaba el paradigma de publicitación del derecho que ansiaban estos socialistas y eso, a raíz de que fue el primer derecho que entró en oposición con los intereses individuales predominantes en las relaciones contractuales. En efecto, el derecho del trabajo se basa en la noción de *Tarifvertrag*, es decir, del contrato colectivo de trabajo, institución que abandona la esfera del derecho privado, para permearse de interés público (Herrera, 2002). No es casual entonces, que gran parte de los juristas del círculo de Heller estuvieran ligados a los grandes sindicatos y se especializaran en el derecho laboral.

Otro rasgo que compartían los juristas socialistas de Weimar era la desconfianza por el muy conservador poder judicial. Estos jueces, ligados al viejo orden imperial y en su mayor parte monárquicos y poco adeptos a la República, eran uno de los principales obstáculos que percibían para el cambio social. En esa línea, Heller advertía en su ensayo de 1929 *¿Estado de Derecho o Dictadura?*, que "la burguesía se ha servido de los jueces, procedentes en su mayoría de la clase dominante, para asegurarse eficazmente contra el riesgo de que el poder legislativo popular transforme en social el Estado de derecho liberal" (Heller, 1985b:288). Sin embargo, existe en Heller una confianza en que esta "vigilancia" judicial no pueda lograr desplazar del todo la amenaza del Estado social de derecho. Y esto

12. Es posible constatar el contraste de ideas entre Heller y Adler en el texto "Estado, Nación y socialdemocracia", ponencia de Heller leída en la Tercera Conferencia de Jóvenes socialistas del Reich en Jena, los días 12 y 13 de abril de 1925. En ella se pueden leer las interrupciones y aclamaciones de Adler ante las afirmaciones de Heller.

porque la apuesta de Heller es al poder legislativo,[13] aquél poder que puede llegar a estar en manos del proletariado, y que una vez dominado por él, puede nombrar a otros jueces o despojar a estos del control de constitucionalidad.

3.3. El concepto de Estado Social de Derecho

Heller es conocido por haber introducido en la doctrina alemana la noción de Estado social de derecho, en alemán *sozialer Rechtsstaat* (Ritter, 1991), concepto que fue ampliamente receptado en la teoría constitucional de la segunda mitad del siglo XX y sirvió de base para reflexionar sobre el nuevo constitucionalismo social que surgió en Weimar en 1919 y unos años antes en México. Este término es la mejor expresión del sincretismo que plantea Heller entre la idea de Estado de derecho y la de Estado social. Heller nunca pretendió prescindir de las herramientas del Estado de derecho, lo que sí buscó es ir más allá del formalismo de esas garantías reorientándolo hacia un Estado de derecho "material" o "social"; es decir, una forma de Estado comprometida con la efectivización de los derechos sociales de los individuos y grupos.

Este término fue utilizado por primera vez por Heller en su artículo de 1929 "¿Estado de derecho o dictadura?", en donde cuestiona la noción de dictadura oponiéndole la del Estado social de derecho. El objetivo de Heller en este texto es muy claro: reivindicar las herramientas del Estado de derecho frente a aquellos que cuestionaban la versión formalista del positivismo jurídico. Heller advierte aquí de los peligros que acarrea la interpretación pesimista de la burguesía sobre los procesos de normativización. Este "odio antibugués a la ley, propio del burgués" (Heller, 1985b:290) que lleva a una reivindicación de lo irracional por sobre lo racional, de la individualidad sin ley, por sobre la ley sin individualidad. Por eso Heller considera que la burguesía no solamente incurre en contradicción con sus más auténticas esencias espirituales cuando reniega del Estado de derecho, "sino que niega también las condiciones de su vida social" (Heller, 1985b:299).

Pero Heller también defiende el Estado de derecho frente a la izquierda más radical. Desde su punto de vista, la prevalencia del Estado de derecho es un complemento necesario para la realización del socialismo y no una amenaza para sus proyectos. La verdadera amenaza se encuentra en la dictadura por lo que la "socialización" o la "publicitación" del derecho, ejes fundamentales del Estado social de derecho, deben realizarse manteniendo el respeto por las libertades individuales y las garantías (Heller, 1996). Así, la transformación social precisa de las herramientas liberales del Estado de derecho, pero debe ser impregnada de los valores sociales, para que no se convierta el derecho en una normatividad

13. Como veremos en la conclusión de esta obra, el poder legislativo es el que mayor preponderancia tiene en el modelo democrático de Heller, a diferencia de Kelsen y de Schmitt.

vacía. Heller lo resalta cuando afirma que "el obrero, económicamente débil, sólo puede afirmarse frente al poderoso empresario por una acción común y el derecho que le permite hacerlo es la libertad de asociación, de origen liberal" (Heller, 1930:178).

En este punto se distancia Heller de Schmitt, ya que su propuesta de transformar el Estado liberal incluye las herramientas del Estado de derecho. Lo opuesto a este modelo es lo que él llama Estado "total", con clara referencia al concepto utilizado por Schmitt. El Estado total es para Heller aquel cuya autoridad no conoce los límites del derecho ni la división de poderes ni los derechos fundamentales. Así, Heller cree que es necesario mantener en una comunidad socialista el respeto por la libre actividad del individuo, los derechos humanos y el conjunto de instituciones político-jurídicas y sociales de corte liberal, "instituciones y valores arraigados en el complejo de nuestra cultura" (Heller, 1930:117).

Esta defensa de las instituciones liberales se remite exclusivamente a la ingeniería de control y limitación del poder político, incluyendo garantías y derechos liberales. Para Heller estas instituciones son las únicas que pueden brindar los medios de control necesarios para fiscalizar al poder. El pensamiento de Heller, sin embargo, no es para nada liberal en lo económico. Nunca compartiría la creencia liberal de que el Estado debe "dejar hacer" a la sociedad civil sin regular los factores de producción. Y en ese punto se aleja nuevamente de Schmitt, quien, como vimos, no defiende las libertades individuales del *Rechtsstaat* y cuestiona la posibilidad de que el Estado intervenga en la economía.

El Estado social de derecho, entonces, se caracteriza por mantener las herramientas del Estado de derecho pero incluye una serie de elementos que le brindan un contenido social o material. ¿Cuáles son esos rasgos propiamente "sociales" del Estado social de derecho? En primer lugar, y con una importancia central, el papel que asume el Estado en la economía. El Estado social de derecho implica ante todo un "justo señorío sobre la economía" (Heller, 1985e:139), es decir, hace prevalecer la racionalidad política por sobre la económica. Pero esto no es lo mismo que hablar de "una economía de Estado, y mucho menos de la disolución del Estado en la Economía" (Heller, 1985e:182). La idea es la de establecer un orden de "economía comunitaria", que "por medio de la racionalización de la producción aspire a un aumento de mercancías, mediante la socialización aspire a una justa distribución y que a través de la humanización de las condiciones de trabajo, intente lograr una identificación del hombre con su obra" (Heller, 1985c:228).

Para lograr esto, cree Heller que no es necesario modificar una palabra de la Constitución de Weimar. El texto de 1919, especialmente a partir de los principios sociales incorporados en su segunda parte, proporcionaría las herramientas necesarias para lograr el carácter social del Estado. Así, distinguiéndose de Kelsen y de Schmitt, Heller, reivindica la incorporación de principios sociales en la Constitución, porque considera que estos pueden hacerse valer por sobre los principios liberales contenidos en la primera parte y que no entran necesariamente en contradicción con ellos. Por eso, en su artículo "El derecho constitucional de la República de Weimar. Derechos y deberes fundamentales", realiza un análisis de la última sección de la Constitución de 1919, que identifica con las ideas socialistas y rescata allí los elementos que cree útiles para un verdadero cambio en dirección del Estado social y que sintetizan bastante bien los rasgos económicos del Estado social de derecho.

Respecto de los artículos 151 a 154,[14] Heller plantea que son estos los que de manera más manifiesta expresan las contradicciones inevitables en el proceso de "tratar de conciliar el desequilibrio de los antagonismos sociales" (Heller, 1985a:271). En ese sentido, mientras el artículo 151 anuncia la realización del principio ético de justicia social, los apartados siguientes y los artículos 153 y 154 afianzan justamente los pilares básicos de la economía individualista, a saber: la libertad económica del individuo, la libertad de comercio y de industria, la libertad de contratación, la propiedad privada y el derecho a la herencia. Sin embargo, considera que lo elogioso del texto constitucional es que inmediatamente después de garantizar la propiedad privada, proclama que esta puede ser expropiada en cualquier momento —y eventualmente sin indemnización— por una ley del Reich. Así, la propiedad privada ya no es un derecho fundamental o por principio "inviolable", sino que impone obligaciones y debe atender simultáneamente, junto a la satisfacción de las necesidades individuales, a una función social. Aquí encuentra Heller plasmadas "las ideas sociales, no aún ideas socialistas" (Heller, 1985a:272), necesarias para el cambio social.

14. Artículo 151: "La organización de la vida económica debe responder a principios de justicia, con la aspiración de asegurar a todos una existencia digna del hombre. Dentro de estos límites, se reconoce al individuo la libertad económica individual. La coacción legal no es lícita sino para hacer efectivos los derechos amenazados o para servir exigencias imperiosas del bien público. La libertad de comercio y de la industria quedan garantizadas conforme a las leyes del Reich".
Artículo 152: "En las relaciones económicas regirá la libertad de contratación conforme a las leyes. Queda prohibida la usura. Son nulos los actos jurídicos contrarios a las buenas costumbres".
Artículo 153: "La Constitución garantiza la propiedad, cuyo contenido y límites fijarán las leyes. No puede procederse a ninguna expropiación sino por utilidad pública y con sujeción a la ley. Se realizará mediante indemnización adecuada, a menos que una ley del Imperio disponga otra cosa. Respecto a la cuantía de la indemnización, cabrá en caso de discordia el recurso ante los Tribunales ordinarios, salvo que por leyes del Imperio se ordene lo contrario. La expropiación que en favor del Imperio se realice con respecto de los Land, Municipios y establecimientos de utilidad pública sólo podrá efectuarse mediante indemnización. La propiedad obliga. Su uso ha de constituir al mismo tiempo un servicio para el bien general".
Artículo 154: "El derecho de sucesión se garantiza con arreglo al Derecho civil. La participación del Estado en las sucesiones será fijada por las leyes".

Asimismo, en su comentario a los artículos 155[15] y 156,[16] encontramos plasmadas las ideas de Heller en torno a la relación de la comunidad estatal de la tierra y las empresas. El primero de estos artículos, se refiere a la distribución de tierras por parte del Estado y el segundo se ocupa de la expropiación de empresas. Estos "supuestos normativos de socialización" indican para Heller las vías prácticas que conducen a la economía comunitaria, ya sea a partir del reparto y utilización regulada del suelo como de la expropiación de empresas que el Estado considere necesarias para el interés general de la población.

Por último, Heller también se ocupa del artículo 165,[17] que establecía la regulación de los Consejos obreros. Para Heller este artículo contiene el pensamiento

15. Artículo 155: "El reparto y utilización del suelo serán vigilados por el Estado en forma que se impida el abuso y se tienda a proporcionar a todo alemán una morada sana y a todas las familias alemanas, especialmente a las de numerosa prole, una morada y un patrimonio económico que responda a sus necesidades. En la regulación que se establezca respecto a patrimonios familiares, se prestará especial consideración a los ex combatientes. La propiedad territorial cuya adquisición sea indispensable para satisfacer necesidades de alojamiento, fomento de la colonización interior y las roturaciones o desarrollo de la agricultura, podrá ser expropiada. Se suprimirán los fideicomisos. El cultivo y explotación de la tierra es un deber de su propietario para con la comunidad. El incremento de valor del suelo que se obtenga sin emplear trabajo o capital en el mismo, quedará a beneficio de la comunidad. Todas las riquezas naturales y las fuerzas físicas económicamente utilizables quedan bajo la inspección del Estado. Las regalías de índole privada se traspasarán al Estado mediante medidas legislativas".

16. Artículo 156: "El Imperio puede, mediante ley, a reserva de indemnizar, y con aplicación por analogía de las disposiciones sobre expropiación, traer al dominio público las empresas económicas privadas susceptibles de socialización. También puede el Imperio, los Land o los Municipios interesarse en la administración de empresas económicas o sus federaciones, así como asegurarse en ellas por otro medio una influencia decisiva. En caso de urgente necesidad, puede también el Imperio federar por medio de una ley empresas y asociaciones económicas, con el propósito de asegurar la colaboración de todos los elementos productores, interesar en la administración a patronos y obreros y regular la: producción, creación, distribución, consumo y tasa de precios, así como la importación y exportación de bienes con arreglo a principios socializadores de una economía colectiva. Las cooperativas de producción y consumo y sus federaciones serán incorporadas, cuando lo deseen, a la economía colectiva, teniendo en cuenta su constitución y naturaleza particular".

17. Artículo 165: "Los obreros y empleados serán llamados a colaborar, al lado de los patronos y con igualdad de derechos, en la reglamentación de las condiciones de la retribución y el trabajo, así como en todo el desenvolvimiento económico de las fuerzas productivas. Quedan reconocidas las agrupaciones de ambas clases y sus federaciones. Para defensa de sus intereses sociales y económicos, tendrán los obreros y empleados representaciones legales en Consejos obreros de empresa (*Betriebsarbeiterräten*) así como en Consejos de obreros de distrito agrupados por regiones económicas, y en el Consejo obrero del Imperio (*Reichsarbeiterrat*).
Los Consejos obreros de distrito y el Consejo obrero del Imperio, unidos con las representaciones de los patronos y demás clases interesadas de la población, formarán Consejos económicos de distrito y un Consejo económico del Imperio (*Reichswirtschaftsrat*), llamados a entender en todas las cuestiones de orden económico y a cooperar en la ejecución de las leyes socializadoras. Los Consejos económicos de distrito y del Imperio estarán constituidos en forma que se hallen representados en ellos todos los grupos profesionales importantes en proporción de su importancia económica y social. Los proyectos de ley económicos y de

más original "y, tal vez, el de más halagüeño futuro de la revolución" (Heller, 1985a:279) ya que garantizaba la participación de los sectores obreros en las decisiones económicas. No es posible disociar la propuesta política de la económica en Heller: socialismo significa democracia económica. Sin embargo, es consciente que el diseño del artículo 165 no consiste en una entrega a los consejos de todo el poder político y económico, sino "tan sólo de un sector muy reducido, si bien de la mayor importancia" (Heller, 1985a:281).

Finalmente, el concepto de Estado social de derecho incluye también una dimensión cultural. Heller cree en la posibilidad de un cambio profundo de las condiciones de producción por medio de una verdadera *Kulturkampf*. En efecto, su propuesta no se limita solamente al aspecto económico, porque desde su punto de vista el socialismo "es una forma más excelsa de cultura y no meramente una forma de organizar la economía" (Heller, 1985e:157). El modelo del Estado social de derecho consiste en implementar parámetros de justicia social en la organización misma de la sociedad, "porque una comunidad democrática en la que los más no poseen casi nada en bienes espirituales y materiales y unos pocos casi todo, no puede mantenerse a la larga" (Heller, 1930:149).

En síntesis, el Estado social de derecho consiste en una fórmula que busca conciliar Estado de derecho y socialismo, a partir de ciertas herramientas que deben ser acompañadas por una lucha cultural en el ámbito de la comunidad nacional de cultura. Sus características definitorias son: a) mantiene las herramientas del Estado de derecho, b) interviene en la economía imponiendo la racionalidad política con fines sociales, c) garantiza la participación de los sectores obreros y d) propone un cambio cultural en clave de justicia social. De esta manera definido, el Estado social de derecho se encuentra destinado a crear las condiciones más proclives para el logro de cierta homogeneidad social que posibilite una democracia verdadera.

Política social de interés fundamental deberán ser sometidos por el Gobierno del Imperio a informe del Consejo económico de la misma, antes de su presentación. El Consejo económico del Imperio podrá tener asimismo la iniciativa de tales proyectos de ley, los cuales, aunque el Gobierno no los haga suyos, habrá de presentarlos al Reichstag con indicación de su opinión. El Consejo económico podrá defender ante el Reichstag sus proyectos valiéndose de uno de sus miembros. Podrán confiarse a los Consejos obreros y a los Consejos económicos facultades de control y de administración en las materias que les son propias. Es de la competencia privativa del Imperio regular la organización y atribuciones de los Consejos obreros y de los Consejos económicos, así como sus relaciones con otras corporaciones sociales autónomas".

4. El concepto de Derecho en Heller

En este apartado nos concentraremos en los rasgos principales que definen al pensamiento jurídico de Heller. En primer lugar, su metodología crítica de la postura clásica y especialmente, de la concepción kelseniana del derecho. Heller, veremos, forma parte del núcleo crítico del positivismo kelseniano entre quienes se encontraban Schmitt y Smend. Sin embargo, también constataremos que esas tesis críticas se suavizan, en la medida en que comienza a percibir los peligros que enfrenta la República de Weimar y su teoría se enfrenta más radicalmente a las posturas irracionalistas y antirrepublicanas. En segundo lugar, observaremos como su concepción del orden jurídico se acerca a la posición lasallana, en términos de plantear un vínculo concreto entre este y la realidad social. En tercer lugar analizaremos los componentes decisionistas que predominan en la obra de Heller hasta fines de los años veinte y que con el correr de los años se van moderando hasta posicionarse en un punto intermedio entre el pensamiento decisionista de Schmitt y el normativista kelseniano. Finalmente, resaltaremos la importancia del concepto de "principios éticos del derecho" en el pensamiento de Heller y la trascendencia de esta idea como fundamento último del orden jurídico y del orden estatal.

4.1. Las críticas de Heller al normativismo kelseniano y su concepción del Derecho

Heller es un crítico de los "clásicos" del pensamiento publicista alemán, y en particular de lo que se conoce como la línea de Friedrich Carl von Gerber, Paul Laband y Georg Jellinek. Sin embargo es claro en toda su obra que su principal objetivo crítico es Kelsen, ya que es el único representante de esa tradición que es contemporáneo suyo y se encuentra aún vivo (La Torre, 1996). Su principal crítica a todo este grupo es metodológica, ya que Heller defiende el sincretismo metodológico[18] y su punto de partida es el de la sociología comprensiva de Max Weber. Para Heller, la teoría del Estado es una ciencia sociológica de la realidad que considera al Estado como una formación real, histórica, y se propone comprenderlo y explicarlo "causalmente mediante la interpretación de la conexión de actividad histórico-social" (Heller, 1992:64). No consiste en una ciencia natural sino que constituye una ciencia cultural, que se concentra en los fines que los seres humanos imprimen a su acción. La teoría del Estado que concibe Heller es también una ciencia práctica y como tal, entrañablemente vinculada con la

18. Michael Stolleis (1999) sostiene que el de Heller constituye el intento más serio por superar la desunión metodológica de los tiempos de la República de Weimar.

ciencia política. Su concepción metodológica, en síntesis, plantea la posibilidad de estudiar al Estado y al derecho como entidades diferenciadas pero íntimamente relacionadas en la realidad social.

Georg Jellinek, en cambio, si bien reitera constantemente el intento de salvar la separación entre la teoría del Estado y la política, al menos en lo externo, y propone por medio de su *Zwei-Seiten-Theorie* el estudio del Estado desde el punto de vista jurídico y sociológico, no logra, en consideración de Heller, encontrar un fundamento sistemático para su teoría general del Estado. En el punto de partida metodológico, Heller no se encuentra tan lejos de la *Zwei-Seiten-Theorie* de Georg Jellinek, que estudia al Estado desde dos puntos de vista alternativos y complementarios: uno estrictamente jurídico y otro sociológico político y comparte con la línea Gerber-Laband-Jellinek, el presupuesto de que el Estado precede al derecho y es un ente material, sustancial, "orgánico". Sin embargo, en lo que respecta a la intención de eliminar los elementos políticos de la teoría del derecho y la radicalización de esta propuesta en el positivismo kelseniano, la crítica de Heller es muy rotunda.[19]

Heller le reconoce a Kelsen el hecho de haber puesto sobre el tapete la cuestión del método en los estudios sobre la teoría del Estado y en ese sentido, cree que la teoría alemana del Estado hace bien al rechazar el método kelseniano y sus resultados. Sin embargo, Heller cree que esta teoría no ha sido capaz de oponer, frente a la metodología de Kelsen otra más satisfactoria (Heller, 1992). Kelsen, siguiendo especialmente a Gerber y Laband, convirtió al Estado en un orden normativo ideal, conduciendo paradójicamente "a una teoría del Estado sin Estado, pero sin lograr ser una teoría del Estado totalmente emancipada de lo político" (Heller, 1992:71). Para Heller, la conexión entre la teoría del Estado y del derecho y la política no es algo arbitrario, sino necesario. Aún más, piensa que sin un conocimiento de lo políticamente posible queda "excluida" la posibilidad de una fructuosa investigación del derecho político y, con mayor motivo, la de una investigación sociológica del Estado.

Si bien Heller critica la Teoría Pura en casi toda su obra, es especialmente en su libro de 1927, *La Soberanía*, en donde desarrolla más extensamente sus cuestionamientos. Y no casualmente, ya que en este trabajo se dedica a uno de los problemas más graves que cree que tiene la postura kelseniana: el de la negación del concepto de soberanía. El aspecto central de esta crítica es el elemento de despersonalización del mundo de lo jurídico que observa Heller en la Teoría Pura, una despersonalización, que no sólo llama a dejar de lado el concepto de soberanía, sino que también ignora el momento de positivización del derecho. Así,

19. Para David Dyzenhaus (2000), Heller ofrece las bases de un persuasivo antipositivismo aunque los problemas que identifica en la Teoría Pura son problemas que, en la opinión de Kelsen, no cuentan como tales desde que la Teoría Pura no se propone responder preguntas políticas. Para Stanley Paulson (1984), la crítica de Heller a la Teoría Pura es errada porque no reconoce la significancia del giro neo-kantiano en la obra de Kelsen.

Kelsen suprimiría la voluntad soberana positivadora del derecho y la sustituiría con una norma fundamental lógico-jurídica, aparentemente satisfactoria, pero que tiene en realidad numerosas contradicciones. Kelsen daría así una respuesta lógicamente incomprensible a la cuestión sobre la positivización del derecho, porque remite de manera tautológica a la norma fundamental. Pero para Heller no sólo la polémica kelseniana contra el dogma de la soberanía descansa en este presupuesto, sino también, toda su Teoría Pura del Derecho.

Desde esta perspectiva, Kelsen intentaría ocultar todas las contradicciones de su teoría introduciendo el ambiguo concepto de norma fundamental, lo cual lo convertiría en un "iusnaturalista", aunque sólo formalmente. Porque fundaría la validez de la norma jurídica en "abstracciones lógicas carentes de contenido" (Heller, 1995:139). Para Heller, si la afirmación de Kelsen fuera verdadera y si la polémica en torno a la soberanía del Estado fuese una simple disputa acerca de los presupuestos del conocimiento jurídico, entonces, "el soberano no sería el Estado, sino el jurista kelseniano" (Heller, 1995:140). Así, Heller no critica la idea de "competencia" que descansa por detrás de la argumentación kelseniana, ya que cree que no es incorrecto decir que las normas impuestas por el poder adquieren su positividad a condición de que el poder que las positiviza sea competente y actúe por procedimientos jurídicos. Lo incorrecto sería pretender que es una norma o simplemente la ciencia del derecho, la que decide si el Estado es o no competente para crear derecho.

Al igual que Schmitt, Heller considera que esta negación del elemento personalista del derecho del que adolece la teoría kelseniana, da cuenta del entroncamiento de las ideas de Kelsen con el paradigma liberal. Y notablemente, descubre en estos presupuestos cierto contenido libertario, ya que cree que las ideas de Kelsen, "en la medida en que no constituyen pura y simplemente, las bases de un anarquismo disfrazado" (Heller, 1995:90), se vinculan perfectamente con el pensamiento democrático-liberal. El problema de la Teoría Pura es para Heller el del lugar que no le da al Estado.

En síntesis, la posición metodológico-jurídica de Heller se caracteriza por su sincretismo metodológico, por su punto de partida sociológico, que pretende hacer de la teoría del Estado, y del derecho, una ciencia de la realidad. Heller plantea la necesidad de conectar a la teoría del Estado con el derecho, dando cuenta del momento de positivización del derecho. Para nuestro jurista, existe una voluntad que positiviza al derecho y eso es una realidad que no puede ser dejada de lado por la ciencia jurídica. Así, su punto de partida metodológico se acerca bastante al ya esbozado por Ferdinand Lasalle, quien se refería en 1862 a la Constitución como la "suma de los factores reales" que rigen en un determinado Estado (Lasalle, 1980). Desde su perspectiva, los problemas constitucionales no son, principalmente problemas de derecho, sino problemas de poder.

Ese es también el punto de partida de Heller, para quien todo concepto jurídico verdadero es la imagen de un proceso social real y que sin una referencia constante a los hechos empírico-sociales, "la ciencia del derecho se pierde en el espacio infinito" (Heller, 1995:197). Así, remarca Heller la importancia de la relación del derecho con una comunidad concreta, ya que de esta comunidad se deducen las normas jurídicas fundamentales, o principios, que inspiran al derecho positivo y es esa misma comunidad la encargada de velar por la adecuación de ese derecho a tales principios. Al igual que Lasalle, entiende Heller que una Constitución es la expresión viva de las relaciones sociales fácticas de poder, y de la misma manera que lo entendía el jurista alemán, Heller percibe la dimensión de lucha política que toda Constitución plantea a sus contemporáneos (Heller, 1996).

El de Heller es también un pensamiento jurídico de corte estatalista, concepción que juega un rol muy importante en sus primeros trabajos, como parte de su crítica al pacifismo e internacionalismo de algunos sectores no reformistas de la socialdemocracia (Caldwell, 1997; La Torre, 1996). Este rasgo se percibe especialmente en su concepción acerca del derecho internacional. Heller es representante de lo que se conoce como "monismo internacional", postura que, como hemos visto, también sostiene Kelsen. Sin embargo, a diferencia del jurista austriaco, Heller es tributario de un monismo en donde el derecho estatal tiene primacía sobre el internacional. Para Heller, este último es un derecho técnicamente imperfecto, porque carece de los órganos dedicados al establecimiento, aplicación y ejecución del derecho positivo que tiene el Estado nacional (Heller, 1995). Desde su perspectiva, "mientras que la idea del Estado soberano es un presupuesto necesario del pensamiento internacional, la idea del derecho internacional no es un presupuesto indispensable para el pensamiento estatal" (Heller, 1995:225).

En resumen, la visión que tiene Heller del derecho internacional lo ubica entre quienes consideran que la soberanía del Estado no es un impedimento para la existencia del derecho internacional, sino que, por lo contrario, es su presupuesto ineludible. Se debe partir de la soberanía estatal para poder explicar el derecho internacional. Desde su punto de vista, si bien el derecho internacional y el nacional forman una unidad, es la voluntad soberana del Estado la que decide incorporar al primero y no es el derecho internacional el que obliga *per se* al Estado. En ese sentido, el enfoque helleriano del derecho internacional y de las relaciones internacionales no se diferencia demasiado del que sostiene Schmitt, en el que tanto la presencia predominante de los Estados como así también el enfoque de la *Realpolitik* son característicos de su análisis.

4.2. El decisionismo de Heller y su evolución

La concepción del derecho de Heller se caracteriza también por ciertos rasgos decisionistas. Estos se encuentran principalmente en la mencionada obra de 1927, *La Soberanía*, la más crítica del normativismo kelseniano y la más cercana al pensamiento schmittiano al menos en lo que a la idea de soberanía respecta. En ella Heller sostiene que todo derecho, incluido el consuetudinario, es producto de una decisión y que debe tenerse especialmente presente que el derecho "es creado, sustentado y derogado, única y exclusivamente, por actos de voluntad humana" (Heller, 1995:131).

Este elemento de la decisión, sin embargo, se encuentra acompañado, como veremos, por la presencia de ciertos principios o normas jurídicas fundamentales que dotan de legitimidad al derecho. Por eso, afirma Heller, la importancia de la voluntad y de la decisión en la positivización de estos principios, ya que desde su punto de vista la positividad del derecho se funda, por una parte, "en el carácter ideal de las normas jurídicas fundamentales" y, por otra, "en la facticidad social de una unidad de voluntad decisoria suprema" (Heller, 1995:133), una unidad volitiva que es quien positiviza a la norma jurídica. Esta idea de positivización de las normas que descansa en la decisión remite para Heller a la esencia misma de la idea de soberanía. Así, en sintonía con Schmitt, Heller defiende un concepto de soberanía ligado a la decisión. En efecto, cree que es mérito del decisionismo de Schmitt el haber considerado, en oposición a la doctrina imperante, que el problema de la soberanía es el de la decisión mediante una individualidad de voluntad. Desde su punto de vista, ni Schmitt, que en términos generales ve en el Estado una dictadura de la voluntad, ni Kelsen, en su defensa del Estado de derecho liberal racionalista, han podido dar una solución adecuada al problema de la soberanía. Por eso, mientras que la teoría pura de la soberanía del derecho de Kelsen "no puede captar el significado esencial de la decisión individual para el derecho positivo", la doctrina de la soberanía de Schmitt, "desconoce el papel decisivo que corresponde a las normas jurídicas fundamentales sobre la individualidad de voluntad soberana" (Heller, 1995:158).

En su obra de 1927, sin embargo, se ve radicalizado el decisionismo de Heller cuando afirma que "es soberano quien decide, en caso de necesidad, aún en contra del derecho" (Heller, 1995:204).[20] Para Heller, soberano es únicamente aquel que decide constitucionalmente en el estado de normalidad, pero que también decide con autoridad jurídica en el estado de emergencia, de ser necesario, incluso *contra legem*. Esto es válido tanto en el caso de una autocracia como de un régimen democrático, ya que también en estos últimos la Constitución puede incorporar cláusulas que habiliten el estado de excepción. Así es como Heller interpreta el artículo 48 de la Constitución de Weimar. Sin embargo, a diferencia de Schmitt, Heller considera que este artículo prevé la preponderancia

20. Massimo La Torre (1996) entiende que para Heller la soberanía implica la legitimidad de la violación del derecho, y esto no indica ni presupone un "estado de excepción", una situación de excepcionalidad, de guerra o de peligro, sino que representa la normalidad del fenómeno jurídico. La normalidad del derecho es la normalidad de la legitimidad de su violación, al menos por parte de una "unidad universal de decisión". El significado de la persona soberana del Estado es el de una "instancia territorial que decide de modo universal circunstancialmente también *contra legem*".

del primer ministro o canciller con responsabilidad ante el Reichstag, el cual, en su condición de titular normal del poder legislativo, se encuentra en este punto sobre el presidente (Heller, 1995). Aún más, para Heller la fórmula schmittiana de que el soberano es quien decide si rige el estado de normalidad debe aplicarse no al presidente del Reich, sino, al pueblo.

Esta posición fuertemente decisionista de Heller se atenúa unos años después, cuando la República empieza a ser más severamente cuestionada, porque en su póstuma *Teoría del Estado*, aparece en Heller otra idea acerca de la relación entre el derecho y el poder, tomando allí una actitud más crítica respecto al decisionismo de Carl Schmitt y mayor tolerancia y aprobación con las tesis de Hans Kelsen. Este acercamiento al normativismo kelseniano ha sido interpretado tanto como un "quiebre" en su teoría del derecho (Caldwell, 1997), como simplemente un "cambio" o un "viraje" (Dyzenhaus, 2000) hacia un mayor compromiso con el Estado de derecho. Lo cierto es que hay un cambio en las afirmaciones de Heller con posterioridad a su viaje a Italia en 1928. Si bien, como veremos, no llega a tomar conciencia de los peligros del nacionalsocialismo en Alemania, ciertamente advierte acerca de la avanzada fascista en Europa y de los males del fascismo de Mussolini.

En este cambio que se produce en su afirmaciones sobre la relación entre poder y derecho aparece la idea de que el derecho conforma el poder y lo somete a un sistema de límites positivos y no que es el poder el que se afirma soberanamente aún contra el derecho. Así, el derecho legitima el poder y lo organiza, constituyendo una variable relativamente autónoma que interactúa con él. Así debe interpretarse la afirmación de Heller de que "todo poder político es poder jurídicamente organizado" (Heller, 1992:211), ya que implica comprender que entre derecho y poder existe una relación mucho más compleja que la planteada por Kelsen o por Schmitt.

Heller reformula el lugar del derecho en esa relación sosteniendo que tanto por motivos técnicos como éticos-espirituales, no puede excluírselo de la comprensión de la Constitución y del poder del Estado. Para Heller no hay factor alguno de integración del Estado que sea más imprescindible que el derecho, ya que en la dinámica de las relaciones de dominación histórico-sociales una situación de poder se convierte en un status político únicamente gracias al derecho. Sin el derecho, con sus caracteres normativos y técnicos, faltaría al Estado permanencia y estructura, es decir no tendría, en general, existencia. Ese carácter de formador de poder que el derecho tiene es para Heller también negado por Schmitt, quien cree, confunde normatividad y positividad al afirmar que la unidad y ordenación reside en la existencia política del Estado, y no en leyes, reglas ni ninguna clase de normatividades. Para el socialdemócrata, normatividad y existencialidad no son cosas opuestas, sino condiciones recíprocas. El derecho, sostiene Heller citando a Erich Kaufmann, "formula casi leyes esenciales del ser de la vida de la comunidad humana" (Heller, 1992:212). Es por eso que no puede concluir sino que "al carácter formador de poder del derecho corresponde el carácter creador de derecho del poder" (Heller, 1992:212).

Así, la importancia de este momento de positivización del derecho radica en que las normas jurídicas positivas no se establecen por sí mismas sino que son queridas, establecidas y aseguradas mediante disposiciones reales. Sin una positivización, que se realice por medio de actos de voluntad, el derecho no puede tener ni firmeza, ni eficacia. Y para Heller esta relación es dialéctica porque sin la unidad fáctica de la voluntad del Estado no existe unidad del orden jurídico positivo, pero sin esta unidad tampoco hay justicia ni seguridad jurídica. A esta voluntad del Estado no se la puede considerar como no ligada por normas, porque se vería también privada de poder, pero necesita del poder y tiene que ser poder, porque sólo así puede establecer y asegurar el derecho.

De esta manera Heller intentaría posicionarse en una lugar intermedio entre Kelsen y Schmitt cuando afirma que "lo mismo la moralización que la amoralización del derecho pasan por alto el condicionamiento recíproco de la formación de derecho por el poder y de la formación de poder por el derecho" (Heller, 1992:214) y que tanto Kelsen como Schmitt representan estas posturas extremas. Para el jurista socialdemócrata estas posiciones se esfuerzan por una irrealizable y falsa amoralización "de la justicia y el derecho, de la legitimidad y la legalidad, de la normatividad y la positividad" (Heller, 1992:214). En cambio, para Heller, incluso la sociedad más homogénea precisa del derecho positivo y, con ello, de un poder de voluntad que lo cree y asegure. Y en ese mismo sentido cree que la amoralización de la ciencia del derecho conduce a la glorificación religiosa de la situación real del poder. Y sin distinguir "amoralización del derecho" de "amoralización de la ciencia del derecho", identifica al positivismo como una corriente conservadora que legitima las posiciones reales de poder. Asimismo, parece sugerir que la postura decisionista schmittiana se identifica con la "moralización" total del derecho, lo cual, cree, lleva en definitiva a la anarquía, ya que siempre que se declare que un precepto jurídico no es obligatorio porque le falta legitimación ética, "lo único que impide caer en el anarquismo es la ficción jusnaturalista de una comunidad jurídica absolutamente uniforme" (Heller, 1992:214).

Así, podemos adelantar que en la concepción de la legitimidad del derecho de Heller, como la de Schmitt, la legalidad no se identifica inmediatamente con la legitimidad. Ciertamente cree que es mayor la aceptación y menor la necesidad de la coacción cuanto más firme sea la creencia en la legitimidad del derecho como formador de poder, pero también es cierto que el poder "ilegítimo" crea derecho porque los hombres obedecen también al derecho injusto por apatía, temor o interés, y porque el derecho es la forma en la cual tiene que manifestarse incluso el poder no legitimado. Y aún en estos casos, en los que no hay más que la mera forma jurídica técnica del procedimiento, ajena a toda legitimidad, el derecho impone ciertas limitaciones al poder, cierto límite a la arbitrariedad y cierta protección para los sometidos a las normas, obligando al poder a observar determinados principios jurídicos generales y reglas de interpretación (Heller, 1992:215). Es por eso que la legalidad es un instrumento para que el poder pueda expresarse y a la vez es un límite para su poder de acción, se trata de una legalidad que busca basarse en una serie de principios que, como veremos a continuación, sirven como fundamento último de la legitimidad del derecho y del Estado en el pensamiento de Heller.

4.3. La concepción de Derecho de Heller: Moral y Derecho. Los principios éticos del Derecho

La concepción del derecho helleriana remite, entonces, a la pretensión de una "síntesis" entre el normativismo kelseniano y el decisionismo de Schmitt. Y en ese proyecto tienen un papel fundamental lo que él da a llamar principios éticos del derecho los *Rechtsgrundsätzen.* Estos principios tienen una importancia máxima para la existencia de la Constitución del Estado y se caracterizan porque, careciendo de una concreción suficiente, no pueden encontrar aplicación como normas inmediatas para la decisión judicial, a pesar de lo cual, sin embargo, "son imprescindibles en la Constitución jurídica del Estado como normas sociales de ordenación, así como también en cuanto reglas interpretativas para la decisión judicial" (Heller, 1992:275). Para Heller, la validez de esos principios es de naturaleza general y en parte apriorística, pero lo importante, que lo diferencia de una visión iusnaturalista, es que desde su punto de vista estos principios tienen una naturaleza que es históricamente variable, dependen de cada cultura correspondiente y deben ser positivizados por la acción del poder legislativo y la interpretación constitucional.

Sin apelar a estos principios, aun en los casos en que el legislador no se remite expresamente a ellos, no se pueden para Heller comprender, ni interpretar, ni aplicar la mayoría de los preceptos positivos del derecho Constitucional. Así, lo esencial de su punto de vista sobre el derecho es que el mismo nunca está comprendido en su totalidad en la letra de los preceptos jurídicos positivos, sino que la mayoría de los preceptos jurídicos y, sobre todo los más importantes, cobran únicamente un sentido practicable cuando se ponen en relación con los principios jurídicos que son expresión de la estructura social.

Un ejemplo de este tipo de principios es para Heller el del precepto de igualdad ante la ley, existente en todas las democracias. Este precepto recibe su contenido solamente de las concepciones que dominan en la realidad social y que en el texto de la Constitución no están formuladas o sólo se formulan en un sentido muy estrecho, en el sentido de qué es lo igual y qué lo desigual. Así, mientras que originalmente el concepto de igualdad significaba la igualdad política de los varones, en la actualidad ese concepto incluye la igualdad de las mujeres y mientras que en la primera mitad del siglo XIX significaba únicamente la igualdad en cuanto a los derechos políticos, de manera cada vez más creciente significa también la igualdad social. En efecto, es esa ausencia de determinación del contenido lo que hace que estos principios jurídicos desempeñen una función "perpetua" a la Constitución, que la determinación provenga de una actualización constante del significado de esos principios para la realidad de cada comunidad en el devenir histórico.

Otro ejemplo de estos principios del derecho sería el conjunto de derechos contenidos en la segunda parte de la Constitución de Weimar, aquella que incorpora los derechos sociales que definen al Estado social. Para Heller estos principios son normas jurídicas fundamentales, pero no son normas de derecho positivo. En *La Soberanía*, Heller ya distinguía este tipo de principios de lo que serían simplemente reglas de derecho. Así, habla de principios constitutivos de la forma pura del derecho que tienen validez como reglas de la lógica jurídica, y de principios constructores del contenido del derecho, que tienen una pretensión ética de validez. Los de la primera clase, principios constitutivos de la forma pura del derecho, poseen para Heller validez general, no necesitan ser afirmados por ninguna voluntad y son de aplicación efectiva en cada orden jurídico positivo. Los segundos —los principios constructores del contenido del derecho— pueden tener también validez, pero siempre que sean afirmados por todos los círculos culturales, su validez no es absoluta sino relativa a cada comunidad. Estos "principios de la segunda especie constituyen las normas éticas del derecho, su validez está condicionada a su reconocimiento por los círculos culturales de la comunidad y pueden ser desconocidos por un acto de voluntad o por el derecho positivo" (Heller, 1995:129).

Ahora bien, como hemos adelantado, la importancia de estos principios radica en la posibilidad de otorgarle legitimidad a las normas positivas. Para Heller, la obligatoriedad del derecho positivo no puede entenderse a menos que se la derive de la fuerza obligatoria de las normas éticas fundamentales del derecho. Sin embargo, es importante señalar que estas normas jurídicas fundamentales obligan sólo ética y no jurídicamente, lo cual las diferencia, obviamente, de las normas impuestas coactivamente. Esto significa que estos principios éticos, que son la base de la legitimidad del derecho y del Estado, precisan de una voluntad que los positivice. Se trata de principios morales del derecho que constituyen la base de las normas jurídicas positivas pero que no se contentan con tener una validez meramente ideal, sino que exigen también cierta validez social. Lo importante, que pone de manifiesto el vínculo entre derecho y poder en Heller, es que estos principios también aspiran a operar como preceptos jurídicos positivos hasta donde sea posible (Heller, 1992).

Y aquí es donde el papel del Estado, como aquel que sirve a la aplicación y ejecución de esos principios, se vuelve clave, ya que tanto la certidumbre de sentido como la certidumbre de ejecución requieren la existencia de un poder autoritario que declare y ejecute lo que en cada situación concreta debe ser derecho. Y tal es la importancia del Estado en la positivización y aplicación de estos principios que es en el Estado moderno donde alcanza el más alto grado de seguridad jurídica el derecho, a diferencia del ámbito internacional, donde la determinación y ejecución de los principios es mucho más problemática. Así, si bien estos principios del derecho "constituyen el fundamento normativo de todas las formas jurídicas nacionales e internacionales" (Heller, 1992:243), sólo en el ámbito nacional está asegurada su adecuada recepción y positivización. Esto es coherente con la visión acerca del derecho internacional y las relaciones internacionales presente en el pensamiento de Heller, que concibe de manera prioritaria la figura del derecho estatal y del Estado en la función de positivización y ejecución del derecho.

En resumen, la concepción del derecho de Heller se caracteriza por partir de la realidad del Estado y su vínculo con el derecho así como también, por referirse a la realidad social concreta, cuya referencia constante hace que el derecho no se convierta en un formalismo vacío y sin sentido. En su concepción del orden jurídico prevalece cierto acercamiento al decisionismo schmittiano cuando plantea la importancia de la decisión soberana a la hora de positivizar el derecho. Sin embargo, a diferencia de Schmitt, Heller recurre al pueblo, representado por el parlamento, como el último sujeto de la soberanía y, por lo tanto, aquel que decide cuándo se está ante un caso de excepción que amerita una decisión por fuera de los límites del orden jurídico. Esta referencia a la importancia de la interacción entre normatividad y existencialidad se ve mucho más marcada en la obra tardía de Heller, donde plantea la interacción sistémica entre derecho y poder. Finalmente, como analizaremos en la conclusión de este capítulo, la concepción del derecho de Heller plantea como fundamento último de su legitimidad la referencia a ciertos principios éticos del derecho[21] cuyo contenido está determinado por una comunidad de cultura concreta.

5. Democracia y fascismo en el pensamiento de Heller

La de Hermann Heller es una de las pocas teorías auténticamente democráticas de la República de Weimar (Groh, 2010). No sólo defendió la democracia en sus escritos (Heller, 1996), sino que también en los hechos, como cuando se sumó a la respuesta armada frente al golpe de Estado de Kapp. Como socialista, su postura es la de un reformista, ya que como hemos visto, Heller cree en la posibilidad de generar un cambio social a partir del sistema democrático parlamentario. A la

21. Si intentamos una interpretación actual de la concepción del derecho de Heller sería posible vincular su modelo al que según la terminología de Robert Alexy (1995, 1997) podríamos llamar un modelo del derecho en dos niveles, un "Regel-Prinzipien Model" (La Torre, 1996).

par de esta defensa de la democracia, Heller desarrolló una nutrida crítica de los regímenes políticos no democráticos y en especial, del fascismo italiano. Como veremos, Heller encuentra en el fascismo elementos de irracionalidad que no son compatibles con una visión democrática y lo desestima por su contenido político.

5.1. El concepto de democracia de Heller

Al igual que Kelsen, Heller define a la democracia como el gobierno del pueblo (Heller, 1985f). Sin embargo, a diferencia del primero no se pregunta por la existencia de una libertad natural o la posibilidad de una democracia directa, sino que parte de la idea de la democracia representativa. Lo fundamental para su concepto es que todo representante democrático sea siempre, sin excepción, llamado y revocado mediata o inmediatamente por el pueblo. Así, lo que caracteriza al representante democrático no es para Heller una "vinculación sociológica, ética o social", porque eso se podría dar también en un representante autocrático, sino que lo define su revocabilidad, el carácter jurídico del mandato imperativo. Para Heller la designación de representantes es la fase más importante de la dinámica política y la cuestión central de la democracia actual "radica en que la designación democrática de los representantes se lleve a cabo de abajo arriba" (Heller, 1985f:26).

Una segunda nota característica de la democracia en Heller tiene que ver con el papel que cumplen los partidos políticos en ella. Para el jurista socialdemócrata, sin el sistema de mediaciones propio de la política partidaria no es posible concebir la unidad en la pluralidad. De allí la importancia que encuentra que tienen los partidos en democracia, un aspecto que lo acerca nuevamente a la concepción democrática de Kelsen. Ambos defienden a los partidos como actores fundamentales de la lógica de la democracia representativa y también coinciden en identificar a la idea del acuerdo, del consenso, como un elemento definitorio. Ambos perciben a la democracia como un mecanismo de coordinación, de cooperación en el conflicto, que precisa del acuerdo, porque tiene que bastarse con un grado mucho menor de coacción y un grado mucho mayor de asentimiento que la autocracia. La democracia parlamentaria tal cual la describe Heller, descansa de un modo muy especial "en un contenido común de voluntad, que integra todas las oposiciones" (Heller, 1985d:24). Se trata de una democracia pluralista, a diferencia de la schmittiana, ya que para Heller a diferencia del jurista de Plettenberg, "la unidad política debe realizarse, como su esencia requiere, en condiciones de la mayor libertad e igualdad de posibilidades de actuación política de todos los grupos" (Heller, 1985d:24).

Otra característica de la democracia helleriana es la de su apuesta al poder legislativo. Así como para Kelsen la justicia constitucional ocupa un lugar de preponderancia en la defensa de la Constitución y en Schmitt es el presidente del Reich, en Heller es el parlamento el destinado a proteger la República y defender los principios sociales. Para el jurista socialdemócrata, la preeminencia del poder legislativo sobre el ejecutivo y el judicial es lo que da su verdadero sentido a la división de poderes y a los derechos fundamentales. Es en el parlamento en donde reside la voluntad popular y por eso tiene la última palabra. Sin embargo, Heller no es ciego a los problemas de legitimación que tiene el parlamentarismo de Weimar. Cree que lo se llama "crisis de la democracia" es en realidad una crisis del parlamentarismo. Para Heller, Weimar se encuentra ante una etapa de transición "de una democracia racional individualista a una democracia social indeterminada" (Heller, 1930:91), y es por eso que recibe los ataques de quienes defienden el irracionalismo en la política.

Desde la perspectiva helleriana, la democracia precisa de las técnicas racionales de gobierno que logren gestionar acuerdos y negociaciones por medio de la discusión. Se trata, como dijimos, de un concepto de democracia pluralista que precisa de la coordinación en la oposición, tarea especialmente compleja y desafiante en el contexto de la República de Weimar (Heller, 1985d). Sin embargo, la posibilidad de lograr estos acuerdos no es algo utópico para Heller, porque otro aspecto clave de su concepción democrática es su idea de que la esencia del parlamentarismo es la fe en la existencia de una base común de discusión. Para el socialdemócrata, el parlamentarismo se sustenta en la posibilidad de un *fair play* para con el rival político, "un rival con quien se cree posible, desechando el empleo de la fuerza bruta, poder ponerse de acuerdo" (Heller, 1985f:262). Para Heller, si se niega esta base común de discusión, se renuncia a la democracia misma (Heller, 1985d) y este es justamente el grave problema que percibe en la democracia de Weimar: la falta del supuesto de una comunidad de valores y aspiraciones. En otras palabras, para Heller un pueblo que no parte de ese tipo de unidad para poder acordar y discutir, no puede mantener en el tiempo un régimen democrático.

Esta idea de unidad nos remite a otro concepto clave para comprender la concepción democrática de Heller: el de homogeneidad. Esta noción, que es utilizada también por Schmitt aunque en un sentido completamente distinto, aparece en un artículo de 1928 titulado *Democracia política y homogeneidad social*. Heller define allí a esta homogeneidad como "un estado socio-psicológico en el que, en una conciencia y un sentimiento del 'nosotros', en una voluntad actualizada de comunidad, aparecen reconciliados los siempre existentes antagonismos y luchas de intereses" (Heller, 1985f:263). Como veremos, esta idea de homogeneidad se define para Heller en términos de democracia social ya que pone de manifiesto los presupuestos materiales de la democracia.

Heller entiende que una democracia de masas con una gran disparidad económica y espiritual, representa un verdadero problema para lograr acuerdos colectivos. Desde esta perspectiva, la supervivencia de la democracia depende, en un grado mucho mayor que cualquier otra forma política, de la justicia social. Así, advierte Heller que en Alemania, a la vista de la disparidad económica existente, incluso el proletariado duda de las formas democráticas y pone su esperanza en la dictadura. Se podría decir, entonces, que la noción de homogeneidad en Heller se vincula también con una idea de igualdad social, acordada colectivamente (Dyzenhaus, 1999). Y esta igualdad social, advierte Heller, entra necesariamente en tensión con la idea de igualdad formal propugnada por el liberalismo, ya que "sin homogeneidad social, la más radical igualdad formal se torna la más radical desigualdad y la democracia formal, dictadura de la clase dominante" (Heller, 1985f:265).

Por último, el concepto de homogeneidad en Heller se relaciona también con la noción de comunidad nacional de cultura. Ésta representaría un asiento suficiente para lograr una base común de igualdad y al mismo tiempo, un sustrato común que hiciera posible la discusión. En otras palabras, la participación igualitaria en la comunidad nacional de cultura sería un medio para fortalecer la homogeneidad del pueblo y viceversa. En ese sentido, es posible identificar cierto contraste entre el concepto de homogeneidad de Heller y el que utiliza Schmitt,[22] ya que mientras que para el primero la homogeneidad se vincula con la idea de poder participar igualmente en la producción cultural, en el caso de Schmitt la idea de homogeneidad se relaciona, como hemos visto, con la posibilidad de una distinción entre amigos y enemigos. En el primer caso existe una cierta exigencia inclusiva, en el segundo predomina una visión fuertemente exclusiva.

Esa visión democrática de Heller, finalmente, incluye también una dimensión que podríamos llamar sociológica. Heller cree en la posibilidad de mitigar el peligro proveniente de la disparidad económica entre las clases, aunque no de modo duradero, por medio de "cierta homogeneidad en las convenciones de la vida cotidiana, como sucede en países como Suiza o Estados Unidos" (Heller, 1983f:266). Para Heller cuando existe un fuerte contraste de las diferencias económicas en las relaciones cotidianas, "incluso las que pueden surgir del saludo o de la vestimenta", se refuerza el sentimiento de desigualdad en la sociedad. Desde este punto de vista, cuanto más numerosos son los grupos y círculos sociales que públicamente subrayan su segregación como castas, tanto mayor es la conciencia de la desigualdad de clase y por lo tanto, tanto menor la predisposición a garantizar al adversario político de clase el *fair play* de oportunidades políticamente iguales (Heller, 1985f).

5.2. La crítica helleriana al fascismo

El principal ataque de Heller a los regímenes no democráticos se encuentra en su obra de 1928, *Europa y el Fascismo*, que publica luego de una breve estancia en la Italia de Mussolini. La principal crítica de Heller a este sistema es la de su falta de contenido. Para el jurista, el fascismo no tiene ninguna idea concreta, sino

22. Para Pasquino (1985), lo que diferencia al concepto de homogeneidad en Heller del de Schmitt es que mientras que Schmitt subraya el carácter "sustancial" de la homogeneidad, Heller hace hincapié en el carácter "simbólico" de la misma, es decir la aceptación o identificación de los sujetos políticos con un sistema común de valores.

que se basa meramente en el temperamento de Mussolini, sin pasar de ser "un sentimiento nuevo de la vida" (Heller, 1985d:48). En efecto, cree que tan frágiles y equívocos son todos los contenidos políticos del fascismo, que ha precisado del catolicismo para darse algún tipo de contenido. En ese sentido la historia misma del fascismo sería simplemente la biografía de Mussolini y desde el punto de vista histórico espiritual se la podría interpretar como el resultado de un resentimiento y como un método político "que incorpora en los fascios su carácter violento, pero que recibe de fuera su sentido y su objetivo" (Heller, 1985d:50).

Es por eso que desde la perspectiva helleriana, Europa no puede esperar una renovación de ideas por parte del fascismo. Lo que le ha dado una superioridad momentánea y una fuerza de atracción sobre un sector de la juventud es para Heller "su negación del espíritu de mecanización de la vida política, su lucha contra la moral utilitaria del racionalismo y su punto de vista, sin duda maquiavélico, sobre el carácter absoluto de las normas políticas" (Heller, 1985d:69). Para el jurista socialdemócrata, el fascismo italiano se caracteriza por endiosar al Estado, al cual identifica con la nación. Reduce al individuo al papel de mero instrumento de los fines sociales y reemplaza la teoría de la soberanía del pueblo por la de la soberanía del Estado, dejando de lado los principios del Estado de derecho que, como vimos, Heller reivindica. Si en el Estado de derecho el acto debe seguir a la norma, en el fascismo italiano el acto precede siempre a la norma. El fascismo "sustituyó la norma sin voluntad por la voluntad sin norma, y el derecho sin fuerza, por la fuerza sin derecho" (Heller, 1985d: 74).

Por eso vincula Heller al fascismo con la filosofía vitalista, a la cual critica acusándola de introducir el elemento de irracionalidad necesario para el autoritarismo. Esta tradición, dentro de la cual incluye las ideas de Georges Sorel y de Schmitt, ha logrado encumbrar la idea del mito como elemento de legitimación política, favoreciendo la radicalización de la política del *Machtstaat*. Los irracionalistas, entre ellos Schmitt, tendrían como rasgo común el hecho de sentir admiración hacia todos los valores estéticos, heroicos y aristocráticos. Todos formarían parte de un frente único contra el "infecundo intelectualismo", "un frente a favor de la sangre y en contra del espíritu" (Heller, 1985d:42), ideas, sostiene Heller, que el antisemitismo racial ha contribuido a propagar extensamente, aunque en forma más tosca.

Por eso critica Heller la teoría del mito de Sorel, a la que cree, hay que interpretar como "una ilusión irracional del racionalista desilusionado" (Heller, 1985d:40). Para Heller, el entusiasmo de Sorel por el mito se debe sólo a que este lo resguarda de cualquier refutación. Lo decisivo de su creencia, y de la de todos los irracionalistas, no sería la certeza de su convicción, sino el absurdo de su fe. Y en esa misma línea interpreta Heller a Schmitt, que partiendo del sorelismo francés, del nacionalismo y del catolicismo, ataca a la democracia liberal proclamando la democracia de la dictadura fascista. Heller se escandaliza de los teóricos que, como Schmitt, pueden llegar a justificar a un régimen como el del fascismo italiano y al igual que Kelsen, duda del carácter científico de sus argumentos. Lo mismo, cree, se aplica para las ideas de Mussolini. Pero el caso de Schmitt, cree, es mucho más grave, porque es lógico que a un dictador le importen muy poco las contradicciones lógicas, "pero es realmente lamentable para un teórico decir en una parte que el Estado fascista de partido único es democrático, después de haber afirmado decididamente en otro lugar que 'no hay democracia sin partidos'" (Heller, 1985d:85).

La aversión helleriana hacia la teoría del mito se constata también en su diagnóstico de la realidad de Weimar. La burguesía ha perdido su fe en la ley y esto ha posibilitado el surgimiento de una nueva mitología que pretende "combatir a la ratio por medio de la irratio, y está dispuesta a admirar todo lo que vulnera la razón" (Heller, 1985b:291). Heller observa como la idea de mito recurre a la de nación para fortalecerse, y citando al igual que Schmitt la frase de Mussolini "nuestro mito es la nación", advierte que el nacionalismo se presenta como parte de esa mitología irracionalista que se avecina sobre Europa. La idea de nación se revela para entonces como "la religión más apta para domeñar a la grey" (Heller, 1985b:291) y por eso se molesta ante la perspectiva de que ese engaño sea secundado por un académico como Schmitt. Para poder justificar la dictadura por la legitimidad democrática, Schmitt tacha de "burguesas" las libertades fundamentales propias del Estado democrático de derecho, y critica el voto individual secreto por considerarlo no "propiamente" democrático, lo que para Heller es un sinsentido, ya que el sufragio individual es la única vía democrática para conocer la voluntad del pueblo. Así, Schmitt se encuentra para Heller "prisionero del hechizo irracional que hay en el mito de la violencia" (Heller, 1985f:262) y sólo así es posible entender sus posiciones teóricas y políticas.

En síntesis, la principal crítica que dirige Heller al fascismo consiste en sostener que a este le falta la capacidad de generar algún tipo de contenido sustancial para el nuevo orden surgido.[23] El fascismo carece de los cimientos que tiene la democracia, que precisa de una unidad construida de abajo hacia arriba y se corona con una comunidad de valores, carece, en definitiva, de la fuerza de la legitimidad democrática que consagre los principios éticos del derecho. Pero la crítica helleriana al fascismo no se concentra en la condena a la arbitrariedad o al carácter dictatorial del régimen y su rechazo del Estado de derecho, y tal vez por eso, no llega a percibir de manera nítida el fenómeno que se cierne sobre la República de Weimar. Heller describe muy lúcidamente los males que aquejaron al Estado de derecho italiano y llevaron a su pueblo a una dictadura: los antagonismos de clase, no nivelados por una comunidad de valores; el criterio formalista nomocrático de una parte y la ideología de la violencia por otra, y el sistema electoral proporcional, que dificultó la posibilidad de unificar voluntades democráticamente (Heller, 1985d). Sin embargo no es capaz de observar que

23. Para Contreras (2005) esto es lo más relevante de las críticas de Heller al fascismo, ya que consiste, en definitiva, en el problema de la legitimación del régimen. Coincidimos con este autor en que la idea de legitimidad que maneja Heller es de tipo sustancial, cuestión que se ampliará en la conclusión de este capítulo.

todos esos males ya estaban presentes por entonces en Alemania y por lo tanto no acertó a advertir el peligro que los elementos simbólicos y el autoritarismo tendrían sobre la endeble República de Weimar.

6. Conclusiones: el concepto de legitimidad helleriano

En el caso de Heller, los fundamentos de la legitimidad del derecho y del Estado no se encuentran ni en una norma, como en Kelsen, ni en una decisión, como en el caso de Schmitt. Su concepto de legitimidad debe ser rastreado en la noción de "principios éticos del derecho". Se obedece al derecho y al Estado porque existe una creencia en que ambos se fundamentan en principios reconocidos por una comunidad determinada. El derecho positivo y el actuar del Estado se legitiman e integran en virtud de valores que trascienden a ese Estado y su derecho (Heller, 1985d) y que son reconocidos exclusivamente en la comunidad nacional de cultura, una comunidad concreta. Desde el punto de vista helleriano, la coacción es un elemento secundario para la legitimación (Galán, 1946), porque todo grupo dominante necesita, a la larga, la creencia de que sus principios jurídicos fundamentales son válidos y que sus preceptos jurídicos-positivos poseen una fuerza obligatoria general. La legitimidad del derecho y del Estado existen entonces, en tanto los destinatarios de las normas creen que determinados principios jurídicos fundamentales que lo trascienden son su fundamento.

Esto no significa, como hemos visto, que Heller caiga en algo así como una "moralización" del derecho. Desde su perspectiva, afirmar que todo derecho que no se corresponda con principios éticos no debe ser obedecido sólo nos llevaría a la anarquía (Heller, 1992). Pero también es reacio de la solución contraria, lo que él llama una "amoralización" del derecho. En este caso se estaría cayendo en una glorificación de la situación real de poder, ya que se tomaría como derecho sólo aquél que ha sido sancionado por el poder político. Para Heller, una y otra postura pasan por alto "el condicionamiento recíproco de la formación de derecho por el poder y de la formación de poder por el derecho" (Heller, 1992:214). Como ya se ha señalado, el Heller de la *Teoría del Estado* plantea una relación dialéctica entre derecho y poder: el poder positiviza el derecho por medio de actos de voluntad real, otorgándole la eficacia que precisa para ordenar la convivencia social y el derecho ordena el poder, lo condiciona y lo expresa. El derecho se muestra, de esta manera, como la forma de manifestarse de todo poder. En otras palabras, el poder estatal siempre es legal, es decir, un poder político legalmente organizado (Heller, 1996). Pero al mismo tiempo el derecho requiere de la existencia de un poder autoritario que declare y ejecute "lo que en cada situación concreta debe ser derecho" (Heller, 1992:241).

Esta relación dialéctica entre poder y derecho que plantea Heller es la que nos lleva a afirmar que su concepto de legitimidad se encuentra en algún punto intermedio entre el de Schmitt y el de Kelsen (Niemeyer, 1992; Dyzenhaus, 1996, 1999). Así como para el normativismo "puro" de Kelsen y su escuela, es la norma fundamental la que otorga validez al derecho; para el decisionismo de Schmitt es la decisión y la voluntad política del poder la que otorga legitimidad al derecho. La postura de Heller, en cambio, remite a una legitimidad de tipo sustancial, basada en principios éticos que sirven para fundamentar el derecho positivo. Se trata, sin embargo, de principios positivizados por una voluntad política, por lo que entra en juego no sólo la normatividad sino también la decisión.

Lo que ciertamente comparte Heller con Schmitt es la crítica a la identificación kelseniana de la legitimidad con la legalidad. Para Heller, la conformidad de un acto estatal con la ley y de esta con la Constitución jurídico positiva o con la Constitución hipotética "lógico-normativa", solo puede constituir la base de una legalidad, pero nunca de una "legitimidad justificadora". Desde su punto de vista es inexacta la afirmación de Weber de que la forma de legitimidad más corriente en la actualidad es la creencia en la legalidad, "aunque puede ser también la involuntaria constatación de una degeneración de la conciencia jurídica" (Heller, 1992:239). Sólo en el Estado de derecho existe una conexión entre legalidad y legitimidad, pero en el Estado social de derecho, se requiere una legitimidad de tipo sustancial, vinculada con principios de justicia social, que emanan de una comunidad nacional de cultura.

Esta concepción de legitimidad de Heller se observa con claridad en su forma de entender la Constitución. Para este jurista, la Constitución jurídico-formal no se limita a reflejar las relaciones de poder en un momento dado sino que toda Constitución tiene una función formadora y conformadora de los poderes existentes en una formación social determinada. Comparte con Lasalle, como hemos visto, su lectura de la Constitución desde la dimensión del ser. Pero Heller se mueve además en la dimensión del deber ser, entendiendo que la Constitución también establece reglas de juego para el poder y no es un mero reflejo de él.[24] Así, desde su punto de vista la Constitución también puede ser vista como instrumento de lucha, ya identifica en ella una dimensión prescriptiva que puede servir para perseguir los objetivos de las clases trabajadoras.

De esta manera, podemos afirmar que la dimensión del ser y del deber ser están conectadas en la concepción jurídica helleriana. Por eso se distancia tanto de la doctrina dominante, principalmente de la línea de Georg Jellinek, que se contenta con poner la Constitución como "ser" al lado de la Constitución jurídica como "deber ser", sin establecer conexiones entre ambas concepciones. También se distancia, como dijimos, de Kelsen y Schmitt, ya que intenta superar ambas posiciones que terminan absolutizando solo una de esas dimensiones. En efecto, para Heller, Kelsen permanece aferrado de la dimensión prescriptiva haciendo consistir al Estado y a la Constitución exclusivamente en un deber ser.

24. Heller cree que en este error cae Schmitt cuando subestima completamente la normatividad exaltando la existencialidad, concibiendo a la Constitución no como norma, sino sólo como decisión (Heller, 1992).

Schmitt toma el camino inverso, pretendiendo eliminar de la Constitución toda normatividad, jerarquizando exclusivamente la dimensión del "ser". Por eso para Heller, la teoría del Estado sólo puede evitar estas unilateridades si logra descubrir la conexión real entre estas dimensiones (Heller ,1992).

En síntesis, Heller nos advierte que la legitimidad no puede basarse en una legalidad "vacía" como tampoco en una pura decisión política. La misma tiene que tratarse de una legitimidad de tipo sustancial y basada en principios compartidos en una comunidad de cultura. Los principios rectores que fundamenta al Estado y al derecho son para Heller el de justicia social e igualdad material y pueden ser leídos como prerrequisitos de la democracia helleriana. Como hemos demostrado, la teoría jurídica y política de Heller se erige en pos de presentar una alternativa a la disyuntiva entre el Estado de derecho y la dictadura de derecha o de izquierda.

Así como en el caso de Kelsen la idea de legitimidad como igual a la legalidad se encuentra fuertemente ligada a su defensa del Estado de derecho y en Schmitt, a los elementos míticos que subyacen a su comprensión de la decisión política, en Heller la legitimidad del Estado y del derecho se define de la mano de su concepción de igualdad. La participación de los ciudadanos en la comunidad nacional de cultura sólo puede partir de iguales condiciones materiales de existencia.

Como hemos visto, su noción de homogeneidad como igualdad material puede ser interpretada como un prerrequisito de la democracia y como una condición de la legitimidad sustancial de su teoría. Para que el Estado sea legítimo o para que una Constitución o una norma lo sean, es necesaria la correspondencia con ciertos principios éticos suprapositivos que fueron formados en una comunidad de cultura. Para que eso sea posible es necesario primero que todos los participantes de esa comunidad hayan tenido la posibilidad de participar. Y para ello es necesaria la igualdad material. La teoría de la legitimidad helleriana, entonces, parte del concepto de igualdad material. No podemos pretender que el Estado o su derecho sean obedecidos si existen condiciones severas de desigualdad.

Este es, como veremos, uno de los legados más importantes de la teoría jurídica helleriana. Dyzenhaus (1999) destaca que Heller es, de los juristas de Weimar, el que de manera más efectiva y tenaz ofrece una teoría del derecho capaz de sostener la legitimidad del edificio de la democracia política. Aquí podríamos agregar que Heller ofrece además una teoría de la legitimidad que permite identificar los presupuestos políticos y sociales de la legitimidad del poder y del derecho en democracia. El concepto de legitimidad helleriano nos deja ver cómo el poder y el derecho no pueden ser legítimos si se imponen en una sociedad desigual.

Pero como ya hemos advertido, el concepto de igualdad de Heller se aleja de la idea schmittiana de expulsión de lo desigual, porque en Heller la democracia es pluralista. La igualdad no se basa en la pertenencia a una misma raza o en el hecho de compartir determinada idea política sino que se sustenta en justicia social. Y es precisamente por eso, como veremos en el último capítulo de este libro, que la teoría helleriana de la legitimidad y del Estado social de derecho es útil para pensar los problemas de legitimidad en sociedades desiguales como las latinoamericanas.

Capítulo V
Conclusiones. Concepciones de legitimidad y de democracia en Kelsen, Schmitt y Heller

La pregunta que queda pendiente en este trabajo es la de los vínculos que existen entre las concepciones de legitimidad de Kelsen, Schmitt y Heller y sus concepciones democráticas. Como ya hemos señalado, partimos de la hipótesis de que existe una relación directa entre los conceptos de legitimidad de estos tres juristas y su forma de entender a la democracia. Esta relación nos parece especialmente relevante a la hora de pensar el derecho y el Estado en un contexto democrático, ya que el pensamiento de estos tres juristas se forjó y tuvo como contexto la puesta en cuestión de la legitimidad de la democracia en Weimar.

Para poder desarrollar estos vínculos partiremos en este capítulo de plantear algunas conclusiones parciales acerca de las variables que fueran analizadas en el desarrollo de esta investigación: la *Weltanschauung* weimariana, las concepciones sobre la naturaleza humana, las concepciones sobre el Estado, el derecho y la democracia de nuestros tres juristas. Partiendo de estas ideas, plantearemos la relación a un nivel teórico entre los conceptos de legitimidad y de democracia de los tres autores para luego, a partir de analizar su participación en un caso que anticipó la caída de Weimar, el *Preußenschlag*, verificar la relación entre ambos conceptos en concreto. Finalmente presentaremos algunas conclusiones críticas sobre sus conceptos de legitimidad.

1. Conclusiones preliminares

Es claro que los conceptos de legitimidad de Kelsen, Schmitt y Heller no se encuentran desvinculados de las variables que formaron parte de cada uno de los capítulos precedentes: sus concepciones acerca de la naturaleza humana, su forma de comprender y definir al Estado y al derecho y, especialmente, sus concepciones acerca de la democracia. Pero además, estas ideas no pueden deslindarse del contexto histórico, ideológico y político en el que fueron elaboradas, ya que su obra teórica se encuentra signada por una *Weltanschauung* o cosmovisión propia de la República de Weimar y sus circunstancias.

En el capítulo primero, se ha presentado una caracterización de este horizonte de sentido desde el cual los tres juristas plantearon sus ideas acerca de la democracia, el derecho y el Estado. Así, sería posible comprender mejor su concepto de legitimidad a partir de contemplar los elementos centrales que caracterizan a esto que los alemanes llaman *Weltanschauung*, es decir, una visión particular del mundo. Podemos destacar los siguientes rasgos principales que la caracterizan:

i. La formación, tardía y "desde arriba" del Estado alemán. Este rasgo influyó en la suerte de la República de Weimar. Es posible pensar que el desarrollo histórico de Alemania como Estado repercutió en la especial configuración de la democracia de Weimar. Como hemos señalado, el nacimiento de la República se encontró signado por la experiencia y las lealtades monárquicas previas, la ausencia de una burguesía en la conformación del Estado, la derrota en la Guerra, el fuerte nacionalismo y la nostalgia por un pasado "mejor". Esto llevó a la existencia de muy pocas lealtades, compromiso y participación democrática, en la primera experiencia duradera de democracia que afrontaba Alemania.
ii. La historia de la República de Weimar es una historia de crisis: política, económica, social. El pensamiento jurídico de Weimar es un pensamiento de y sobre la crisis. Como hemos visto, la República vivió muy poco tiempo de paz. Lo raro es, en realidad, que sobreviviera catorce años. El pensamiento jurídico de Weimar no fue inmune a esas crisis y por eso se caracterizó por incluir todo tipo de tendencias ideológicas, incluso las extremas, y por tematizar cuestiones y problemas que en otro contexto, probablemente no hubieran tenido tal importancia.
iii. Múltiples factores provocaron la caída de la República. Entre los más importantes se encuentran los institucionales y culturales. En definitiva, la de Weimar se trató de una crisis del régimen político democrático en general.[1] Hemos visto que, especialmente en los últimos años de la República, se pusieron en cuestión tanto el alcance y las características de las instituciones democráticas, como también los valores que las animaban. Frente a la crisis del régimen mismo, los desafíos de quienes pretendían desarrollar una defensa de la democracia fueron mucho más grandes.

1. Seguimos aquí a Levi (1998), quien entiende por "régimen político" al conjunto de las instituciones que regulan la lucha por el poder y el ejercicio del poder y de los valores que animan la vida de tales instituciones.

iv. La idea de *Kultur*, que implicaba como vimos un predominio de los valores nacionalistas y románticos por sobre los de la Ilustración, se imponía en Weimar por sobre la de *Zivilisation*. Esto conformaba un sentido común generalizado en contra de lo que se entendía como progreso técnico y una valorización de los productos de la cultura y la importancia de la educación en el sentido de *Bildung*. En ese contexto, los intelectuales de la Universidad alemana gozaban de un estatus y prestigio muy relevante en la sociedad. Estos jugaron un papel de importancia en la deslealtad a la República, especialmente por formar parte de un sector privilegiado por el orden monárquico en términos de estatus simbólico y material.

v. El pensamiento jurídico de Weimar se caracterizó por el lugar y la importancia del derecho público dentro de los estudios jurídicos, la trascendencia de los debates metodológicos (entre y por sobre los debates teóricos) y por el lugar y el desarrollo que tuvo el socialismo jurídico entre las corrientes jurídicas del período. Como se ha demostrado, el pensamiento jurídico de Weimar otorgó un lugar privilegiado al derecho público y a los debates sobre el método. Esta trascendencia no se ha vuelto a repetir en la doctrina alemana, por lo que aún hoy los debates metodológicos de Weimar siguen teniendo importancia para la doctrina jurídica y la enseñanza del derecho. Finalmente, hemos visto también que el socialismo jurídico tuvo, posiblemente debido al rol de la socialdemocracia en el período, un desarrollo muy importante en la doctrina jurídica de Weimar y que también influyó en la redacción de la Constitución de 1919.

A partir de estas cinco conclusiones parciales acerca de la *Weltanschauung* weimariana es posible deducir el impacto que esta cosmovisión tuvo en el pensamiento jurídico y político de nuestros tres juristas. Respecto de la cuestión de las lealtades democráticas es interesante destacar que Kelsen, Schmitt y Heller pensaron la legitimidad del derecho y del Estado en un contexto caracterizado por el cambio de un modelo de legitimidad monárquica a uno de legitimidad democrática. El legado de la historia y de las lealtades monárquicas, especialmente por parte de los intelectuales y del ejército, fue demasiado para la joven República. En ese sentido, el pensamiento de Schmitt podría ser interpretado como un ejemplo característico del tipo de deslealtades que sufrió la experiencia de Weimar. Como hemos visto, su concepción democrática poco tiene que ver con la idea de democracia que se había intentado diseñar en 1919 y como también se ha analizado, es posible identificar en su teoría política y jurídica elementos que nos llevan a pensar que Schmitt estaba más cerca de las lealtades monárquicas que de las auténticamente democráticas. Distinto es el caso de Kelsen y Heller. En ambos es posible identificar su respaldo al régimen democrático de Weimar.

Sin duda de diferentes maneras, ya que mientras en Kelsen ese apoyo se encuentra sólo en sus obras de corte más político, en Heller identificamos estas ideas también en su obra jurídica, sin olvidar que además actuó políticamente en defensa de la democracia, no sólo con su participación en el proceso *Prusia vs. Reich,* sino también, cuando se armó en defensa de la joven República a la par de Radbruch.

De la misma manera podríamos encontrar rastros característicos de un "pensamiento de crisis" en la obra de los tres juristas. Es claro en Schmitt, particularmente en su teoría acerca del estado de excepción, pero además en Kelsen y en Heller, quienes teorizaron también sobre la crisis de la democracia y del parlamentarismo, dando cuenta de los desafíos a los que se enfrentaba el régimen en Weimar. Asimismo podríamos identificar en los tres rastros de la discusión típicamente alemana acerca de la diada *Kultur* y *Zivilisation.* En Heller, se destacan el nacionalismo alemán y el rol preponderante de la Kultur en su pensamiento. Como hemos visto, la noción de comunidad de valores está muy presente en sus ideas políticas y jurídicas y la importancia de la cultura en la articulación social es un eje de toda su obra. Algo similar podríamos decir de Schmitt, en quien podemos identificar un crítico de la idea de *Zivilisation* y su interpretación alemana. Asimismo podemos pensar que el concepto de comunidad en Schmitt también es importante y que aunque difiere de la idea de comunidad en Heller, se impone sobre la concepción individualista liberal. A Kelsen, en cambio, bien podríamos ubicarlo entre los intelectuales demócratas liberales de Weimar, más cercanos a la idea de *Zivilisation* que a la *Kultur.*

Por último, no podemos dejar de notar que la trascendencia que tenía el derecho público dentro de los estudios jurídicos en la época de Weimar también repercutió en la notoriedad e importancia de la obra de nuestros tres juristas. Desde distintas perspectivas, los tres contribuyeron con los debates teóricos y metodológicos más trascendentes de la ciencia jurídica de su tiempo y, como retomaremos en el último capítulo, los tres compartieron una manera de entender al derecho público que fue típica de la época de Weimar y que marcó fuertemente la disciplina en Alemania. En los tres encontramos también un protagonismo insoslayable en la academia alemana, que en los casos de Kelsen y Heller llegó a su fin con la llegada de Hitler al poder.

Ahora bien, respecto de las demás variables que se han tenido en cuenta a la hora de definir los conceptos de legitimidad de nuestros tres juristas se podrían presentar también algunas conclusiones parciales. Nos referimos concretamente a las concepciones acerca de la naturaleza humana de los tres autores, sus ideas acerca de la necesidad del Estado y su caracterización del mismo, sus concepciones sobre el derecho y finalmente, sus concepciones sobre la democracia.

La primera variable, la de la concepción antropológica de la que parte cada autor, se relaciona directamente con sus visiones acerca del Estado y del derecho, ya que como hemos señalado, para afirmar la necesidad de ambos es preciso presuponer algún tipo de concepción negativa acerca de la naturaleza humana.

En ese sentido, si bien es posible concluir que los tres juristas parten de una visión antropológica pesimista, es importante señalar algunas distinciones entre las tres posturas, porque estas también impactan en sus concepciones de Estado y de derecho. Así, en el caso de Kelsen, podemos concluir que pese al punto de partida inicial de aceptar la maldad natural humana, existe cierto optimismo respecto de la posibilidad de educar al hombre y cambiarlo. Este optimismo se ve también en su concepción acerca de la posibilidad de lograr la paz por medio del derecho. En ese punto Kelsen se acerca más al pensamiento de Heller, quien, como hemos visto, detenta una visión de la política y los políticos como instrumento de cambio.

Sin embargo, es posible notar que el pesimismo antropológico de Heller pareciera ser más radical que el de Kelsen. Pese al ya mencionado optimismo en la posibilidad de cambio, el pesimismo de Heller lo lleva a no poder pensar en un tipo orden sin la existencia del Estado. Desde su perspectiva, el Estado es necesario tanto porque los hombres son naturalmente conflictivos, como porque aun siendo aliados precisan de un tercero que los ayude a coordinarse. Por lo tanto, la confianza que pone en el Estado Heller es mucho más grande que la que ubica en el hombre. En Kelsen, en tanto, se observa una visión más liberal respecto del Estado y por lo tanto, una mayor autonomía en la sociedad civil y confianza en el hombre.

En el caso de Schmitt, en cambio, la concepción antropológica negativa se presenta de manera mucho más marcada. Como hemos visto, se percibe en este aspecto la influencia de Thomas Hobbes y Donoso Cortés. Además, el pesimismo antropológico de Schmitt tiene también cierto componente religioso. Su visión del hombre se emparenta, en algún sentido, con la concepción cristiana de la caída en el pecado. El componente del conflicto es tan central en su teoría que, como hemos analizado, define su propia noción de lo político. Es por eso que en Schmitt la enemistad no es superada sino tan sólo aplacada dentro de la unidad del Estado. Esta conflictividad, sin embargo, representa el fundamento de lo político y es por eso que para Schmitt pretender eliminar la enemistad implica eliminar la política misma. De allí también su crítica al liberalismo y su advertencia sobre la época de neutralizaciones y despolitizaciones que ve cernirse sobre Europa.

Este presupuesto de la maldad humana, que con sus variantes se repite en los tres juristas, los lleva a afirmar la necesidad del Estado y del derecho como instancias de articulación social. Sin embargo, también en esta conclusión es posible indicar matices. Por ejemplo, en el caso de Kelsen encontramos una concepción del Estado como "mal necesario" que no es posible hallar en Schmitt o en Heller. En el jurista de Viena es posible hallar cierta añoranza por un tipo de libertad natural que ha desaparecido y dejado lugar a la libertad social de los modernos Estados. Eso no se encuentra ni en Schmitt ni en Heller, para quienes al Estado le cabe un importante papel. En el caso de Schmitt, se trata de una función cercana a la hobbesiana de lograr la pacificación y la unidad social y en el caso del jurista socialdemócrata, la de lograr la coordinación dentro de la comunidad y por medio de ella, la justicia social.

Si vinculamos estas ideas con la distinción que realiza Isaiah Berlin (1988) entre un concepto de libertad en sentido positivo (donde el eje es la participación política) y otro negativo (donde el eje son las libertades individuales y las garantías), entonces podríamos concluir que en las concepciones de Estado de Kelsen y de Heller la libertad, entendida como libertad negativa, cumple un rol fundamental. En ambos se destaca también la concepción positiva de la libertad como participación, pero exclusivamente mediante los canales institucionalizados del parlamento y la política partidaria. En cambio, en la concepción de Schmitt se acentúa el aspecto positivo de la libertad, como participación del pueblo, relegando la dimensión negativa. Como hemos visto, a diferencia de Kelsen o de Heller, se trata esta de una idea de participación política que poco tiene que ver con una concepción de democracia en términos liberal parlamentarios.

En relación también a sus concepciones de Estado, es posible realizar matices en torno a qué modelo de Estado justifican con su teoría. Más allá de que los tres conciban al Estado como necesario, es cierto que perciben de manera distinta el tipo de funciones y de tareas que ese Estado debería asumir. En este caso, una lectura apresurada podría llevar a pensar que el acercamiento de Kelsen con algunas tesis liberales en aspectos políticos lo lleva a defender necesariamente un liberalismo económico. Sin embargo, como hemos visto, esto no es así. Kelsen no vincula a la democracia con un tipo determinado de Estado porque incluso llega a aceptar la posibilidad de un régimen socialista económico que sea democrático, siempre que la libertad individual este a resguardo, claro. La democracia, como se ha desarrollado, se define para Kelsen en términos procedimentales y no sustanciales.

Ahora bien, esta apertura a la idea de un Estado interventor en lo económico y social, aleja a Kelsen de Schmitt, para quien el Estado no debe descuidar sus funciones específicamente políticas en miras de otra clase de ocupaciones, y lo acercan en cierto sentido a Heller, que desde su compromiso socialdemócrata propone un tipo de Estado social. La posición de Schmitt al respecto es muy distinta. Como hemos visto, su crítica al liberalismo político no es acompañada por una crítica al liberalismo económico. Su idea de Estado fuerte es compatible con la de la liberalización de la economía pero no con la de un Estado interventor. Las funciones políticas y las económicas están fuertemente diferenciadas en Schmitt, para quien en este punto también, existe un predominio de lo político sobre lo económico.

En los tres juristas, la afirmación de la necesidad del Estado va acompañada de la tesis de la necesidad del derecho. Sin embargo, es sencillo comprobar que los tres parten de tres formas muy distintas de entenderlo. Así, en el caso de Kelsen, hemos visto que su concepto de derecho está fuertemente marcado por su concepción de la ciencia y de la metodología de la ciencia. El derecho es para el jurista de Viena el derecho positivo, es un orden coactivo que no se valida en ningún conjunto de creencias o de valores. Se podría afirmar que se trata de un modelo de pura "normatividad", por oposición a uno de puro "decisionismo", o pura "existencialidad" para utilizar el mismo término que propone Heller para describir el pensamiento de Schmitt.

En oposición al modelo kelseniano, para Schmitt el derecho descansa en la decisión, y es el estado de excepción el que pone de manifiesto su importancia. Como se ha desarrollado, la concepción schmittiana del derecho se explica de la mano de su visión sobre la excepcionalidad y la emergencia. Sus críticas a la Teoría Pura también dan cuenta de esto. Esta concepción esencialmente decisionista, no es contradictoria con su visión del orden concreto, desarrollada después de 1933, ya que como hemos demostrado, encuentra el fundamento de su validez también en un elemento no racional y existencial. Lo que define la esencia del derecho para Schmitt no es su carácter normativo sino, precisamente, su carácter no normativo o excepcional.

Finalmente y como ya hemos adelantado, la concepción del derecho de Heller podría ser interpretada como una posición intermedia entre el normativismo kelseniano y el decisionismo schmittiano. Para el socialdemócrata, el derecho es derecho positivo pero también se inspira en principios suprapositivos, que emanan de una comunidad concreta. En su concepción del derecho es tan importante el momento de la normatividad como el de la decisión que positiviza estos principios. Se podría concluir que su concepto de derecho mantiene la tensión entre derecho positivo y principios, por lo que supera una definición positivista del derecho pero se aleja al mismo tiempo de una comprensión decisionista del mismo. La concepción de Heller permite además, introducir la idea de principios, lo que lo acerca más a las concepciones postpositivistas del derecho modernas.

En lo que respecta a las concepciones democráticas de nuestros tres juristas es posible concluir que las tres visiones plantean modelos bien diferenciados de democracia. En el caso de Kelsen podemos hablar de un modelo de democracia procedimental, en el de Schmitt uno de democracia plebiscitaria y en el de Heller un modelo de democracia social. Pero veamos en detalle las conclusiones parciales sobre cada modelo de democracia para luego vincularlas con sus concepciones de legitimidad. En el caso de Kelsen, podemos concluir que su concepción de democracia se define por las siguientes notas características:

i. consagra la idea de la autodeterminación política en el ámbito de la convivencia social.
ii. se define en términos procedimentales. La democracia consiste en una serie de reglas para llegar a acuerdos. Si bien puede tener cierto contenido específico en relación a libertades y garantías no se define principalmente en términos sustanciales.

iii. su núcleo es la búsqueda de un punto medio. La democracia kelseniana se define por la discusión, la argumentación y la búsqueda de acuerdos.
iv. se asocia históricamente al liberalismo. La democracia precisa de libertades individuales: de asociación, de expresión, protección de minorías, etc., para ser democracia.
v. se la asocia también al Estado de derecho. La democracia requiere el principio de legalidad.
vi. el Parlamento es una de sus instituciones centrales.
vii. los partidos políticos cumplen un rol clave. En las democracias representativas modernas son el medio adecuado para canalizar la discusión y las diferencias.
viii. no tienen centralidad los liderazgos sino las instituciones.
ix. sus condiciones de posibilidad son el relativismo y la tolerancia.
x. es compatible con un sistema económico no capitalista, pero siempre que respete los presupuestos anteriores.
xi. es compatible con el pacifismo y el cosmopolitismo e incompatible con el imperialismo.
xii. el poder judicial, en particular un Tribunal Constitucional, es concebido como guardián del sistema.
xiii. es el mejor régimen político para el desarrollo de la ciencia.

En el polo opuesto se encuentra el modelo de democracia schmittiano. Su definición es sustancial, no procedimental. Esto significa que el fundamento de la democracia reside, para Schmitt, en un contenido concreto y no en un procedimiento. Ese contenido o fundamento es el de la igualdad sustancial, que como vimos, se vincula con la noción schmittiana de homogeneidad que implica la exclusión de lo heterogéneo. Asimismo, el modelo schmittiano de democracia no admite las reglas del Estado de derecho ni el parlamentarismo, son estas, desde su punto de vista, instituciones obsoletas que ponen en peligro el "verdadero" sentido de la democracia sustancial. Esta concepción de la democracia rechaza la discusión, la posibilidad de lograr acuerdos por medio de la búsqueda de un punto medio porque considera que estos acuerdos solo postergan el enfrentamiento político, lo niegan, renegando también de la esencia misma de lo político.

Todo el modelo de democracia schmittiana se opone a lo que entendemos por democracia en términos liberales, incluso, como hemos visto, reniega de los métodos de votación individual secreta, eje de la modalidad de participación en las democracias representativas modernas, y propone como forma de expresión democrática auténtica la de la aclamación. Aún más, en la teoría política schmittiana el pueblo solo existe en el momento de la aclamación, y este es el verdadero alcance de la democracia plebiscitaria schmittiana. El pueblo aclama a un líder, que lo representa en un sentido muy distinto al que entendemos desde la idea de representación de la democracia liberal, es una representación que se piensa en una dirección de arriba hacia abajo. El líder no busca representar los intereses y valores de quienes lo han elegido, sino que hay una especie de identificación entre el líder y sus cualidades carismáticas y el pueblo, cuya participación es limitada.

Es por eso que en este modelo la voluntad general aparece mejor expresada en la unidad de una persona y no en la pluralidad de una asamblea o de un grupo de personas. Así es que el modelo de democracia schmittiano es totalmente compatible con la dictadura, porque perfectamente podríamos pensar en un dictador que "represente" la voluntad popular y que reciba la aclamación del pueblo. Precisamente porque la democracia en Schmitt se define en términos sustanciales, no procedimentales, el hecho de que el gobernante no haya sido elegido por voto individual o que sus decisiones no respondan a un procedimiento legal, no es importante.

En resumen, el modelo de democracia de Schmitt puede ser definido a partir de los siguientes presupuestos:

i. una noción sustantiva de la democracia. La democracia se define por su contenido, la igualdad sustancial.
ii. su núcleo es la homogeneidad, entendida como igualdad sustancial a partir de la posibilidad de exclusión de lo diferente, de quien no forma parte del *demos*. Esa igualdad no se define en términos materiales.
iii. rechaza la idea de compromiso, de búsqueda de un punto medio o de acuerdos por medio de la negociación como elemento democrático.
iv. rechaza las instituciones parlamentarias.
v. rechaza los partidos políticos como protagonistas de la política democrática.
vi. rechaza el Estado de derecho. Preminencia de la decisión sobre la norma.
vii. rechaza la tradición liberal y, por lo tanto, la idea de libertades individuales como elemento necesario de la democracia.
viii. importancia de los liderazgos y del carisma.
ix. idea de una representación "desde arriba", existencial y personal.
x. importancia de la aclamación como instrumento de participación y presencia del pueblo.
xi. legitimidad plebiscitaria.
xii. el poder ejecutivo cumple el rol de guardián de la Constitución.

Por último, la concepción democrática de Heller se caracteriza por ser de tipo sustancial y no procedimental, pero a diferencia de Schmitt, el socialdemócrata encuentra el fundamento de la misma en una concepción social de la igualdad. Pero además, el modelo de democracia helleriano es compatible con el Estado de derecho y las técnicas parlamentarias de gobierno. Es un modelo en el que los partidos políticos tienen una importancia central, en el que la discusión como método para establecer acuerdos es importante y en la que la esencia misma del procedimiento parlamentario radica en la creencia en la base común que posibilita llegar a acuerdos. El modelo democrático de Heller no es relativista, al contrario, postula un nexo necesario entre el derecho y los valores que emanan de una comunidad, no en el sentido iusnaturalista, de una moral absoluta (Dyzenhaus, 2000), pero sí en el sentido de principios y reglas que sirven para ser incorporados en la Constitución y funcionan como herramientas de la interpretación jurídica.

Finalmente, la esencia del modelo democrático helleriano es su carácter social, la referencia a la justicia social como objetivo de la democracia pero también como presupuesto de ella. Como hemos visto, para Heller una democracia sin cierta igualdad social material no es verdaderamente democracia. A diferencia de Schmitt para quien la idea de homogeneidad estaba íntimamente ligada a la posibilidad de exclusión de lo diferente, en la definición que hace Heller del concepto de homogeneidad, lo que predomina es la idea de igualdad, no la de exclusión.

En resumen, el modelo de democracia postulado por Heller se define por los siguientes elementos:

i. se trata de una concepción sustancial. La democracia se define, más allá de ser un procedimiento para designar representantes, por su contenido social.
ii. importancia clave de la revocabilidad de los mandatos como medio para controlar el poder.
iii. importancia de los partidos políticos.
iv. importancia del Parlamento como ámbito de discusión. Predominio del poder legislativo por sobre los demás poderes. El Parlamento es concebido como el "verdadero" ámbito de representación del pueblo.
v. valoración de la técnica parlamentaria como medio para conseguir acuerdos, coordinación y cooperación.
vi. idea de democracia pluralista. La democracia helleriana admite la diferencia y la discusión en su seno.
vii. importancia de la idea de homogeneidad social con fundamento en la igualdad material. Lo esencial de la homogeneidad es la igualdad, no la exclusión.
viii. democracia basada en la justicia social.
ix. compatibilidad con las herramientas del Estado de derecho. Importancia de la legalidad.

Como cierre de estas conclusiones parciales es posible presentar algunos elementos que surgen de la comparación de los tres modelos de democracia analizados. Así, podemos concluir que mientras que para Kelsen y Heller el acuerdo y la consecución de un punto medio constituyen un elemento central de su concepción democrática, en Schmitt este rasgo es rechazado porque el mismo implica la negación del carácter político de la democracia. Este aspecto es de gran importancia para comprender la idea de democracia schmittiana, ya que se trata de una concepción que niega el acuerdo y que al hacerlo, hace que la política "democrática" pase a ser algo bastante parecido a una imposición, porque por más que el pueblo en aclamación manifieste su parecer ante lo que un líder o un grupo reducido le prepone, no hay posibilidad de que distintos pareceres puedan expresarse en la misma unidad política. De ahí también su hincapié en la delimitación del demos que plantea su problemático concepto de homogeneidad.

Por eso en el modelo schmittiano el liderazgo es tan importante y da cuenta, como se ha demostrado, de la influencia de la teoría weberiana del líder carismático, porque es el líder el encargado de hacer la pregunta correcta y al mismo tiempo, de mantener la unidad y la homogeneidad del demos. Por el contrario, tanto en las concepciones de democracia de Kelsen como de Heller los liderazgos tienen un lugar secundario, en efecto lo consideran un rasgo propio de los regímenes democráticos, ya que entienden que son más importantes las normas que los hombres. Incluso, en el caso de Heller, hemos visto que un rasgo esencial de la democracia descansa para él en la posibilidad de la revocabilidad de los mandatos.

Asimismo, el concepto de homogeneidad desde una perspectiva comparada nos permite identificar los presupuestos de la democracia para los tres juristas. Kelsen habla de la igualdad material en términos de un factor que no necesariamente se vincula a la democracia porque también puede lograrse en una dictadura, por eso su apuesta teórica es al concepto de libertad, no al de igualdad. La democracia implica la libertad de la autodeterminación y si bien no es la libertad natural del hombre primitivo es igualmente importante para el hombre moderno. En el caso de Schmitt, como hemos visto, el concepto de igualdad predomina por sobre el de libertad, pero su concepción de igualdad dista mucho de la de Heller y se orienta a un tipo de igualdad sustancial con posibilidad de excluir a lo diferente. Así, tanto Heller como Schmitt parten de un concepto sustancial de democracia. Sin embargo, Heller añade al contenido social de su concepción democrática, la importancia de lo procedimental. La democracia helleriana se define entonces principalmente por su carácter sustancial pero no deja de lado el elemento procedimental que tiene que ver con las instituciones de la democracia representativa.

Así, la igualdad es la base de la democracia sustancial en Heller y en Schmitt, pero como hemos visto, sus nociones de igualdad son muy distintas. En el caso del socialdemócrata, si bien los rasgos culturales de la noción de igualdad son muy fuertes, lo son aún más los económicos. En realidad, toda su teoría acerca del Estado social de derecho se vincula con esta idea y en efecto, considera que una democracia sin igualdad material no es más que la dictadura de la clase dominante. Por eso Heller se encuentra más cerca de la idea de inclusión, porque su propuesta democrática se vincula mucho más con la de incluir a los sectores más desfavorecidos o a las minorías, que la de excluirlos. Esto se ve con claridad en su análisis de la Constitución de Weimar, y en la valoración que hace de la inclusión de derechos sociales para grupos minoritarios. Pero asimismo, la concepción democrática de Heller otorga también un espacio a la libertad entendida en términos liberales, por su valoración de las herramientas del Estado de derecho y la legalidad. Sería interesante preguntarse qué valor predominaría en el pensamiento de Heller ante un conflicto que pusiera en tensión los términos de libertad e igualdad. La respuesta que se podría aventurar desde los elementos teóricos de su modelo, es que esa tensión debería resolverse siempre colectivamente por la comunidad.

Schmitt, en cambio, si bien parte también de una noción sustancial de democracia, no parece tan interesado en el criterio de esa igualdad como en la posibilidad de distinguir al igual del desigual. Como ya hemos advertido, no da demasiadas pautas para saber en qué tipo de igualdad está pensando, pero su propuesta política pareciera aceptar que la misma se trata de una igualdad basada en alguna cualidad propia de esa unidad que se expresa públicamente como pueblo. Asimismo, su modelo de democracia se ubicaría más cerca de la idea de exclusión, porque efectivamente, en esa posibilidad de excluir a quien no es parte del demos radica un rastro esencial de su concepto de democracia. Kelsen, finalmente, se encuentra como Heller más cercano a la idea de inclusión. Esto porque en su concepto procedimental de democracia se muestra preocupado por asegurar procedimientos que garanticen los derechos de las minorías frente al principio de la mayoría. Su concepción democrática parte entonces de la idea de inclusión de todos los involucrados en el juego político.

Asimismo, podemos pensar en los tres modelos de democracia como tres posturas distintas acerca del papel de los poderes del Estado en el funcionamiento democrático. Así, como ya hemos señalado, el modelo de Kelsen parece priorizar en su funcionamiento el papel del poder judicial como garante de la Constitución y del Estado de derecho, porque precisamente, entiende que este es el único que se encuentra en la posición de poder controlar tanto al poder ejecutivo como el legislativo. Sin duda, el procedimiento para la selección de sus miembros, que el mismo Kelsen somete a discusión en su debate con Schmitt acerca del guardián de la Constitución, se relaciona con el debate acerca del carácter más o menos "democrático" del poder judicial.

En el caso de Schmitt, mientras tanto, es clara la preponderancia del poder ejecutivo por sobre los otros. Desde el punto de vista de este jurista, es en particular el presidente quien cumple la función de un "poder neutral" encargado de velar por la unidad del Estado. Cabe distinguir entre la figura presidencial y la de jefe de gobierno, porque si bien ambos forman parte del poder ejecutivo en las democracias parlamentarias, el modelo que piensa Schmitt es el de la democracia semipresidencial de Weimar. La soberanía, como vimos, se ubica en este órgano presidencial y su capacidad llega incluso a ser legislativa, ya que Schmitt lo identifica frecuentemente con las nociones de dictadura soberana y comisaria en su análisis sobre las atribuciones presidenciales y los decretos de necesidad y urgencia.

Finalmente, el modelo de Heller apuesta al papel del poder legislativo en el resguardo de la democracia. Desde su punto de vista, es este el encargado de positivizar los principios éticos del derecho y de esa manera, su papel es de lo más trascendente porque se vincula directamente con la idea de legitimidad. Asimismo, desde una perspectiva histórica, no es casual que Heller elija al poder legislativo como eje de su modelo, ya que en el caso de la República de Weimar fue el legislativo el ámbito de mayor actuación de la socialdemocracia y, desde su punto de vista, era ese el lugar adecuado para la lucha del proletariado para transformar la realidad social. Ciertamente no fue ciego a la inestabilidad y los problemas que sufrió el parlamentarismo de Weimar, sin embargo, nunca dejó de considerar el parlamento como actor principal de la democracia. Su elección del poder legislativo como guardián de los principios sociales y democráticos da cuenta también de una concepción democrática fuertemente anclada en la representación y en la participación de las masas en las elecciones.

Una última conclusión comparativa nos permite también pensar los tres modelos de democracia desde la perspectiva de la racionalidad e irracionalidad y sus vínculos con el poder. Si comparamos los modelos de democracia en tanto su relación con la racionalidad, los de Kelsen y Heller se caracterizan por su tendencia racionalista, por su búsqueda de vincular al poder con el derecho en el sentido de los límites que le puede otorgar el primero al segundo. Hemos visto también que tanto Kelsen como Heller refieren con temor al avance de la irracionalidad en la política, y en el caso de ambos lo vinculan con el régimen dictatorial y en particular, con el régimen del fascismo italiano y el bolchevismo. No pasa lo mismo, claro, con el modelo schmittiano que, como hemos visto, funda la idea misma de legitimidad en elementos de carácter irracional, remitiendo con cierta fascinación a los componentes mitológicos del fascismo italiano.

2. Conclusiones finales: concepciones de legitimidad y democracia en Kelsen, Schmitt y Heller

Nuestra hipótesis de lectura proponía que los conceptos de legitimidad de Kelsen, Schmitt y Heller se explicaban a partir de sus distintas concepciones acerca de la democracia. A lo largo de esta investigación presentamos los rasgos centrales de ambos elementos, ahora intentaremos explicar cuál es la conexión entre ellos. Así, veremos que la versión "formalista" de la legitimidad en Kelsen se explica a partir de su modelo de democracia procedimental, el modelo "decisionista" de legitimidad schmittiana, lo hace a partir de su concepción de dictadura democrática y finalmente, la visión de la legitimidad "ética" de Heller, se explica a partir de su concepción de democracia social.

El concepto de legitimidad kelseniano consiste, como hemos visto, en su adecuación con la legalidad. El fundamento último de validez es en su modelo la Norma Fundamental, entendida como presupuesto y, más adelante en su obra, como ficción. El sistema, como hemos visto, se cierra con la norma de las normas. Sin embargo, también hemos comprobado que para Kelsen este criterio le es insuficiente para poder distinguir la orden de un Estado de la de una banda de ladrones y por eso incorpora el principio de efectividad. El suyo es un concepto de legitimidad de tipo formalista. No se fundamenta en la sustancia o en la materialidad de una determinada norma, sino en el procedimiento por el cuál ha sido elaborada.

Esta apuesta a la legalidad, hemos visto, se explica mejor cuando la interpretamos como parte de los presupuestos ideológicos que sustentan la teoría jurídica kelseniana. La apuesta por el Estado de derecho y la legalidad explica muy bien el concepto de legitimidad del autor de la Teoría Pura. Si poder y derecho son las dos caras de una misma moneda, para poder explicar la legitimidad del derecho, y por ende del Estado, y aún cuando necesita dar cuenta de la realidad del poder para hablar de la efectividad, Kelsen elige la cara del derecho.

Su concepción de democracia se explica un poco en la misma línea. El modelo de democracia kelseniano puede ser caracterizado, como hemos visto, desde la idea de democracia procedimental. La democracia en Kelsen consiste en un procedimiento para lograr acuerdos y precisa del parlamento y de los partidos políticos para canalizar la discusión. La democracia kelseniana no sólo es compatible con las herramientas del Estado de derecho, sino que además precisa de la consagración de libertades individuales y de ciertos controles al poder para asegurar su funcionamiento. Asimismo, es un modelo vinculado con el relativismo axiológico y la tolerancia.

Esta visión de la democracia se relaciona íntimamente con la respuesta "formalista" que da Kelsen al problema de la legitimidad del derecho y del Estado. Obedecemos al derecho y al Estado, que en su teoría son lo mismo, porque han sido elaborados conforme a un procedimiento formal que termina en última instancia en una norma (por más que Kelsen necesite recurrir al principio de efectividad para poder explicar la validez). Pero además, el relativismo de la Teoría Pura del derecho termina asociándose con el relativismo político de la democracia kelseniana, porque así como la ciencia jurídica no se compromete con ningún cuerpo de valores, sino que busca la neutralidad valorativa, también el modelo de democracia kelseniano no compromete en principio ningún cuerpo de valores sino que su esencia se define procedimentalmente.[2]

2. Este elemento puede ser en parte discutido, porque si bien la democracia kelseniana no se define en términos de un cuerpo de valores concreto, sí es cierto que defiende la tolerancia y el relativismo como principios o valores necesarios para su funcionamiento. En definitiva, puede leerse a la libertad como el valor esencial de la democracia kelseniana.

Así, podríamos concluir que la concepción de legitimidad kelseniana definida en términos de legalidad se explica por la referencia a su noción procedimental de democracia. El nexo entre ambas ideas es el relativismo ético kelseniano. Esto significa que su concepto de legitimidad no podría ser definido como distinto a la legalidad porque para Kelsen si la legitimidad tuviera un contenido distinto a la adecuación normativa, entonces estaría imponiendo un sistema de valores o de fuerza que no son compatibles con su concepción democrática. El concepto de legitimidad de Kelsen se entiende mejor, como casi toda su obra jurídica, cuando comprendemos los presupuestos de su teoría política democrática. La Teoría Pura del derecho, como ya hemos dicho, no termina de entenderse si no tenemos en cuenta la teoría política kelseniana.

En el caso de Schmitt es posible comprobar que su definición de la legitimidad recurre a la decisión como fundamento tanto del orden jurídico como del Estado. Así, lo que justifica la existencia del Estado como unidad soberana es su capacidad para mantener la unidad del pueblo a partir, como hemos visto, de una decisión sobre quién es el enemigo externo e incluso, el interno. También es una decisión lo que se encuentra, en última instancia, detrás del derecho y que se pone de manifiesto especialmente en los estados de excepción. La legitimidad, en el sistema de pensamiento schmittiano, no puede igualarse a la legalidad, sino que precisa encontrar su fundamento en otra parte. Así es como, recurriendo a la distinción conceptual elaborada por Max Weber, es posible afirmar que ese fundamento se vincula con un tipo de legitimidad carismática, proveniente de un líder que logra evocar la aclamación de las masas.

Esta noción de legitimidad se conecta con la concepción schmittiana de la democracia por medio de la decisión. En ambos conceptos esta juega un papel central. En el de legitimidad, porque es su fundamento último. En el de democracia, porque es el trasfondo de su carácter plebiscitario. Así, el decisionismo schmittiano cuadra perfectamente con la democracia plebiscitaria tal cual Schmitt la describe. La manera en que Schmitt define a la legitimidad se comprende mejor cuando partimos de su concepción de democracia plebiscitaria sustentada en la decisión y opuesta a la deliberación y el pluralismo.

La misma correlación entre concepción de legitimidad y de democracia la encontramos en Heller. Su noción de democracia nos permite comprender mejor su idea sobre la legitimidad. El jurista socialdemócrata define a esta última remitiendo a ciertos principios suprapositivos que provienen de una comunidad concreta, y que el poder legislativo debe transformar en principios de derecho positivo. Para Heller son estos principios, propios de una determinada comunidad de cultura, los que fundamentan la obediencia de los individuos. Desde su perspectiva no es una decisión lo que fundamenta la obediencia como tampoco lo es la mera legalidad. Lo que hace que las personas orienten su conducta por determinadas normas o que obedezcan a determinado gobierno es su convencimiento de que esas reglas o el actuar de ese gobierno se basan en principios éticos que ellos han producido en comunidad.

En definitiva, en el modelo helleriano de legitimidad, la obediencia al derecho o al Estado se remite a estos principios éticos. De allí la conexión entre el modelo de legitimidad y el modelo democrático en Heller. Los principios éticos sirven de nexo entre una idea y otra, porque la democracia precisa, desde su perspectiva, estar orientada valorativamente. Como vimos, su noción de democracia sustantiva se define en términos de justicia social, por lo que no podría partirse de un concepto de legitimidad formal o uno que no contemplara la conexión con determinados principios. Una concepción de la legitimidad remitida a principios éticos sólo puede sustentarse en una idea de democracia en la que los afectados participan de la construcción y positivización de estos principios en pie de igualdad. Pero no desde una igualdad formal o legal sino desde una idea de igualdad material como prerrequisito para esa participación.

3. Concepciones en disputa: el caso Prusia contra Reich

El día 20 de julio de 1932 el presidente de la República de Weimar, Paul von Hindenburg, firmó un decreto en atribución del artículo 48 de la Constitución de Weimar por el que nombraba como interventor de Prusia al canciller Franz von Papen. En Prusia dominaban los socialdemócratas y el decreto se basaba en la supuesta incapacidad de su gobierno para lidiar con la violencia política que azotaba la región. La historia demostró que toda la operación consistió en una treta del componente de derecha del gabinete de Papen para desplazar a los socialdemócratas del poder y favorecer así al partido nazi, en franco ascenso por entonces. Frente a esta intervención, el gobierno de Prusia consideró la resistencia armada. Sin embargo, tanto porque parecía que tal acción terminaría inevitablemente en un fracaso, como porque, como socialdemócratas, estaban fuertemente comprometidos con la legalidad, decidieron presentarse ante el Tribunal Constitucional en Leipzig, con jurisdicción para resolver las disputas entre el gobierno federal y los *Länder* en virtud del artículo 19 de la Constitución de Weimar.

El decreto de emergencia aducía la incapacidad y la falta de voluntad del gobierno prusiano para lidiar con los desórdenes originados por los comunistas. Como respuesta, los socialdemócratas interpusieron una medida cautelar ante el Tribunal Constitucional que fue denegada, sobre el argumento de no adelantar la decisión de fondo. Así fue como comenzó el proceso entre el gobierno socialdemócrata prusiano y el Reich alemán en el Tribunal Constitucional en Leipzig, que se desarrolló desde el 10 al 17 de octubre. La decisión final fue emitida el 25 de octubre de 1932. En ella, el Tribunal no declaró la inconstitucionalidad del golpe sino que sostuvo que si bien el Reich no tenía derecho a destituir al gobierno prusiano, sí estaba legitimado para nombrar un comisionado especial en el lugar. Las consecuencias políticas del fallo fueron dramáticas. La socialdemocracia perdió el último bastión de poder que mantenía y, por lo tanto, el avance de los nazis contra la República ya no tendría mayores obstáculos.

El interés en el proceso que se entabló entre Prusia y el Reich viene de la mano no sólo de las cuestiones que se analizaron en él, sino especialmente, de los juristas que intervinieron. Del lado del Reich, se presentó Carl Schmitt como consejero legal, junto a Edwin Jacobi y Karl Bilfinder. En defensa del gobierno socialdemócrata prusiano estuvieron, entre otros, Gerhard Anschütz, Arnold Brecht y Hermann Heller. Hans Kelsen, por entonces decano de la Facultad de Derecho de Colonia, si bien no participó de los procedimientos frente a la Corte, escribió un detallado análisis del proceso antes que fuera oficialmente publicado. De alguna manera, podría entenderse esta participación como una continuación de su debate con Schmitt acerca del guardián de la Constitución (Paulson, 2005b), y por cierto, se trata del último intercambio que tuvieron durante la etapa de Weimar.

Schmitt era por entonces el abogado más renombrado del Reich en el proceso más importante de la República de Weimar y su intervención representó el punto más alto de su actividad pública anterior a 1933 (Mehring, 2009). Su alegato comenzó respondiendo a los dichos de Arnold Brecht, quien, trayendo a colación los argumentos que el propio Schmitt alegaba en su recientemente publicado *Legalidad y Legitimidad*, advertía acerca de la posibilidad de tomar todas las medidas jurídicas necesarias en contra de un partido que quisiese retener el poder del Estado para siempre. Para Schmitt, en cambio, el problema principal era el de determinar quién era el capacitado para tomar la decisión de qué partido político es el enemigo (Dyzenhaus, 1997). Para el jurista de Plettenberg, esa decisión no podía recaer en las manos de uno de los partidos en disputa, sino que debía ser tomada por un actor independiente. Asimismo, para Schmitt era irrelevante la cuestión de que la acción del gobierno de Papen amenazara o no la democracia, ya que desde su punto de vista, son los partidos políticos los que representan una amenaza para la soberanía estatal y la unidad. Así, una decisión dirigida a preservar la democracia parlamentaria sólo perpetuaría las luchas entre partidos políticos que, desde su perspectiva, "envenenaban" a Alemania (Dyzenhaus, 1997).

Asimismo, el alegato de Schmitt se ocupó de la interpretación del artículo 48 de la Constitución de Weimar. Para el jurista, tanto el párrafo primero como el segundo habían sido pensados por los padres de la Constitución para proteger la unidad del Reich, especialmente de los partidos políticos que no tenían lealtad hacia las políticas internas del gobierno del Reich. Schmitt creía que en esos casos todo Land se encontraba obligado a seguir las políticas del gobierno y podía ser obligado a hacerlo mientras que el gobierno del Reich tomaba las medidas necesarias para restablecer la ley y el orden conforme a lo establecido en la propia Constitución (Brecht, 1933). Esta decisión por mantener el orden y la unidad dentro del Reich, consideraba Schmitt, era lo que hacia legítimo el decreto del Presidente Hindenburg.

Pero además, Schmitt cuestionó en su alegato la validez del proceso judicial incoado ante el Tribunal de Leipzig. En primer lugar puso en cuestión el derecho de Prusia a peticionar, dado que su gobierno había sido reemplazado por el decreto de Papen. En segundo lugar, puso en duda la jurisdicción de la Corte para pronunciarse sobre la validez del decreto mismo y de las acciones tomadas en consecuencia. Estas cuestiones no eran para Schmitt sólo legales sino profundamente políticas y, como hemos visto en los argumentos que presenta en el debate con Kelsen acerca del guardián de la Constitución, las cuestiones políticas quedan siempre por fuera de la jurisdicción judicial. Es por esto que Schmitt consideraba que el de Prusia contra Reich era un asunto que debía ser resuelto por el presidente del Reich y no por un Tribunal constitucional, ya que desde su punto de vista, era el presidente el verdadero guardián de la Constitución frente a las amenazas que esta pudiese recibir.

De los argumentos de Schmitt es posible derivar varias cuestiones que reflejan su concepción sobre la legitimidad y la democracia. En primer lugar, podemos observar la importancia central que tiene la decisión como fundamento último del Estado y del derecho en sus alegatos. Desde una dimensión existencial, Schmitt aboga por la necesidad de una decisión entre amigos y enemigos, decisión que está en manos del soberano, no de los partidos políticos que tienen intereses sectoriales, sino de aquel que logra identificarse con el pueblo como unidad a través de la noción de representación que describimos oportunamente. Asimismo, se trata de una decisión que lleva a distinguir a los enemigos para asegurar la homogeneidad sustancial, base de la democracia schmittiana. En efecto, la visión schmittiana de la democracia percibe a los enemigos como aquellos que deben ser excluidos, no como aquellos con los que es preciso negociar y llegar a acuerdos.

Pero además de mostrar estos rasgos del pensamiento schmittiano, los argumentos del jurista de Plettenberg frente a la Corte dan cuenta también de lo que podríamos catalogar como debilidades de su teoría. La primera es la cuestión del estado de excepción, en tanto estado de emergencia que es decretado por el mismo poder ejecutivo (Dyzenhaus, 1997). En el caso del artículo 48 de la Constitución de Weimar la suspensión de libertades y la toma de medidas de emergencia claramente depende del Presidente del Reich, que en el contexto de debilidad parlamentaria de Weimar y con la facultad de poder disolver el parlamento, podía declarar ese estado sin ninguna limitación política o jurídica. Asimismo, y en cuanto a los hechos concretos del golpe, como señalaría Heller en su presentación ante el tribunal, la República de Weimar ya se encontraba en un estado de excepción desde el año 1930, cuando comenzó el *Präsidialregierung* y la violencia política y social empezó a ser algo cotidiano.

La segunda debilidad del razonamiento schmittiano la encontramos en su recepción de la doctrina de las cuestiones políticas no justiciables y de la "politización" de la justicia. En este caso, la debilidad del argumento gravita en la afirmación de que el Tribunal Constitucional no pueda resolver sobre una cuestión que, en efecto, estaba contemplada en la misma Constitución y que cuadraba con las atribuciones del Tribunal. Y asimismo, en el hecho de que encuentre que por lo tanto el indicado para resolver estas cuestiones fuera el presidente del Reich. Precisamente, en el caso de Weimar el presidente Hindenburg fue fuertemente presionado por los sectores filonazistas hasta el punto de que finalmente terminó nombrando a Hitler como canciller. Este hecho, ocurrido en 1933, demostró que la independencia del presidente del Reich de los partidos no estaba para nada asegurada en la República de Weimar.

Frente a los argumentos esgrimidos por la defensa del Reich se presentó el equipo de juristas integrado por Hermann Heller. Su intervención bien podría ser interpretada como un espejo de la política socialdemócrata de su tiempo (Kaiser, 1984) y sus argumentos, como una muestra de los ejes principales de sus ideas jurídicas y políticas sobre Weimar. Sin duda su posición política fue la opuesta a la de Schmitt, ya que para empezar, Heller llevo a cabo una defensa constante del sistema democrático de Weimar y de las herramientas del Estado de derecho. Así, se podría decir que sus argumentos no fueron sólo jurídicos sino también políticos (Schluchter, 1995). En su alegato, el joven abogado socialdemócrata estaba determinado a probar que los hechos que motivaron el golpe, lejos de ser los actos de un gobierno independiente y apolítico (como sostenía la defensa de Schmitt) eran el resultado de negociaciones deliberadas entre los nazis y el gabinete de Papen. Eso le bastaba para probar que la intervención federal de Prusia había sido un abuso inconstitucional de las discrecionalidades del presidente del Reich (Dyzenhaus, 1997).

Para Heller, los disturbios del 17 de julio en Prusia no cuadraban en el tipo de cuestiones que preveía el artículo 48, ya que si uno se basaba en la historia de Alemania, la seguridad y el orden públicos habían estado constantemente agitados desde 1914 y no por eso el gobierno había actuado con una intervención semejante. Además, Heller consideraba que la cuestión crucial era la de determinar si el gobierno de Prusia había estado a la altura de poder lidiar con los disturbios, algo que el decreto presidencial negaba. Las intervenciones de Heller hicieron hincapié sobre esta cuestión y destacaron que no sólo el gobierno prusiano había manejado bien la situación, sino que además, en vista de los acontecimientos posteriores al golpe, quedaba probado que el gobierno socialdemócrata hubiera manejado mucho mejor la situación de lo que lo había hecho el Reich interventor (Brecht, 1933).

Asimismo, Heller concluyó su intervención con una advertencia al Tribunal que es muy característica de su concepción del derecho y de la democracia: si la Corte confirmaba la constitucionalidad de la intervención del Reich, en realidad estaría ratificando que la socialdemocracia en el poder representaba una amenaza para la seguridad pública y el orden. Por tanto, el rol de este partido en la construcción democrática de Alemania llegaría a su fin y las consecuencias serían más que penosas para todos. Heller llama así la atención hacia la situación política concreta de Weimar. La socialdemocracia en Prusia era el último bastión democrático que quedaba y la mayor parte de los partidos políticos en el parlamento ya no defenderían lo que quedaba de la República (Dyzenhaus, 1997). Ante esto, la Corte de Leipzig era la última esperanza para la democracia en Alemania.

Así es que en estos argumentos que ofrece Heller en defensa de Prusia podemos apreciar al menos tres aspectos característicos de su forma de entender a la legitimidad y a la democracia. En primer lugar, la cuestión de los límites al poder. Desde el punto de vista helleriano, el poder precisa de ciertos límites jurídicos que lo organizan y ese es el sentido que interpreta en el artículo 48 de la Constitución. En su planteo, el gobierno del Reich ha sobrepasado los límites que la propia Constitución establecía para la intervención, por lo tanto, la misma debería ser declarada inválida. La interpretación que realiza Heller del artículo 48, podemos comprobar, difiere de la schmittiana, porque restringe el carácter ilimitado de las atribuciones del Poder Ejecutivo en una situación de emergencia. De ahí que su conclusión sea entonces, la de la invalidez del decreto de intervención, lo cual se condice con su visión acerca de la legitimidad basada en principios pero que mantiene los elementos de la positividad y su concepción democrática que precisa de la legalidad.

Asimismo, cabe destacar el papel que le asigna Heller al Tribunal Constitucional de Leipzig. Como hemos señalado, Heller tenía ciertos recelos respecto de los Tribunales de Weimar. Estos estaban compuestos, en general, por jueces poco comprometidos con el régimen democrático y la República, que añoraban los años de monarquía. Sin embargo, en 1932 Heller apela a la Corte como un actor clave para salvar a la democracia y ejercer los límites necesarios sobre el poder de Papen. Le exige asumir tanto un rol "jurídico" como "político". Este argumento nos habla al menos de dos elementos de la teoría sobre la legitimidad y la democracia en Heller. El primero de ellos es el de su concepción de la legitimidad basada en principios. Heller no le pide a la Corte que siga sólo reglas, sino que tome en cuenta los principios que inspiran a la Constitución de Weimar, los principios de la democracia social.

En segundo lugar, si bien Heller no desarrolla una teoría del control jurisdiccional de la Constitución, aún cuando está no sería incompatible con su teoría del Estado (Dyzenhaus, 1997), recurre al Tribunal como contrapeso del poder ejecutivo, consiente de la debilidad e inestabilidad del parlamento de Weimar (Dyzenhaus, 1997). Esta apuesta a la Corte de Leipzig como defensora de la Constitución no contradice su concepción de la de la democracia sino que es coherente con ella. Para Heller lo que define a la democracia es la revocabilidad de los mandatos y su carácter social, y ambas cosas estaban siendo amenazadas con la intervención de Prusia. Su recurso a la Justicia como defensa de la Constitución advierte de los peligros de confiar esa defensa al ejecutivo, como proponía Schmitt, pero también advierte los problemas que enfrentaba el parlamento para lograr un acuerdo democrático.

Finalmente, los argumentos de Heller llaman también la atención acerca de la necesidad de que el derecho haga pie en la realidad. Su idea de que "el derecho posee validez, existencia social y realidad, únicamente dentro de una comunidad jurídica, en un tiempo y un lugar determinado" (Heller, 1995:128) aparece también en sus intervenciones en referencia a los hechos políticos concretos de Weimar. La interpretación de la Constitución que pide Heller al Tribunal en Leipzig es una que de cuenta de este punto de partida. El derecho debe interpretarse, para Heller, en el marco de una realidad determinada y un pueblo determinado, y ese era el desafío de la Corte: interpretar el artículo 48 en consonancia con los principios que inspiraban la República de Weimar, los principios democráticos que estaban siendo puestos en cuestión por la intervención del Reich.

Por último, lo que también demuestra esta intervención es sin duda el convencimiento de Heller respecto de que en Weimar existía una comunidad de valores democráticos. Lo cierto es que como gran parte de la bibliografía lo demuestra, la sociedad de Weimar no se caracterizó por su convicción democrática. De esa manera, el recurso de Heller a que los jueces acudieran en defensa de los principios democráticos peca en alguna medida de idealista, porque no existía en Weimar una correspondencia entre los principios democráticos y sociales contenidos en la letra de la Constitución y los valores y principios éticos predominantes en la comunidad.

Llegamos finalmente a las ideas de Kelsen acerca de los hechos. Como ya se ha mencionado, el jurista vienés si bien no participó de las actuaciones del proceso comentó el veredicto de la Corte en un artículo jurídico. El entonces decano presentó como principal argumento el de la idoneidad del Tribunal Constitucional para definir sobre la cuestión. Esta jurisdicción, asegurada por imperio del artículo 19 de la misma Constitución, estaba fuera de cuestión. Sin embargo, pese a que para Kelsen el tratamiento de la Corte había sido ambiguo en torno a las prerrogativas del Presidente del Reich, no se pronunció en defensa de Prusia. Kelsen sostuvo en su comentario que el error de la Corte había sido el no declarar qué aspectos particulares del decreto del Reich eran válidos o inválidos y, desde su punto de vista, esto es un error porque todo decreto es válido hasta que se declare lo contrario.

La segunda cuestión central de su análisis es la de la operatividad del fallo del Tribunal. El artículo 19 declaraba que "el presidente del Reich ejecutará la sentencia del Tribunal de Estado", dejando así la etapa de ejecución en manos del presidente, sin aclarar el cómo y bajo qué condiciones. Para Kelsen esto convertía a la sentencia del Tribunal en un sin sentido. La mala técnica legislativa de la Constitución dejaba la puerta abierta a que el presidente del Reich no tomara medidas conducentes a ejecutar la sentencia del Tribunal Constitucional, por tanto, cualquiera que hubiese sido el dictamen de la Corte, no habría tenido operatividad (Kelsen, 1932). Así es como Kelsen exonera a la Corte y deriva el problema a la Constitución (Dyzenhaus, 1997). Esta no dotaba de los suficientes controles para su preservación, y en particular, no preveía una Corte Constitucional apropiadamente equipada y consciente de su rol en ejercer el control sobre la aplicación del artículo 48.

Estos argumentos de Kelsen remiten a dos ideas propias de su sistema de pensamiento: la de la necesidad del control jurisdiccional de la Constitución, y la de la remisión a la legalidad como fuente de legitimidad. La mirada del jurista vienés identifica la técnica legislativa de la Constitución como la culpable de los males de Weimar y, en particular, la responsable de que no existan controles eficaces al poder del presidente. Al menos en este análisis sobre la sentencia, Kelsen no acude a los argumentos a favor de la democracia que plantea en otras obras. Tampoco recurre a su idea acerca de la inconveniencia de que la democracia se defienda de quienes intentan atacarla, quitándoles el derecho de la participación política. Kelsen, entonces, encara el problema desde el estricto punto de vista de la teoría del derecho, y desde ese lugar, considera que no hay mucho más para decir, porque el decreto de Hindenburg había sido legal y por lo tanto, legítimo.

Las ideas de Kelsen sobre el proceso son coherentes con su sistema de pensamiento sobre la legitimidad y la democracia. Sin embargo, dan cuenta también de ciertas debilidades de su teoría. Ciertamente una concepción de la legitimidad basada en la pura legalidad no podía salvar a Weimar de la catástrofe. Desde ese punto de partida era poco lo que podría decir sobre el decreto de Hindenburg, ya que si la mala técnica legislativa permitía que ese decreto fuera válido, entonces no había mucho más para hacer. Su idea de democracia procedimental tampoco podía ofrecer mucho para la situación de Weimar. El débil parlamentarismo de la República respetaba los principios de tolerancia y de relativismo ético, pero no contaba con ningún mecanismo de defensa sustancial de los principios democráticos.

Ahora bien, estos tres modelos de legitimidad y sus correlativas visiones acerca de la democracia podrían ser sometidas a un último escrutinio crítico tras las lentes de la teoría de la legitimidad y de la democracia deliberativa de Jürgen Habermas. La del alemán, se trata de una teoría sobre la legitimidad y la democracia que, se podría decir, recupera elementos de Kelsen y Heller pero que se posiciona en abierta disputa con Schmitt. Habermas cuestiona concretamente la visión de Schmitt acerca de la discusión, un elemento que es central en la teoría habermasiana de la democracia. Desde su punto de vista, "el medio de una discusión pública y gobernada por argumentos, que Schmitt hace risible, es, en efecto, esencial para toda justificación democrática del dominio político" (Habermas, 2007:81).

Desde su punto de vista, el motivo por el cual Schmitt hace una caricatura del momento de la discusión es porque ignora, incluso en el plano de la autocomprensión teorética de la democracia, aspectos esenciales de ese proceso. Sin embargo, cree Habermas que no es este el principal problema del modelo de Schmitt. Lo más problemático de su planteo es la separación que establece entre democracia y liberalismo. Desde su perspectiva, Schmitt limita el procedimiento de la discusión pública al papel de la legislación parlamentaria y lo desconecta de la toma de decisiones colectivas en el marco de la democracia. La democracia schmittiana es incompatible con la discusión en el ámbito parlamentario ya que se posiciona en el plano opuesto a la discusión: la decisión.

En el modelo de Habermas, por el contrario, la democrática consiste precisamente en la condición de iguales oportunidades para todos en la participación en un proceso de legitimación canalizado a través de la opinión pública. Schmitt no acepta este procedimiento sino que quiere establecer una separación entre la democracia entendida en términos identitarios y la discusión pública (que adjudica al liberalismo), y para lograrlo establece ciertos cortes conceptuales a fin de separar la formación democrática de la voluntad colectiva de los presupuestos universalistas de una participación general. Desde el punto de vista habermasiano Schmitt limita la democracia "al sustrato de una población étnicamente homogénea y la rebaja a una aclamación de masas enardecidas, ajena a toda argumentación" (Habermas, 2007:82). El resultado de la empresa schmittiana no es otro entonces que "una democracia de caudillos, cesarista y étnicamente homogénea, en la que quedaría encarnado algo así como soberanía" (Habermas, 2007:82).

La lectura habermasiana del modelo de legitimidad y democracia de Schmitt apunta precisamente al elemento que la define: la falta de discusión. En efecto, lo que encuentra Habermas como esencial de su concepto de democracia deliberativa es lo contrario a la esencia de la idea schmittiana de democracia, la decisión que no argumenta ni discute. Esto se puede apreciar tanto en su concepción de legitimidad como de democracia. Ambas remiten en última instancia a una decisión que no delibera, y esto es justamente lo que diferencia tan radicalmente a las concepciones de Schmitt y de Habermas.

Pero también es interesante pensar a partir de esta crítica qué elementos de la concepción de legitimidad y de democracia en Kelsen y en Heller rescata o critica Habermas. El modelo kelseniano de legitimidad, por ejemplo, se acerca al habermasiano en cuanto a su reivindicación de los principios de legalidad y el valor del Estado de derecho (Habermas, 2008). Sin embargo, se aleja de él en cuanto al sustrato valorativo que tiene el procedimiento de deliberación en Habermas. En ese sentido la concepción de legitimidad de Heller se acerca mucho más a la habermasiana, ya que toma en cuenta la conexión entre moral y derecho desde una postura no iusnaturalista.

Así es que el positivismo kelseniano, hemos visto, desplaza la legitimación del orden jurídico en conjunto al origen o fuente, es decir, a una norma fundamental o regla de reconocimiento "que todo lo legitima sin ser ella susceptible de una justificación racional; el orden jurídico es algo a lo que uno se habitúa como parte de la forma histórica en la que ha crecido, es decir, algo que se acepta por costumbre" (Habermas, 2008:271). Para Habermas (1988) el derecho, al convertirse en positivo, no rompe sus relaciones internas con la moral y la política. De manera similar a Heller, Habermas afirma el entrelazamiento entre derecho y moral, en el sentido no de una moral que "flote sobre el derecho", sino como una moral que emigra al interior del derecho positivo, pero sin agotarse en el derecho positivo. De la misma manera Heller habla de la necesidad de que el poder legislativo, el ámbito de la discusión por excelencia, sea aquel encargado de positivizar esos principios. La suya no es, como se ha demostrado, una posición iusnaturalista. Pero además, al igual que Habermas, Heller asigna un papel importante a los ciudadanos como "guardianes" de la adecuación a esos principios, si bien a diferencia del primero, no da detalles acerca de cómo podrían los ciudadanos ejercer ese control.

Por último, en cuanto a las críticas que se podrían elaborar desde el modelo de Habermas a las concepciones democráticas de Heller y de Kelsen, podemos pensar como mínimo dos. La primera dirigida al carácter fuertemente estatalista del modelo helleriano. En Habermas, por el contrario, encontramos una reivindicación del espacio público no estatal que no es posible encontrar en Heller. Como hemos demostrado, en la teoría de Heller casi no hay espacio alguno para la iniciativa de la sociedad civil por fuera del Estado, y ese es un problema que desde el paradigma habermasiano es fácil identificar. La segunda crítica puede realizarse al modelo procedimental de democracia kelseniano, porque el mismo, si bien reivindica el papel de la discusión en el procedimiento legislativo, no problematiza la legitimidad basada en la argumentación y la deliberación, sino que opta por un modelo de legitimidad como legalidad. La concepción democrática de Kelsen no da cuenta de la fuerza legitimadora que tiene la génesis democrática del derecho (Habermas, 2008).

Una última pregunta queda por responder en esta tesis: ¿cuál es el modelo de legitimidad más acorde con la defensa de la democracia? Si partimos de la hipótesis de que existe un nexo muy fuerte entre concepciones de legitimidad y democracia es interesante preguntarse qué tipo de modelo de legitimidad ofrece un andamiaje más robusto frente a los ataques autoritarios y la opresión de las minorías. Esta no es una cuestión que nos preocupe sólo en un nivel teórico abstracto sino que puede ser de interés desde la perspectiva de la interpretación constitucional contemporánea. Asimismo, y como hemos dicho al comienzo de esta investigación, las ideas de Kelsen, de Schmitt y de Heller provienen de un contexto determinado que se caracterizó precisamente por la caída de la democracia parlamentaria en manos de una de las peores dictaduras que conociera la humanidad.

En ese sentido, podríamos comenzar por analizar si es el modelo de legitimidad basado en la mera legalidad suficiente para defender la democracia. La respuesta parecería ser que no. Tampoco parece ser afín a la democracia la idea de que el fundamento último del poder y del derecho es una decisión, especialmente una decisión que "sale de la nada" y que resuelve desde afuera de la normatividad. Así, si hay un modelo que parecería más vinculado a la defensa de la democracia es el de Heller y en efecto, la Asamblea Constituyente de Bonn pareciera haber receptado, de alguna manera, esta noción de legitimidad. Como hemos visto, la Constitución de Alemania de 1949 receptó no sólo la idea de Estado "social" helleriana, sino también el principio de la democracia,[3] lo que sirvió para que el Tribunal Constitucional Alemán pudiera pronunciarse en numerosas ocasiones a favor de la democracia parlamentaria. Es por eso que podríamos concluir que pensar en la legitimidad en términos de correspondencia con algún tipo de principios éticos, históricos, cambiantes, pero construidos en una comunidad concreta de cultura basada en la justicia social, es el modelo más afín a una defensa de la idea de democracia. Al menos en los términos que la hemos definido aquí, una democracia social vinculada a las libertades y garantías individuales.

3. Concepto que no aparece explícitamente en la Constitución de Weimar ya que, como hemos visto, fue desarrollado hacia 1929 por Heller.

Capítulo VI
Proyecciones de Weimar

Algo que se ha ido insinuando a la lo largo de este libro es la potencialidad que demuestra el pensamiento de Weimar para el estudio y comprensión de fenómenos jurídicos y políticos actuales. No sólo nos referimos a lo que podría evocar este pensamiento respecto de problemas teóricos como el de la legitimidad del derecho o del Estado, sino que aludimos a la potencialidad que tienen estas ideas para pensar problemas en concreto de realidades temporal y espacialmente distintas a la de Weimar como en el caso de las de Latinoamérica. De lo que se trata, entonces, es de traer el "argumento de Weimar" a los problemas que el derecho y la política deben resolver cotidianamente en nuestras sociedades.

¿Qué significaría en concreto utilizar el "argumento de Weimar" en nuestro ámbito? Esta referencia a Weimar como argumento proviene de Oliver Lepsius (2008), quien describe a Weimar como: (i) argumento referido a ciertos temas, (ii) alusión a ciertas personalidades y (iii) argumento programático. Los dos primeros tipos de argumentos parecen claros. Podemos utilizar a Weimar como argumento si nos remitimos a sus temas peculiares. Por ejemplo, la cuestión de la defensa de la Constitución, o los ataques al sistema parlamentario. También podemos hacerlo en referencia a sus pensadores. Utilizamos la teoría de tal o cual autor respecto de un determinado tema, algo que hemos realizado en la mayor parte en esta investigación. Pero es en especial el tercer tipo de argumento el que nos interesa para hablar de las proyecciones de Weimar: el que plantea a Weimar como programa. Esto implica tratar las categorías fundamentales del derecho público desde una doble perspectiva: como problemas concretos del derecho vigente y como problemas metodológicos abstractos.

Así, la conceptualización de Weimar como programa nos habla de una metodología que ofrece sus desarrollos teóricos y que no es fácil de encontrar en otros sistemas de pensamiento contemporáneos. Se ha dicho que no han surgido en el ámbito del Derecho público nuevos paradigmas comparables a los que aportaron Schmitt, Smend, Heller o Kelsen (Gutiérrez Gutiérrez, 2005). Lo cierto es que la metodología de Weimar ofrece no sólo, como sostiene Lepsius, una forma de analizar problemas sustantivos junto con debates de método, sino que además, como hemos desarrollado en esta tesis, permite plantear problemas de derecho público desde una perspectiva integral y no segmentada del derecho. Esto significa que Weimar como programa también nos facilita una mirada en donde la teoría del Estado y la teoría constitucional están entrelazadas.

Este es el punto que queremos tratar aquí bajo el título de proyecciones: el de las potencialidades del pensamiento de Weimar desde un punto de vista metodológico, teórico y pedagógico. Para demostrarlo, presentaremos en primer lugar el aporte que puede dar el método de Weimar, o el argumento de Weimar como programa, para la teoría constitucional moderna y en especial, la latinoamericana. En segundo lugar, bajo el título de proyecciones teóricas, desarrollaremos uno de los principales aportes teóricos que puede brindar el pensamiento de Weimar, y en particular el de Hermann Heller, para la interpretación constitucional en la región: el del concepto de Estado social de derecho. Por último, analizaremos la utilidad pedagógica del pensamiento de Weimar y de nuestros tres juristas para la enseñanza de la teoría del Estado.

1. Proyecciones metodológicas

Como adelantamos, la utilidad metodológica que ofrece el pensamiento de Weimar para los estudios de derecho público no se agotó en su tiempo, sino que sigue brindando perspectivas de interés para analizar problemáticas modernas. No es algo demasiado frecuente que en una misma época surjan tantas y tan diferenciadas posiciones científicas fundamentales (Lepsius, 2008), y esto se dio en Weimar. La disputa weimariana sobre el método o *Methodenstreit* trascendió el período de entre guerras y se constituyó en uno de sus aportes más originales. Sin embargo, y pese a las diferencias en las concepciones metodológicas predominantes, algo que unió y que caracterizó al pensamiento de Weimar fue la perspectiva integral de derecho público desde la cual plantearon sus ideas los juristas de la época. En ella no encontramos una separación tajante entre las distintas ramas del derecho público si no una complementación entre los análisis de teoría constitucional, por ejemplo, y la teoría del Estado.

Esto se percibe con especial claridad en el pensamiento de Hermann Heller, para quien los vínculos entre la teoría del Estado y la teoría Constitucional eran muy estrechos. Algo que es posible de constatar, por ejemplo, cuando Heller analiza la Constitución de Weimar. Su estudio de los artículos de la segunda parte del texto fundamental referida a los derechos sociales, no se desliga de sus ideas acerca del modelo de Estado que era necesario para hacerlos efectivos. Así, en su obra es muy difícil distinguir entre un abordaje propiamente jurídico y uno político o sociológico. Esto es lo específico de su metodología, esa mirada amplia del derecho público que le permite analizar el fenómeno jurídico desde otra perspectiva.

También percibimos en alguna medida este tipo de enfoque en Schmitt, quien como ya destacamos no escribió una *Staatslehre* sino una *Verfassungslehre* con el objeto de analizar y criticar al Estado liberal de derecho. En la obra del jurista de Plettenberg, teoría constitucional y teoría del Estado no se deslindan, sino que se complementan recíprocamente. Su estudio de la Constitución de Weimar, como hemos visto, no es separable de su abordaje sobre el poder y el Estado. Schmitt da cuenta de los presupuestos políticos que consagra la Constitución y precisamente en la contradicción que encuentra en ellos, ubica su principal crítica a la misma.

Ahora bien, se podría pensar que este tipo de enfoque tuvo una recepción en la teoría del Estado argentina de postguerra. Nos referimos concretamente al caso del jurista Arturo Enrique Sampay, quien fuera, como ya hemos mencionado, un referente de las ideas de Kelsen, Schmitt y Heller en Argentina. En el "Prefacio" a su *Introducción a la Teoría del Estado*, Sampay invoca a estos tres juristas de Weimar para dar cuenta de lo que él entiende por "teoría del Estado" y de la amplitud de esos estudios y sus conexiones con la teoría Constitucional. En especial se refiere a Hermann Heller como aquél que describe de manera más exacta el verdadero objeto de conocimiento de la teoría del Estado: "el Estado concreto en su devenir" (Sampay, 1951:9) y quien con más acierto acota el alcance de la teoría del Estado, actuando gnoseológicamente sobre la realidad estatal. Asimismo, Sampay toma de Heller la idea de concebir a la teoría del Estado como una ciencia cultural y estructural (Sampay, 1951). Cultural en el sentido de que como ciencia, tiene como objeto una realidad fabricada por la eficiencia humana. Ciencia estructural, porque entiende que la realidad, descripta como ser contingente que deviene en la historia, es una estructura.

Donde encontramos concretamente un acercamiento de Sampay a la metodología de Weimar es en los vínculos que traza en su obra entre la teoría del Estado y la Constitucional. El jurista argentino sostiene que la teoría del Estado es el tipo de conocimiento sociológico necesario para el estudio del derecho Constitucional. Este último, afirma, tiene por objeto la Constitución jurídica positiva del Estado. Para Sampay, es posible distinguir un concepto formal y uno material de Constitución. Así, mientras el concepto formal se refiere a la totalidad de los preceptos jurídicos codificados en un solo texto constitucional, la Constitución en sentido material comprende "el complejo de normas jurídicas, cualquiera sea el órgano del Estado de donde emanan, e incluidas las costumbres constitucionales, que tienen por finalidad la organización y relaciones de los poderes públicos, el objetivo que la comunidad política se asigna como perdurable, y los vínculos activos y pasivos de los miembros de la comunidad con el poder político" (Sampay, 1951:503). Así, dado que este ordenamiento jurídico es un elemento funcionalizado de la realidad del Estado, sólo es comprensible en razón del *totum* a que pertenece y dentro del cual tiene una disposición funcional. Es por eso que considera que es necesario un enfoque desde la teoría del Estado para poderlo comprender.

Sampay señala, sin embargo, que esto no es un obstáculo para que la Constitución jurídica no tenga entidad en sí, y por lo tanto, pueda convertirse en un objeto de conocimiento diferenciado. En efecto, destaca que el derecho Constitucional se creó como disciplina autónoma, precisamente reconociendo como objeto la Constitución jurídico-positiva sin valorarla, sino recibiéndola provisionalmente como un dogma y haciendo abstracción de la situación política concreta. Sin embargo, cree que si partirnos del hecho de que la Constitución material comprende especialmente las normas organizadoras del Estado, sería fácil inferir que "el resultado de la prudencia política arquitectónica" y "el obrar del legislador" implican una determinada concepción de principios políticos y una adecuación de esos principios a la realidad política que organiza. Aquí es donde Sampay ve el fundamento de la necesidad de una teoría del Estado para el estudio del derecho constitucional.

En otras palabras, si la Constitución *ratione materiae* ordena la existencia de una comunidad política fijando fines orientados a un cierto bien común, esta debe tener un "sentido de politicidad, un deber ser político" (Sampay, 1951:506), por lo cual, para comprender la Constitución deba captarse la concepción política que la anima. En ese mismo sentido considera que si la Constitución jurídica como cualquier otra ley emana de determinadas concepciones políticas del legislador, "la comprensión de la Constitución requiere, también, el conocimiento de la realidad política" (Sampay, 1951:507). Aquí es donde el que fuera constituyente en 1949 da como ejemplo algunos de los artículos de la llamada Constitución "peronista". Para Sampay, para poder comprender el alcance del artículo 35 (que trataba delitos los abusos de derechos individuales que perjudiquen a la comunidad o lleven a cualquier forma de explotación del hombre por el hombre), o el artículo 37 (que legislaba sobre los derechos del trabajador), el intérprete necesita conocer la concepción política que informa esos preceptos como así también la realidad política del liberalismo capitalista, ya que el legislador "dictó esas normas como solución para esa realidad" (Sampay, 1951:507).

En este punto agrega Sampay una cuestión interesante, ya que sostiene que la comprensión de los aspectos políticos que informa la norma constitucional no implica necesariamente una estimación política, ni la valoración moral de esa politicidad que emana de la decisión del legislado. Se trata simplemente de ser capaz de analizar los presupuestos políticos de la norma constitucional, no de valorar la pertinencia de esos presupuestos. Es por eso que concluye que es evidente que si la Constitución material resulta de aplicar una concepción política universal y abstracta a una realidad política singular y concreta, su interpretación requiere, no sólo "poder aprehender ese núcleo valioso", sino también el conocimiento de esta realidad política en la que la Constitución se inserta. Para ello, considera, es la teoría del Estado la disciplina que ofrece al derecho constitucional ese conocimiento sociológico "necesario para su exacta interpretación" (Sampay, 1951:508).

Finalmente, este enfoque se ve especialmente en el análisis que realiza Sampay acerca de las condiciones políticas de la reforma constitucional de 1949 (Sampay, 1968, 1974), así como también en los discursos que pronunciara como constituyente en las reuniones de la Convención de 1949. En esas ocasiones hablaba de "incorporar definitivamente al texto de nuestra carta fundamental el nuevo orden social y económico creado" (Terroba, 2010:185) y de "la necesidad de una renovación constitucional en sentido social" (Terroba, 2010:187), dando cuenta de la relación entre el orden jurídico constitucional y el modelo de Estado que se estaba diseñando.

Ahora bien, esta clase de enfoque ha sido dejado de lado por los paradigmas actuales de la ciencia jurídica. Ese "puente" entre la teoría del Estado y la teoría constitucional no es percibido como relevante, algo que podría estar siendo puesto en cuestión por algunos fenómenos actuales del derecho constitucional. En los últimos años se ha generado una discusión en la academia latinoamericana acerca de la "refundación del Estado" (Sousa Santos, 2010) o las "condiciones materiales del constitucionalismo" (Courtis y Gargarella, 2009) a partir del fenómeno conocido como "nuevo constitucionalismo latinoamericano" (Martínez Dalmau y Viciano Pastor, 2010) encarnado fundamentalmente por las reformas constitucionales de Venezuela, Ecuador y Bolivia. Estas reformas se caracterizaron por la introducción de numerosos derechos sociales pero también de cambios relevantes en la estructura misma del Estado. Es decir, se trata de textos constitucionales que plantean cierta relación entre concepciones de determinados modelos de Estado y los derechos y disposiciones consagrados en la Constitución.

Frente a este fenómeno la teoría constitucional contemporánea necesita referirse al Estado para poder dar cuenta del alcance de los derechos consagrados. Pero esto sólo puede realizarse desde una perspectiva más amplia del derecho público. El nuevo constitucionalismo latinoamericano plantea el desafío de recuperar en los estudios de derecho público una mirada jurídica que parta de determinada teoría sobre el Estado y la sociedad. En definitiva, para poder explicar "las condiciones materiales" del nuevo constitucionalismo y contribuir así a la interpretación del alcance de los nuevos y viejos derechos consagrados, se precisa partir de una teoría del Estado conectada con la teoría constitucional.

Este problema ya ha sido planteado, aunque no del todo desarrollado, en la doctrina jurídica alemana contemporánea, al interior de la cual también se identifica la necesidad de una teoría del Estado para la interpretación constitucional, especialmente ante los desafíos planteados por el proceso de integración europeo. Para Oliver Lepsius (2004), la teoría constitucional alemana moderna ha perdido la capacidad de interpretar el texto fundamental desde la perspectiva de la teoría del Estado. Sostiene que Estado y Constitución, son dos conceptos centrales y complejos de la tradición jurídica alemana que han sido extensamente debatidos, pero que actualmente no se encuentran vinculados. Desde su punto de vista, en la Alemania de la Constitución de Bonn, predominan las teorías del Estado pero casi no hay teorías sobre la Constitución en el sentido que se plantearon en Weimar.

En ese mismo sentido se pronuncia Robert Alexy (1993), cuando al referirse al principio de igualdad advierte que su concreción máxima depende necesariamente de un concepto y una imagen de Estado. Su forma de entender al derecho y a la interpretación constitucional lo llevan a afirmar que toda teoría de derechos fundamentales tiene que apoyarse necesariamente en una teoría del Estado y la sociedad a fin de evitar la objeción de circularidad de fundamentar exclusivamente desde el texto constitucional. En esa misma línea ya se había pronunciado Ralf Dreier (1976), para quien la peculiaridad del derecho constitucional radica en que su objeto se encuentra fuertemente ligado al orden político estatal. Por eso sostiene que la interpretación constitucional precisa indefectiblemente de una teoría constitucional material y, consecuentemente, de una teoría del Estado y de la sociedad.

Este déficit metodológico que los procesos de regionalización, internacionalización y globalización plantean tanto en Europa como en Latinoamérica hace que el programa de Weimar precise ser recuperado en el derecho público. No sólo en el sentido de plantear el debate metodológico a partir de problemas de derecho sustantivo (Lepsius, 2008), sino ofreciendo una teoría que comprenda los problemas básicos de la teoría del Estado en relación con los problemas de la teoría constitucional. Weimar como "programa metodológico", tiene algo para aportar a los nuevos debates en torno del Estado y la Constitución.

2. Proyecciones teóricas

La segunda de las proyecciones que presentamos del pensamiento de Weimar para la teoría del Estado y la teoría constitucional moderna tiene un carácter teórico. Se trata de la utilidad actual que brinda ahondar en el concepto de Estado social de derecho de Heller y, ligado a esto, su concepción sobre la legitimidad y la democracia. Como hemos desarrollado, la noción de Estado social de derecho fue utilizada por primera vez por Heller en su texto de 1929, *¿Estado de derecho o dictadura?* Esta categoría, lejos de quedar olvidada en la academia jurídica de entreguerras, ha sido recogida en numerosos textos constitucionales, sirviendo como fundamento de la interpretación constitucional destinada a la consagración de derechos sociales y a la intervención estatal en materia de economía y política social.

En el caso de Europa han receptado en sus constituciones la fórmula de Estado social de derecho países como Alemania (en sus artículos 20.1 y 28.1), España (en su artículo 1.1) y Portugal (artículo 2), siendo que esta última incorporó además en su preámbulo el objetivo de "asegurar la primacía del Estado de Derecho democrático y de abrir la senda hacia una sociedad socialista". En el caso de Latinoamérica han sido varias las constituciones que receptaron la fórmula helleriana de Estado social. Entre ellas debemos mencionar a la Constitución de Colombia de 1991, que afirma en su artículo primero que es un Estado social de derecho e incluye un capítulo completo acerca de la función social del Estado. Por la misma época incorporaron fórmulas similares la Constitución de Paraguay de 1992 (artículo 1) y la de Perú de 1993 (artículo 43).

Además, entre las Constituciones más nuevas en la región que suelen ser catalogadas como parte del "nuevo constitucionalismo latinoamericano" se incluyen las de Venezuela, de 1999 (artículo 2), la de Ecuador, que define en su artículo primero al Estado como un "Estado constitucional de derechos y justicia, social, democrático, soberano, independiente, unitario, intercultural, plurinacional y laico" y a la Constitución de Bolivia, de 2009, que habla en su artículo 1 de un "Estado Unitario Social de Derecho Plurinacional Comunitario".

Ahora bien, ¿qué consecuencias tiene el hecho de incorporar a un texto Constitucional una fórmula como la del Estado social de derecho? Esta es una discusión que se dio en el año 1949 en Alemania, cuando se incorporó a la Ley Fundamental de Bonn el concepto helleriano de Estado. Como es sabido, si bien la Constitución de Weimar delineó en su articulado las bases de un Estado social de derecho, no mencionaba en ningún artículo esa fórmula. Los constituyentes de 1949 buscaron entonces de muchas maneras superar los problemas y fallas de la Constitución de Weimar y es por eso que entre otras cuestiones, incorporaron nociones valorativas al texto de la Constitución, entre ellas, el valor de democracia social.

El debate más conocido acerca de la pertinencia de incorporar la fórmula helleriana es el que tuvo lugar entre Ernst Forsthoff, discípulo de Carl Schmitt y Wolfgang Abendroth, quien recurrió en muchas oportunidades a las ideas de Hermann Heller. Forsthoff, subrayaba la incompatibilidad entre un Estado social y el Estado constitucional. Desde su punto de vista, las garantías de los derechos sociales no buscan establecer límites sino prestaciones positivas, es decir, no se dirigen a la libertad de los individuos sino a la participación. Es esta participación la que exige un Estado que distribuye, atribuye, divide, en definitiva, un Estado social. Esta actividad, desde su perspectiva, es propia de la legislación y de la administración, más no forma parte del ámbito del derecho constitucional (Herrera, 2009).

Abendroth, por su parte, recordando la genealogía socialista de la fórmula "Estado social" y las ideas de Heller al respecto, creía necesario especificar un contenido constitucional concreto de esa noción en el derecho positivo alemán.

Desde su perspectiva, esa cláusula permitía la interpretación social del conjunto de la Constitución, incorporando el principio de distribución de la propiedad en el orden jurídico. Abendroth interpretaba que la fórmula promovía un orden económico concreto e incluso, contemplaba la posibilidad de participación de los trabajadores en la gestión de la empresa (Herrera, 2009).[1] En definitiva, la argumentación de Abendroth abogaba por la no incompatibilidad entre *Rechtsstaatlichkeit* y *Socialstaatlichkeit,* es decir: Estado de derecho y Estado social. Desde su punto de vista y a diferencia de Forsthoff, Abendroth consideraba la posibilidad de conciliar justicia social e igualdad ante la ley.

Sobre este debate ha sostenido Habermas (2008) que mientras que la postura de Forsthoff es débil porque no puede dar cuenta de la juridificación ligada al Estado social, la posición de Abendroth es más realista, porque trata de conciliar el principio de Estado social y las garantías del Estado de derecho bajo el techo de la autodeterminación democrática: "el orden social está en conjunto a disposición de la formación democrática de la voluntad del pueblo" (Habermas, 2008: 549). Lo cierto es que la incorporación de la fórmula Estado social ha significado en el caso alemán la consolidación de jurisprudencia del Tribunal Constitucional Alemán sobre la fórmula helleriana, en términos de la garantía estatal de un mínimo de existencia, o en sus términos, de *Existenzminimum.*

El caso de Alemania nos demuestra que el concepto de Estado social de derecho, incorporado en numerosas constituciones, tiene consecuencias importantes a la hora de interpretar el alcance de ciertos derechos, especialmente aquellos de contenido social. En nuestra región esta hermenéutica ha sido especialmente desarrollada por la Corte Constitucional de Colombia, a la hora de interpretar el alcance de la fórmula "Estado social de derecho" incorporada en su artículo primero.

En la sentencia T-084/94, la Corte se pronunció sobre el alcance del Estado social de derecho en un caso que involucraba el derecho a trabajar en condiciones dignas y justas. En esta oportunidad diferenció entre las nociones de Constitución material y formal afirmando que toda Constitución contiene una fórmula política, manifestada en forma expresa o tácita. Sostuvo además que en el caso de Colombia es necesario remitirse a la cláusula contenida en el Preámbulo y a los artículos 1 y 2 de la Constitución colombiana, donde se encuentra el sentido de las expresiones "Estado social de derecho" y "deberes sociales del Estado", "que obedecen a conceptos expresados por Hermann Heller desde 1929, encaminados a sacar al Estado Liberal de la encrucijada que atravesaba en el primer tercio del siglo".

Una sentencia emblemática en el mismo sentido es la SU-043/95, en la que la Corte Constitucional colombiana se pronunció sobre un niño, al que por estar

1. Podemos pensar en cierta filiación de esa idea con el artículo 165 de la Constitución de Weimar y la idea de los Consejos obreros.

en un estado terminal de su enfermedad se le había negado la prestación de un servicio de salud. En sus argumentos, la Corte sostuvo que era claro que desde los mismos orígenes del reconocimiento formal de los derechos sociales de los trabajadores, y en especial, del derecho de estos a la seguridad social, se fomenta por el Estado y por virtud de la ley, entre otras relaciones, "el establecimiento de vínculos regulares y ordenados de carácter social, económico y financiero, entre los patronos, los trabajadores y las entidades de seguridad social y de asistencia médica y de salud", creadas con fines de seguridad social, para brindarles a estos últimos, los servicios y la atención que no podrían sufragar con su salario. Lo interesante es que la Corte realiza en este caso un desarrollo acerca del origen interpretativo de esta obligación cuando identifica como antecedentes normativos de este tipo de compromiso entre las clases sociales, la redacción de la Constitución de Weimar y la Constitución Mexicana de 1917, y entiende que es posible encontrar "suficientes fundamentos doctrinarios en las teorías del primer 'Estado Social de Derecho'", formuladas, por Herman Heller.

Esta referencia a la raíz helleriana del concepto la encontramos también en una sentencia de 2001, donde la Corte Constitucional lleva a cabo un extenso análisis histórico, contextual y permenorizado del concepto de Estado social de derecho. Lo que se discutía en este caso era que el Congreso de la República no había incluido en la ley anual de presupuesto una partida presupuestaria para aumentar el salario de los empleados públicos en un monto igual o superior a la inflación del año anterior. Los afectados alegaron que dicha omisión parcial desconocía los preceptos constitucionales y la jurisprudencia de la Corte Constitucional sobre aumento de salario.

En los fundamentos de su sentencia, la Corte llevó a cabo un análisis histórico del Estado social de derecho y se retrotrajo a las ideas de Heller, para explicar el origen de tal noción. Sostuvo que el surgimiento histórico de este modelo de organización da cuenta de la convergencia de las ideas socialistas, de la tradición liberal y del pensamiento social cristiano. Asimismo, aclaró que si bien en la segunda mitad del siglo XIX, la preocupación por la "cuestión social" llevó a la adopción de leyes sociales de protección, sería recién después de las dos guerras mundiales que ella vendría a plasmarse en la propia configuración del Estado, y lo haría precisamente de la mano de Hermann Heller, quien conceptualizó la incidencia de lo social en la teoría del Estado y acuñó la idea misma del "Estado social de derecho".

Además de este recuento histórico, la Corte diferenció en esta sentencia las herramientas del Estado de derecho y del Estado social y sostuvo que a diferencia del Estado de derecho "que atiende exclusivamente a un concepto formal de igualdad y libertad", en el Estado social de derecho la "igualdad material es determinante como principio fundamental que guía las tareas del Estado con el fin de corregir las desigualdades existentes, promover la inclusión y la participación y garantizar a las personas o grupos en situación de desventaja el goce efectivo de sus derechos fundamentales".

Asimismo, acerca de los contenidos específicos del Estado social de derecho, la Corte afirmó que el principio consagrado en la Constitución abarca, sin caer en el paternalismo o en el asistencialismo, "contenidos tanto de participación en la prosperidad general, de seguridad frente a los riesgos de la vida en sociedad, de equiparación de oportunidades como de compensación o distribución de cargas". Y también delimitó el tipo de prestaciones que desarrolla el Estado social de derecho al afirmar que la concepción de igualdad material que inspira el Estado social de derecho "se manifiesta, plenamente, en el mandato de protección especial a los más débiles, en términos comparativos, en el manejo y el reparto de recursos escasos".

Por último, cabe resaltar del muy extenso análisis de la Corte colombiana, la relación que plantea entre este concepto con el principio de solidaridad. Según su interpretación, en el marco de un Estado social de derecho y en virtud del principio de solidaridad "quienes están mejor en la sociedad son los llamados a colaborar con aquellos que se encuentran en estado de vulnerabilidad, situación de indefensión o desprotección, o en estado de marginación". De aquí la idea de solidaridad social en el sentido de un "contrato social ampliado", conceptualización que es compatible con la elaboración conceptual de Heller.

Lo que podemos comprobar, tanto en el caso del Tribunal Constitucional alemán como en el de la Corte Constitucional de Colombia, es que la fórmula helleriana sigue siendo de utilidad para interpretar el alcance de las obligaciones del Estado en términos de derechos sociales e igualdad material. La proyección teórica del concepto de Estado social de derecho, entonces, no sólo se circunscribe a la tradición alemana, sino que brinda herramientas interpretativas para otros contextos y tradiciones constitucionales.

Esto no significa, sin embargo, que el concepto de Estado social de Heller no requiera ser actualizado en algunos de sus elementos. Hemos resumido la conceptualización helleriana en tres rasgos: (i) el predominio de la racionalidad política sobre la económica. El Estado es quien le fija fines a la economía; (ii) necesidad de una *Kulturkampf*, la necesidad de implementar la idea de justicia social en la organización misma de la sociedad y (iii) el principio de igualdad material como prerrequisito de la democracia. Los tres elementos han sido resignificados, en alguna medida, por el conjunto de transformaciones que ha sufrido la sociedad occidental en las últimas décadas.

Históricamente el Estado adoptó distinto tipo de protecciones, apuntadas también a diferente tipo de necesidades: las protecciones civiles, garantizadas históricamente por el Estado de derecho, y las protecciones sociales, avaladas históricamente por el Estado social. Las primeras, garantizan las libertades fundamentales y la seguridad de los bienes y de las personas en el marco del Estado de derecho, mientras que las segundas, "cubren" contra los principales riesgos capaces de entrañar una degradación de la situación de los individuos, como la enfermedad, el accidente, la vejez empobrecida, dado que las contingencias de la vida pueden culminar en la decadencia social (Castel, 2010). Así, estar a salvo en la esfera social significa estar protegido de los imponderables que podrían degradar el status social del individuo, ya sea la incapacidad de trabajar, la enfermedad, accidentes, o la insolvencia en la vejez. Este sistema de protecciones, propias de la idea del Estado social, y que en Heller se suman a las protecciones civiles, aparecen fuertemente vinculadas al trabajo porque originalmente se articularon en torno a los derechos del trabajador.

De esa manera, el trabajo dejó de ser una relación puramente mercantil retribuida en el marco de una relación pseudocontractual, entre un empleador todopoderoso y un asalariado desamparado, para pasar a ser "empleo", es decir, un estado provisto de un estatuto que incluye garantías no mercantiles como el derecho a un salario mínimo, las protecciones del derecho laboral, la cobertura por accidentes, por enfermedad, el derecho a la jubilación o retiro, etc. En efecto, estas primeras protecciones sociales a los trabajadores fue la primera forma del Estado social, que en Alemania tuvo su manifestación durante la cancillería de Otto Von Bismarck, y que evolucionó con variaciones en distintos países europeos.

Esto que se ha dado a llamar "sociedad salarial" (Castel, 1997, 2010) generó que casi todos los individuos estuvieran cubiertos por sistemas de protección construidos, en su mayor parte, a partir de la categoría del trabajo. Sin embargo, como hemos mencionado, esta fue sólo la primera modalidad de protección, ya que la segunda manifestación ha sido la de brindar acceso masivo a la propiedad social, un tipo de propiedad destinado a la seguridad, puesta a disposición de aquellos que se encuentran excluidos de las protecciones que otorga la propiedad privada. Este tipo de propiedad produce lo que podrían entenderse como equivalentes sociales de las protecciones que antes estaban dadas sólo por la propiedad privada. Entre estas protecciones podemos mencionar los servicios públicos, ya que se trata de servicios no mercantiles que son accesibles a todos y constituyen un factor muy importante de cohesión social entre los diferentes segmentos de la sociedad.

Ejemplos del primer tipo de protecciones podemos encontrarlos fácilmente en la Constitución de Weimar, que Heller consideraba suficiente para efectivizar al menos en sus inicios al Estado social. Así, sus artículos 157, 158 y 159 postulaban el derecho y la protección del trabajo, así como la mejora de sus condiciones. El 162 procuraba la reglamentación internacional de las relaciones jurídicas de los trabajadores, con objeto de asegurar a toda la clase obrera de la humanidad, un *minimum* general de derechos sociales y el 165, como mencionamos en el análisis que hacía Heller de ese artículo, se proponía la creación de Consejos obreros. El resto de las protecciones provenía de lo que podría describirse como prestaciones positivas y universales del Estado, especialmente el artículo 161 que establecía que "para atender a la conservación de la salud y de la capacidad para el trabajo, a la protección de la maternidad y a la previsión de las consecuencias económicas de la vejez, la enfermedad y las vicisitudes de la vida, el Imperio creará un amplio sistema de seguros, con el concurso efectivo de los interesados" y el artículo 163, que afirmaba que todo alemán tenía el deber moral de emplear sus fuerzas intelectuales y físicas conforme el bien de la comunidad, y postulaba que a todo alemán debía proporcionársele la posibilidad de ganarse el sustento mediante un trabajo productivo y que cuando no se le pudieran ofrecer ocasiones adecuadas de trabajo, se atendería a su necesario sustento.

Todas estas protecciones se relacionan más directa o indirectamente con el trabajo, ya que incluso en materia de seguridad social (artículo 161), se trata de contingencias y riesgos sociales que impiden la capacidad laboral y por lo tanto, exigen la asistencia del Estado. Además de este tipo de protecciones, la Constitución de Weimar postulaba el derecho a la educación pública de la juventud y la protección de la maternidad y las familias numerosas. No obstante, predomina en el texto fundamental de 1919 el modelo de protecciones vinculadas a la capacidad laboral y por lo tanto, al primero de los modelos de protecciones descriptos.

Más allá de esta presentación simplificada de los sistemas de protección, lo cierto es que todos ellos precisan de un Estado activo en la economía, con recursos y capacidad de acción a nivel nacional y, por supuesto, presuponen un modelo de economía salarial que depende en última instancia, del pleno empleo. Los cambios acontecidos a nivel mundial con el desmantelamiento del Estado social o su versión de Estado de bienestar hacia la década de los setenta y el posterior proceso conocido como globalización, han puesto en cuestión todos estos presupuestos. Ya no es posible hablar de una "sociedad salarial" como en los años de postguerra. Al mismo tiempo se ve desafiada la capacidad económica y política del Estado para ocupar un protagonismo en materia de política económica. El divorcio entre el poder y la política que caracteriza a nuestro tiempo ha dejado al capital librado del control político (Bauman, 2011). A esto se le suma un incremento global de la desigualdad social y el quiebre de la homogeneidad social en los términos en que la definía Heller.

Mucho se ha debatido en torno a las limitaciones del Estado social, especialmente en la forma adoptada durante la segunda postguerra en su carácter de Estado de bienestar, o Welfare State.[2] Recordemos tan sólo como ejemplo las críticas de Claus Offe (1990) o de Nlklas Luhmann (1993) a sus sistemas de protección. Sin embargo, el análisis de esos debates excede nuestros objetivos. Lo que nos interesa aquí es pensar desde el paradigma de Estado social de derecho de Heller y a la luz de la literatura moderna sobre la cuestión social, los problemas y desafíos a los que se enfrenta ese modelo para poder lograr sus objetivos en las sociedades modernas. Presentaremos tres desafíos a los que se enfrenta este modelo y también tres cuestionamientos que se le pueden hacer al mismo.

2. Sobre la distinción entre Estado de bienestar y Estado social ver Herrera, 2009.

Los principales cambios que ha sufrido el contexto en el cual se ha formado el Estado social de derecho y que han provocado una serie de nuevos desafíos para esas estructuras son tres: la re-mercantilización del empleo, las crisis económicas del capitalismo y los cambios en la configuración del Estado nación a partir de los procesos de integración regional y los acuerdos comerciales internacionales. Estos tres cambios han provocado tres grandes desafíos al modelo pensado por Heller que consisten en:

i. la inadecuación del modelo de protecciones basadas en el empleo. La ausencia de empleo y la degradación del estatuto del empleo han socavado el principal pilar a partir del cual el Estado social desplegaba su papel protector (Castel, 2010b)
ii. la reducción de la capacidad económica de los Estados para generar políticas sociales, y
iii. la reducción de la capacidad de toma de decisiones de los Estados a partir de los compromisos que a nivel internacional y regional han suscripto. Los Estados nación pierden mucho del dominio que tenían sobre los parámetros de su desarrollo económico y social (Castel, 2010b; Bauman, 2011).

A la par de pensar en estos desafíos a los que se enfrenta el Estado social, podemos delinear algunos cuestionamientos, que se le puede hacer a este modelo a partir de sus comparar los objetivos que se ha propuesto y los resultados que a grandes rasgos ha logrado. Los tres principales cuestionamientos al modelo de Estado social de derecho son:

i. su universalidad. Se ha sostenido que sus prestaciones universales generan cierta "pasividad" en quien las recibe y provoca una ciudadanía apática e incapaz de luchar por sus reivindicaciones y que esa universalidad sólo es posible en momentos de expansión del ciclo económico.
ii. su capacidad para dar cuenta de los excluidos del sistema laboral y de quienes precisan de un reconocimiento en términos identitarios o de derechos culturales más no meramente materiales. Ej.: Minorías étnicas o sexuales.
iii. no ha logrado alcanzar una verdadera redistribución de recursos.

Analizaremos a continuación cada uno de estos tres puntos. En primer lugar, la cuestión de la universalidad. El modelo asegurador basado en la universalidad de las prestaciones ha entrado en crisis debido a los cambios en el mercado laboral pero también ha sido cuestionado por generar en la ciudadanía cierta "apatía", "pasividad" y dependencia (Rosanvallon, 1995) y por ser posible sólo en períodos de fuerte crecimiento y pleno empleo. La primer objeción puede ser debatida, en efecto, no todo tipo de prestación universal genera dependencia y pasividad en quien la recibe (podemos pensar, por ejemplo, en los servicios públicos de salud o educación). Por otro lado, diversos programas sociales han apelado a modificar la incondicionalidad de sus prestaciones con resultados positivos, ya que podría penarse en que cierta participación y responsabilización de los beneficiarios en la percepción de los beneficios sociales, ayuda a construir una ciudadanía mucho más activa que la del modelo meramente universalista.[3] Más problemático es el cuestionamiento acerca de la financiación de las prestaciones, algo que hemos indicado como un desafío al que se enfrenta el Estado social. El interrogante que se presenta es si los Estados asumirán el costo político que implica tomar decisiones en dirección de la distribución y en contra de los grandes capitales.

De todas maneras, frente a quienes cuestionan la universalidad de las prestaciones es interesante recordar que estas implican una dimensión de ciudadanía y que constituyen una de las expresiones del vínculo social, y a su manera, dan testimonio de una forma de igualdad (Rosanvallon, 1995). Esta dimensión simbólica es de alguna manera la misma que indicaba Heller cuando se refería a la idea de igualdad material, presupuesto necesario de la democracia social.

La segunda cuestión, la de los excluidos, se presenta también como un posible cuestionamiento para realizarle al Estado social de derecho clásico. El modelo de prestaciones universales tampoco da cuenta de los reclamos de aquellos que no están dentro del sistema universalista o de quienes tienen pretensiones de reconocimiento por fuera de las prestaciones meramente materiales. Hablamos de las minorías étnicas, sexuales, aborígenes, que no buscan meramente una reivindicación de tipo material sino que precisan de un reconocimiento en su derecho a la igualdad.[4] También en este sentido es que podemos pensar que la universalidad se presenta también como insuficiente, ya que la deuda social no sólo se expresa mediante las transferencias organizadas y los procedimientos estandarizados, sino que también, asume la forma de un deber individual frente a las personas particulares (Rosanvallon, 1995).

Finalmente, cabe desarrollar un último cuestionamiento al modelo de Estado social clásico, que tiene que ver con los logros realmente alcanzados en materia de distribución social. Si bien podría encontrarse cierta correlación entre los niveles de redistribución y de igualdad social en los Estados sociales realmente implementados (Dubet, 2011), también es cierto que la solución del Estado social no consistió en la supresión o el reparto de la propiedad privada, por lo que no realizó la estricta igualdad de las condiciones sociales. En ese sentido la sociedad salarial sigue estando fuertemente diferenciada y es también fuertemente desigualitaria (Dubet, 2011; Castel, 2010a), ya que muchas veces ha ayudado

3. Podría pensarse que al modelo estatalista de Heller podría realizársele este cuestionamiento, la tan fuerte presencia del Estado puede ser perniciosa para las iniciativas de los ciudadanos.

4. Reconocimiento en el sentido planteado por Nancy Fraser (2006). Para Dubet (2011), en cambio, lo material determina también el reconocimiento.

a mantener en realidad el esquema de posiciones sociales y no ha generado una gran movilidad social.

En síntesis, teniendo presentes tanto los desafíos como los cuestionamientos que se le pueden hacer al modelo de Estado social de derecho, podemos intentar reactualizar esta categoría intentando superar estos problemas y modificar algunos instrumentos, a fin de que el modelo pueda seguir sirviendo a su objetivo de justicia social. Se podría pensar en un Estado que, sin descuidar su papel en la economía y sus prestaciones universales, especialmente los servicios públicos, logre combinar tanto la idea de universalidad como la de responsabilidad, tanto la idea de igualdad de posiciones, como la de igualdad de oportunidades, y tanto la idea de reconocimiento, como la de distribución. Como sostiene Robert Castel (2010a), es ingenuo oponer individuo y Estado, ya que el individuo puede ser independiente porque tiene derechos. Hablar "en nombre del Estado social" es reconocer el papel que tuvo y que debería seguir desempeñando el Estado en la construcción de la ciudadanía social.

3. Proyecciones pedagógicas

Una última proyección de esta investigación que queremos destacar es la de la utilidad de incorporar el pensamiento jurídico de Weimar en la enseñanza de la teoría del Estado. Esta disciplina suele ser considerada como una materia introductoria a los estudios del derecho público. En la carrera de derecho de la Universidad de Buenos Aires, por ejemplo, es una asignatura con correlatividad obligatoria para poder cursar otras como Derecho Constitucional, Derecho Administrativo o Derecho Internacional Público.[5] Esto moldea de alguna manera el diseño pedagógico de la materia, ya que plantea el desafío de que la misma funcione como introducción a los problemas fundamentales del derecho público desde una perspectiva integral.

Para lograr este objetivo, el pensamiento jurídico de Weimar se presenta como una herramienta pedagógica de gran valor. Podríamos enumerar muchas razones por las cuales el pensamiento de los juristas de Weimar permite presentar gran parte de los contenidos básicos de la teoría del Estado, sin embargo, aquí nos concentraremos sólo en algunos de ellos. En primer lugar, se podría destacar el acercamiento metodológico que ofrece la teoría del Estado de Weimar. Se trata éste de un modelo metodológico de análisis en el que la teoría del Estado y la teoría constitucional se encuentran fuertemente entrelazadas. Así, el pensamiento de los juristas de Weimar ofrecería la posibilidad de pensar en los beneficios

5. De acuerdo al plan de estudios aprobado por Resolución C.S. 809/85.

de concebir al derecho público sin desconectar la teoría del Estado de la teoría constitucional o de otras ramas del derecho público.

Por otra parte, podemos interpretar el pensamiento de nuestros tres juristas acerca de la legitimidad como una herramienta de utilidad para analizar la cuestión de las relaciones entre derecho y poder en la teoría del Estado. El estudio de las concepciones de legitimidad de Kelsen, Schmitt y Heller permite, como hemos visto, pensar la relación entre derecho y poder desde tres miradas diferenciadas, lo cual brinda la posibilidad de discutir tres posibles formas de relacionar ambos elementos: una donde predomine la idea de derecho, otra donde predomine la de poder y una tercera, la helleriana, en donde estos elementos aparecen interrelacionados.

También podríamos destacar el aporte que puede brindar el pensamiento de Weimar a partir de la riqueza y complejidad de sus debates metodológicos. La llamada *Methodenstreit* en Weimar ofrece la oportunidad de presentar los contrastes entre positivismo y no positivismo no sólo desde la perspectiva de la teoría del derecho sino desde la visión de la teoría del Estado. En ese sentido sería interesante contrastar las concepciones sobre la teoría del Estado de Kelsen, por ejemplo, y de Heller, tomando cuenta del tipo de estudios y acercamientos que propone cada una de esas perspectivas.

Por otra parte, el debate entre Schmitt y Kelsen en torno al guardián de la Constitución ofrece elementos teóricos de gran relevancia para discutir la cuestión de la defensa de la Constitución. A partir de los argumentos y contraargumentos de los dos juristas es posible reconstruir razones por las cuales elegir entre un Tribunal Constitucional u otro tipo de instituciones para el control de la constitucionalidad de las normas o decretos. En el mismo sentido, también permite introducir la discusión acerca de los controles y contrapesos de los poderes en democracia y la legitimidad democrática de los tribunales constitucionales, entre otras cuestiones.

El pensamiento de Weimar facilita también introducir la reflexión sobre la interpretación constitucional. Los tres juristas objeto de este estudio tienen visiones distintas sobre el papel de los jueces al interpretar el derecho y por lo tanto, también sobre la interpretación jurídica en general y la constitucional en particular. Como también surge del debate sobre el guardián de la Constitución la postura de Schmitt introduce el problema de las cuestiones políticas no justiciables y el carácter político de las decisiones judiciales. La contraposición de su posición con la kelseniana y la introducción de las ideas de Heller en el caso *Prusia contra Reich* podrían servir como herramientas de enseñanza en la materia.

Asimismo, el pensamiento de Weimar nos permite reflexionar desde una perspectiva jurídico política sobre el concepto de crisis institucional y constitucional. Como hemos visto, el pensamiento jurídico de Weimar se encuentra fuertemente marcado por la reflexión sobre la crisis. Crisis de las instituciones: la democracia, el parlamento, la institución presidencial, el Tribunal Constitucional y al mismo tiempo, crisis de la Constitución. En ese sentido el pensamiento de Weimar ofrece un debate que no carece de actualidad para analizar crisis constitucionales institucionales o constitucionales actuales y que permite también aplicar las "lecciones de Weimar" al diseño institucional y constitucional contemporáneo.

El pensamiento de Weimar también puede ser utilizado para introducir nociones básicas de derecho internacional y relaciones internacionales. Por ejemplo las posiciones de Kelsen, Schmitt y Heller acerca del concepto de soberanía, permiten contextualizar teóricamente la cuestión de la primacía del derecho internacional o el estatal. Los argumentos de nuestros tres juristas acerca de la noción de soberanía tienen asimismo una gran potencialidad en el análisis de cuestiones actuales como la de la internacionalización del derecho constitucional o la constitucionalización del derecho internacional o incluso cuestiones de integración regional (Vita, 2011, 2012).

Pero también son las ideas de nuestros tres juristas sobre la Constitución de Weimar herramientas útiles para interpretar nuestras constituciones actuales. La Constitución de 1919, como hemos señalado, plantea entre otras cuestiones la de la introducción de los derechos sociales y un modelo de Estado cercano a la idea de Estado social. Las ideas de Kelsen, Schmitt y Heller sobre esta Constitución podrían servir para profundizar el debate en torno al constitucionalismo social de la segunda postguerra e incluso el nuevo constitucionalismo latinoamericano, en relación a la incorporación de derechos sociales y el papel del Estado en su efectivización.

Finalmente y como ya hemos adelantado, las concepciones de legitimidad de Kelsen, Schmitt y Heller permiten presentar el problema de la legitimidad desde una perspectiva muy completa. Los tres modelos de legitimidad analizados sirven para ejemplificar tres posibles posturas ideales en torno a la legitimidad del derecho y del Estado. Pero además, como también analizamos en esta tesis, el estudio conjunto de estas concepciones con sus modelos de democracia correlativos permite una mejor comprensión del problema de la legitimidad en el contexto de regímenes políticos democráticos. Así, la cuestión de la legitimidad del derecho y del Estado, cuestión fundamental dentro de los contenidos de la teoría del Estado, puede ser abordada desde una perspectiva que no sólo es especialmente interesante sino además que no carece de actualidad.

Por último, y cómo ya hemos explicado, la concepción de legitimidad de Heller y su desarrollo teórico acerca del Estado social de derecho ofrecen una perspectiva actual para el debate sobre la legitimidad y el Estado en contextos de gran desigualdad como el de Latinoamérica. Partir de una concepción sobre la legitimidad que tome en cuenta aspectos sustanciales de igualdad material como así también la utilización interpretativa que puede tener un concepto como el de Estado social de derecho en nuestros días, dan cuenta de la utilidad de la perspectiva helleriana para el contexto latinoamericano.

Bibliografía

Abendroth, Wolfgang: "Die Funktion des Politikwissenschaftlers und Staatsrechtslehrers Hermann Heller in der Weimarer Republik und in der Bundesrepublik Deutschland", en Müller, Christoph e Ilse, Staff (eds.), *Staatslehre in der Weimarer Republik: Hermann Heller zu ehren*, Baden Baden, Nomos, 1985, pp. 43-63.

Anschütz, Gerhard: *Die Verfassung des Deutschen Reiches vom 11. August 1919*, Berlin, 1933.

Agamben, Giorgio: *Homo Sacer I*, Valencia, Pre-textos, 2003.

— *El Reino y la Gloria*, Buenos Aires, Adriana Hidalgo, 2008a.

— *Estado de excepción*, Buenos Aires, Adriana Hidalgo, 2008b.

Agapito, Rafael: "Introducción", en Schmitt, Carl, *El concepto de lo político*, Madrid, Alianza, 1991.

Alarcón Olguín, Victor: "Hans Kelsen: bitácora de un itinerante", en Correas, Oscar (edit.): *El otro Kelsen*, México, Ediciones Coyoacán, 2003, pp. 17-26.

Alexy, Robert: *Recht, Vernunft, Diskurs. Studien zur Rechtsphilosophie*, Frankfurt am Main, Suhrkamp, 1995.

—*Teoría de los derechos fundamentales*, Madrid, Centro de Estudios Constitucionales, 1997.

Aramayo, Roberto: "El 'amor secreto' de Max Weber y su proyección en la República de Weimar", en Flórez Miguel, Cirilo y Hernández Marcos, Maximiliano (eds.): *Literatura y política en la república de Weimar*, Salamanca, Verbum, 1998, pp. 107-124.

Arboniés, Eugenio: *Semblanza de Hermann Heller y su obra "Teoría del Estado"*, Buenos Aires, Lumiere, 2000.

Bachrach, Peter: *Crítica de la teoría elitista de la democracia*, Buenos Aires, Amorrortu, 1973.

Barash, Jeffrey: "Political Mythologies of the Twentieth Century in the Perspective of Hermann Heller, Ernst Cassirer and Karl Löwith", en *Bulletin du CRFJ*, 6, 2000, pp.121-133.

Barba Solano, Carlos y Cohen, Néstor: *Perspectivas críticas sobre la cohesión social. Desigualdad y tentativas fallidas de integración social en América Latina*, Buenos Aires, CLACSO, 2011.

Bauman, Zygmunt (2011) *Daños colaterales. Desigualdades sociales en la era global*, Madrid, Fondo de Cultura Económica, 2011.

Beade, Gustavo y Clérico, Laura (eds.): *Desafíos a la ponderación*, Bogotá, Universidad Externado de Colombia, 2011.

Bendersky, Joseph, "The Expendable Kronjurist: Carl Schmitt and National Socialism, 1933-36", en *Journal of Contemporary History*, 1979, Vol. 14, N°2.

—*Carl Schmitt teorico del Reich*, Bologna, Il Mulino, 1989.

Berlin, Isaiah: "Prefacio", en Sorel, Georges, *Reflexiones sobre la violencia*, Madrid, Alianza, 2005, pp. 7-58.

—*Cuatro ensayos sobre la libertad*, Madrid, Alianza, 1988.

Bertín, Hugo y Corbetta, Juan Carlos: *La noción de Legitimidad en el Concepto de lo Político de Carl Schmitt*, Buenos Aires, Struhart, 1997.

Bidart Campos, Germán: "La Constitución económica (un esbozo desde el Derecho Constitucional argentino), *Cuestiones Constitucionales*, N° 6, México, Universidad Autónoma de México, 2002, pp. 3-16.

—*El derecho constitucional del poder*, Buenos Aires, Ediar, 1967.

Bieber, León: *La República de Weimar: génesis, desarrollo y fracaso de la primera experiencia democrática*, México, UNAM, 2002.

Bielefeldt, Heiner: "Carl Schmitt's Critique of Liberalism: systematic reconstruction and countercriticism", en Dyzenhaus, David (ed.), *Law as Politics: Carl Schmitt's Critique of Liberalism*, Durham, Duke University Press, 1998, pp. 23-36.

Bobbio, Norberto: *Contribución a la Teoría del Derecho*, Valencia, Fernando Torres, 1980.

—*El futuro de la democracia*, México, Fondo de Cultura Económica, 1986.

—"Kelsen y el problema del poder", en *Crítica Jurídica*, N° 8, Puebla, 1988.

— "Democracia", en Bobbio, Norberto; Matteucci, Nicola y Pasquino, Gianfranco, *Diccionario de Política*, Madrid, Siglo XXI, 1998.

—"Kelsen y Max Weber", en Correas, Oscar (eds.), *El otro Kelsen*, México, Ediciones Coyoacán, 2003, pp. 65-86.

—*Teoría general de la política*, Madrid, Trotta, 2005.

Böckenförde, Ernst: "Grundrechtstheorie und Grundrechtsinterpretation", en Dreier, Ralf y Schwegmann, Friedrich, *Probleme der Verfassunsinterpretation: Dokumentation e. Kontroverse*, Baden Baden, Nomos, 1976, pp. 266-292.

—"The concept of the political: a key to understanding Carl Schmitt`s constitutional theory", en Dyzenhaus, David, (ed.), *Law as Politics: Carl Schmitt's Critique of Liberalism*, Durham, Duke University Press, 1998, pp. 37-55.

Boldt, Hans: *Deutsche Verfassungsgeschichte*, München, 1993.

Bracher, Karl: *Die Auflösung die Weimarer Republik: eine Studie zum Problem des Machtverfalls in der Demokratie*, Stuttgart, Ring, 1955.

—*The German Dictatorship. The origins, structure and effects of National Socialism*, New York, Holt, Rinehart & Winston, 1970.

Caldwell, Peter: *Popular sovereignty and the crisis of German Constitutional Law: the theory and the practice of Weimar constitutionalism*, Durham, Duke University Press, 1997.

Caldwell, Peter y Scheuerman, William: *From Liberal Democracy to fascism: Legal and Political thought in the Weimar Republic*, Boston, Humanities Press, 2000.

Campderrich Bravo, Ramón: *Derecho, política y orden internacional en la obra de Carl Schmitt (1919-1945)*, Barcelona, Universitat de Barcelona, 2006.

Campi, Alessandro: "Gran espacio y unidad política del mundo", en Corbetta, Juan y Piana, Ricardo, *Política y orden mundial. Ensayos sobre Carl Schmitt*, Buenos Aires, Prometeo, 2007.

Hernandez Castellanos, Donovan Adrián: "Idea del Estado en Carl Schmitt aportes para una genealogía de lo político", en *Argumentos*, Vol. 23, pp. 89-104.

Cárcova, Carlos: *La idea de "ideología" en la teoría pura del derecho*, Buenos Aires, Cooperadora de Derecho y Ciencias Sociales, 1973.

—*La opacidad del derecho*, Madrid, Trotta, 1998.

—*Las teorías jurídicas post positivistas*, Buenos Aires, Lexis Nexis Argentina, 2007.

Castel, Robert: *La metamorfosis de la cuestión social: Una crónica del salariado*, Buenos Aires, Paidos, 1997.

— *El ascenso de las incertidumbres. Trabajo, protecciones, estatuto del individuo*, Buenos Aires, Fondo de Cultura Económica, 2010a.

—*La inseguridad social. ¿Qué es estar protegido?*, Buenos Aires, Manantial, 2010b.

Clérico, Laura: *El examen de proporcionalidad en el derecho constitucional*, Buenos Aires, Eudeba, 2009.

Cole, Douglas: *Historia del pensamiento socialista*, Tomo IV, México, Fondo de Cultura Económica, 1961.

Contreras, Claudio: "Hermann Heller: su contribución en la vía alemana del comunitarismo ossia. Soñar con Lasalle y despertar con Hitler", en Corbetta, Juan y Pinto, Julio (eds.), *Reflexiones sobre la teoría política del siglo XX*, Buenos Aires, Prometeo, 2005.

Corbetta, Juan: "Imágenes de la política según Carl Schmitt", en *Foro Político, Revista del Instituto de Ciencias Políticas*, Universidad del Museo Social Argentino, XXII, 1998, pp. 67-78.

Corbetta, Juan y Piana, Ricardo (comp.): *Política y orden mundial. Ensayos sobre Carl Schmitt*, Buenos Aires, Prometeo, 2008.

Correas, Oscar: *Kelsen y los marxistas*, México, Ediciones Coyoacán, 2004.

—"...Y la Norma Fundante se hizo ficción", en *Revista Crítica Jurídica*, Nº 18, México, junio 2001, pp. 71-97.

—"El otro Kelsen", en Correas, Oscar. (eds.), *El otro Kelsen*, México, Ediciones Coyoacán, 2003, pp. 27-55.

Donoso Cortés, Juan: *Ensayo sobre el catolicismo, el liberalismo y el socialismo*, Madrid, Biblioteca Nueva, 2007.

—"Discurso sobre la Dictadura", en Donoso Cortés, Juan, *Obras, Colección El pensamiento político Hipanoamericano*, Buenos Aires, Depalma, 1965, pp. 217-236.

Cossio, Carlos: "Teoría Egológica y Teoría Pura. (Balance provisional de la visita de Kelsen a la Argentina)", en *Revista de Estudios Políticos*, Madrid, Centro de Estudios Políticos y Constitucionales, Nº 48, 1949, pp. 185-249.

Cristi, Renato: "Hayek, Schmitt y el Estado de derecho", en *Revista Chilena de Derecho*, Vol. 18, Nº 2, pp., 1991, 189-201.

—"Carl Schmitt on Sovereignty and Constitutional Power", en Dyzenhaus, David (ed.), *Law as Politics: Carl Schmitt's Critique of Liberalism*, Durham, Duke University Press, 1998a, pp. 179-195.

— *Carl Schmitt and authoritarian liberalism. Strong State and Free Economy*, Cardiff, University of Wales, 1998b.

D'Auria, Aníbal *et. al.*: *El anarquismo frente al derecho: Lecturas sobre Propiedad, Familia, Estado y Justicia*, Buenos Aires, Libros de Anarres, 2007.

—"Ciencia del derecho y crítica del Estado: Kelsen y los anarquistas", en *Academia. Revista sobre enseñanza del Derecho*, Año 6, Nº 12, 2008, pp. 9-21.

D'Auria, Aníbal y Balerdi, Juan: *Estado y Democracia: Propuestas para una teoría del Estado demo-representativo*, Buenos Aires, Docencia, 1995.

Dahl, Robert: *La poliarquía: participación y oposición*, Madrid, Tecnos, 1989.

De los Ríos Urruti, Fernando: "Prólogo", en Jellinek, Georg, *Teoría General del Estado*, México, Fondo de Cultura Económica, 2000.

Delacroix, Sylvie: "Schmitt's Critique of Kelsenian Normativism", en *Ratio Juris*, Vol. 18, Nº 1, 2005, pp.30–45.

Dotti, Julio: "Donoso Cortés y Carl Schmitt", en Grillo, María, *Tradicionalismo y Fascismo Europeo*, Buenos Aires, Eudeba, 1999a.

—"From Karl to Carl: Schmitt as a Reader of Marx", en Mouffe, Chantal, *The Challenge of Carl Schmitt*, London, Verso, 1999b, pp. 92-117.

—*Carl Schmitt en Argentina*, Buenos Aires, Homo Sapiens, 2000a.

—"Definidme como queráis, pero no como romántico", en Schmitt, Carl, *Romanticismo político*, Buenos Aires, Universidad Nacional de Quilmes, 2000b.

—"¿Quién mató al Leviatán? Schmitt como intérprete de Hobbes en el contexto del nacionalsocialismo", en *Deus Mortalis. Cuaderno de Filosofía Política*, N° 1, 2002, pp. 93-190.

Dotti, Julio y Pinto, Julio (comp.): *Carl Schmitt, su época y su pensamiento*, Buenos Aires, Eudeba, 2002.

Dreier, Horst: *Rechtslehre, Staatssoziologie und Demokratietheorie bei Hans Kelsen*, Baden-Baden, Nomos, 1990.

Dreier, Ralf y Schwegmann, Friedrich: *Probleme der Verfassunsinterpretation: Dokumentation e. Kontroverse*, Baden Banden, Nomos, 1976.

Dubet, François: *Repensar la Justicia Social: contra el mito de la igualdad de oportunidades*, Buenos Aires, Siglo XXI, 2011.

Dyzenhaus, David: "Now the machine runs itself: Carl Schmitt on Hobbes and Kelsen", en *Cardozo Law Review*, N° 16, 1994, pp. 1-21.

—"Hermann Heller and the Legitimacy of Legality", en *Oxford Journal of Legal Studies*, Vol. 16, Nº 4, 1996, pp. 641-666.

—"Legal Theory in the Collapse of Weimar: Contemporary Lessons?", en *The American Political Science Review*, Vol. 91, Nº 1,1997, pp. 121-134.

—"Introduction: Why Carl Schmitt?", en Dyzenhaus, David (ed.), *Law as Politics: Carl Schmitt's Critique of Liberalism*, Durham, Duke University Press, 1998, pp. 1-20.

—*Legality and Legitimacy: Carl Schmitt, Hans Kelsen and Hermann Heller in Weimar*, Oxford, Oxford University Press, 1999a.

—"Putting the State Back in Credit", en Mouffe, Chantal (ed.), *The Challenge of Carl Schmitt*, London, Verso, 1999b, p. 75-91.

—"The Gordon Head of Power: Heller and Kelsen on the Rule of Law", en Caldwell, Peter y Scheuerman, William: *From Liberal Democracy to fascism: Legal and Political Thought in the Weimar Republic*, Boston, Humanities Press, 2000, pp. 20-46.

Elias, Norbert: *El proceso de civilización*, México, Fondo de Cultura Económica, 1993.

—*The civilizing process. Sociogenetic and Psychogenetic Investigations*, Oxford, Blackwell, 2004.

—*Los Alemanes*, Buenos Aires, Nueva Trilce, 2009.

Esposito, Roberto: *Categorías de lo impolítico*, Buenos Aires, Katz, 2006.

Eyck, Erich: *Geschichte der Weimarer Republik*, Erlenbach-Zürich, Eugen Rentsch Verlag, 1954.

—*A history of the Weimar Republic*, New York, Atheneum, 1970.

Fergusson, Adam: *Cuando muere el dinero. El derrumbamiento de la República de Weimar*, Buenos Aires, Alianza, 1989.

Fernández Vega, José: "Aproximaciones al enemigo", en Dotti, Julio y Pinto, Julio (eds.), *Carl Schmitt: su época y pensamiento*, Buenos Aires, Eudeba, 2002, pp. 43-56.

Fieder, Wilfried: "Die Wirklichkeit des Staates als menschliche Wirksamkeit - Über Hermann Heller (Teschen 1891 - Madrid 1933)", en *Oberschlesisches Jahrbuch* 11, 1995, pp. 149-167.

Flax, Javier: *La democracia atrapada: una crítica del decisionismo*, Buenos Aires, Biblos, 2004.

Fraser, Nancy y Honneth, Axel: *¿Redistribución o reconocimiento?*, Madrid, Ediciones Morata, 2006.

Freund, Julien: *Vista en conjunto sobre la obra de Carl Schmitt*, Buenos Aires, Struhart, 2006.

—"Las líneas clave del pensamiento político de Carl Schmitt", en Corbetta, Juan y Piana, Ricardo (comp.), *Política y orden mundial. Ensayos sobre Carl Schmitt*, Buenos Aires, Prometeo, 2007.

Friedel, Sabine y Iñiguez Hernández, Diego: "La prohibición de partidos políticos en Alemania", en *Claves de razón práctica*, N°122, 2002, pp. 30-40.

Fritzsche, Peter: *De alemanes a nazis: 1914-1933*, Buenos Aires, Siglo XXI, 2009.

Fulda, Bernhard: *Press and politics in the Weimar Republic*, Oxford, Oxford University Press, 2009.

Gadamer, Hans Georg: *Verdad y Método I*, Salamanca, Sígueme, 1999.

Koselleck, Reinhart: *Futuro Pasado. Para una semántica de los conceptos*, Barcelona, Paidós, 1993.

Galán Gutiérrez, Eustaquio: "Estado, Naturaleza y Cultura: el Estado como un trozo vivo de la realidad social y sus factores condicionantes naturales y culturales según Heller", en *Revista de Jurisprudencia*, Madrid, Reus, 1946.

García Belaúnde, Domingo: "Los gigantes de Weimar. A propósito de una visita de Peter Häberle", en *Ius et Veritas*, N° 17, 1998.

García Pastor, Román y Villacañas Berlanga, José: "Hamlet y Hobbes: Carl Schmitt sobre Mito y Modernidad Política", en Schmitt, Carl, *Hamlet o Hécuba: la irrupción del tiempo en el drama*, Valencia, Pre-Textos, 1993.

Gargarella, Roberto: *Nos los representantes. Crítica a los fundamentos del sistema representativo*, Buenos Aires, Miño y Dávila, 1995.

—*La justicia frente al gobierno*, Barcelona, Ariel, 1997.

—"Constitucionalismo *versus* democracia", en Gargarella, Roberto (comp.), *Teoría y Crítica del Derecho Constitucional*, 2010, pp. 23-35, Tomo I.

Garzón Valdés, Ernesto: "El Terrorismo de Estado", en *Revista de Estudios Políticos*, Nº 65, julio-septiembre 1989, Madrid.

Girard, René: *Clausewitz en los extremos: Política, guerra y apocalipsis*, Buenos Aires, Katz, 2010.

Goldwin, Robert: "John Locke. 1632-1704", en Strauss, Leo y Cropsey, Joseph (eds.), *Historia de la filosofía política*, México, Fondo de Cultura Económica, 2009, pp. 451-485.

Gómez Orfanel, Germán: *Excepción y normalidad en el pensamiento de Carl Schmitt*, Madrid, Centro de Estudios Constitucionales, 1986.

—"Homogeneidad, identidad y totalidad: la visión de la democracia de Carl Schmitt", en González García, José María y Quesada Castro, Fernando (coords.), *Teorías de la Democracia*, Barcelona, Anthropos, 1988.

—"Soldados y Ciudadanos, según Carl Schmitt", en *Revista de Estudios Políticos (Nueva Época)*, N°123, 2004, pp. 251-270.

Gónzález García, José María: "Crítica de la teoría económica de la democracia", en González García, José María y Quesada Castro, Fernando (coords.), *Teorías de la democracia*, Barcelona, Anthropos, 1988, p. 311-353.

González Prieto, Luis: "La recepción de Heller en España durante el franquismo", en *Revista de estudios políticos*, N° 120, 2003, pp. 173-194.

Groh, Kathrin: *Demokratische Staatsrechtslehrer in der Weimarer Republik*, Tübingen, Mohr Siebeck, 2010.

Guastini, Ricardo: "Kelsen y Marx", en Correas, Oscar (eds.), *El otro Kelsen*, México, Ediciones Coyoacán, 2003, pp. 87-108.

Gusy, Christoph: "Die Verfassungssituation in Deutschland 1918/19", en Brauneder, Wilhelm y Leser, Norbert (eds.), *Staatsgründungen 1918*, Frankfurt, Peter Lang, 1999.

Gutiérrez Gutiérrez, Ignacio: "El Derecho Público alemán a través del siglo XX: continuidades y desarrollos en la Ciencia Jurídica", en *Revista de derecho constitucional europeo*, N°4, 2005, pp. 443-454.

Häberle, Peter: *La libertad fundamental en el Estado Constitucional*, Lima, Fondo Editorial de la Pontificia Universidad Católica del Perú, 1997.

—"¿Existe un espacio público europeo?", en *Revista de Derecho Comunitario Europeo*, Año 2, Nº 3, 1998, pp. 113-136.

—"El Estado constitucional europeo", en *Cuestiones Constitucionales. Revista Mexicana de Derecho Constitucional*, N° 2, México, 2000, pp. 87- 104.

—"Europa como comunidad constitucional en desarrollo", en *Revista de Derecho Constitucional Europeo*, N° 1, 2004, pp. 11-24.

"El significado de las constituciones en la perspectiva de las ciencias culturales", *Pensamiento Jurídico*, N° 28, 2010, pp. 17-42.

Habermas, Jürgen: "¿Cómo es posible la legitimidad por vía de la legalidad?", en *Doxa. Cuadernos de Filosofía del Derecho*, N° 5, 1988, pp. 21-46.

—*La reconstrucción del materialismo histórico*, Madrid, Taurus, 1992.

—"Carl Schmitt en la historia de la cultura política de la República Federal", en Habermas, Jürgen, *Más allá del Estado nacional*, Madrid, Trotta, 1997, pp. 126-142.

—"¿Por qué Europa necesita una Constitución?", en *New Left Review*, Madrid, N°11, 2001, pp. 5-25.

—*Identidades nacionales y postnacionales*, Madrid, Tecnos, 2007.

—*Facticidad y validez. Sobre el derecho y el Estado democrático de derecho en términos de teoría del discurso*, Madrid, Trotta, 2008.

—"Constitucionalización del derecho internacional y problemas de legitimación de una sociedad mundial constitucionalizada", en *¡Ay Europa! Pequeños escritos políticos XI*, Madrid, Trotta, 2009.

—"Toward a european political community", en *Society*, New York, Vol. 39, Nº 5, 2002, pp. 58-62.

Heinig, Hans: *Der Sozialstaat im Dienst der Freiheit*, Tübingen, Mohr Siebeck, 2008.

Held, David: *La democracia y el orden global. Del Estado Moderno a la democracia cosmopolita*, Madrid, Paidós, 1997.

Heller, Hermann: *Las ideas políticas Contemporáneas*, Labor, Barcelona, 1930.

—*Gesammelte Schriften*, Leiden, A.W. Sijthoff, 1971, 3 vol.

—"Die Krisis der Staatslehre", en Koch, Hans (eds.), *Seminar: Die juristische Methode im Staatsrecht: Über Grenzen von Verfassungs-und Gesetzbindung*, Frankfurt am Main, Suhrkamp, 1977, pp. 218-247.

—*Staatslehre*, Tübingen, Mohr, 1983.

—"El derecho constitucional de la República de Weimar. Derechos y Deberes fundamentales", Heller, Hermann, *Escritos políticos*, Madrid, Alianza, 1985a.

—"¿Estado de Derecho o Dictadura?" en Heller, Hermann, *Escritos políticos*, Madrid, Alianza, 1985b.

—"Estado, Nación y Socialdemocracia", en Heller, Hermann, *Escritos políticos*, Madrid, Alianza, 1985c.

—"Europa y el fascismo", en Heller, Hermann, *Escritos políticos*, Madrid, Alianza, 1985d.

—"Socialismo y Nación", en Heller, Hermann, *Escritos políticos*, Madrid, Alianza, 1985e.

—*Teoría del Estado*, Buenos Aires, Fondo de Cultura Económica, 1992.

—*La soberanía*, Santiago de Chile, Fondo de Cultura Económica, 1995.

—*El sentido de la política y otros ensayos*, Valencia: Pre-textos, 1996.

Herf, Jeffrey: *El modernismo reaccionario: Tecnología, cultura y política en Weimar y el Tercer Reich*, Buenos Aires, Fondo de Cultura Económica, 1993.

Hernández Marcos, Maximiliano: "Hermann Heller: hacia una definición sociocultural de lo político", en Flórez Miguel, Cirilo y Hernández Marcos, Maximiliano (eds.), *Literatura y política en la época de Weimar*, Madrid, Verbum, 1998, pp. 63-84.

Herrera, Carlos Miguel: "La polémica Schmitt-Kelsen sobre el guardián de la Constitución", en *Revista de Estudios Políticos. Nueva Época*, N° 86, 1994, pp. 195-227.

—"Kelsen y el socialismo reformista", en *Revista de Estudios Políticos, Nueva Época*, N° 96, 1997, pp. 77-115.

—"Schmitt, Kelsen y el liberalismo", en *Doxa*, Alicante, N°21, Vol. II, 1998, pp. 201-217.

—*Derecho y socialismo en el pensamiento jurídico*, Bogotá, Universidad Externado de Colombia, 2002.

—"La teoría de la democracia del positivismo jurídico", en Arango, Rodolfo, coord., Filosofía de la democracia: fundamentos conceptuales, Ambato, Ediciones Uniandes, 2007, pp. 289-312.

—*Los derechos sociales, entre Estado y doctrina jurídica*, Bogotá, Universidad Externado de Colombia, 2009.

Hilb, Claudia: "Más allá del liberalismo. Notas sobre las ‚Anmerkungen' de Leo Strauss al Concepto de lo político de Carl Schmitt", en Dotti, Julio y Pinto, Julio (eds.), *Carl Schmitt: su época y pensamiento*, Buenos Aires, Eudeba, 2002, pp. 211-228.

Hobsbawm, Eric: *Naciones y nacionalismos desde 1780*, Barcelona, Crítica, 1992.

—*Historia del siglo XX*, Buenos Aires, Crítica, 1998a.

—*La era del Capital, 1848-1875*, Buenos Aires, Crítica, 1998b.

Hofmann, Hasso: *Legitimität gegen Legalität. Fünfte, unveränderte auflage*, Berlín, Duncker-Humblot, 1964.

Holmes, Stephen: *The anatomy of antiliberalism*, Cambridge, Harvard University Press, 1996.

Horkheimer, Max y Adorno, Theodor: *Dialéctica de la Ilustración*, Madrid, Trotta, 1997.

Jacobson, Arthur y Schlink, Bernhard (eds.), *Weimar: a jurisprudence of crisis*, Berkeley, University of California Press, 2000.

Jellinek, Georg: *Teoría General del Estado*, México, Fondo de Cultura Económica, 2000.

Jestaedt, Matthias: "Hans Kelsens Reine Rechtslehre: Eine Einführung", en Kelsen, Hans, *Reine Rechtslehre*, Tübingen, Mohr Siebeck, 2008, pp. XI-LIV.

Jestaedt, Matthias y Lepsius, Oliver, "Der Rechts- und der Demokratietheoretiker Hans Kelsen. Eine Einfürung", en Kelsen, Hans, *Verteidigung der Demokratie*, Tübingen, Mohr Siebeck, 2006, pp. VII a XXIX.

Jimenez Segado, Carmelo: "Carl Schmitt y el derecho internacional del Reich", en *Revista de estudios políticos (nueva época)*, N°127, Madrid, 2005, pp. 323-336.

Junker, Detlef: "Factores institucionales en el desplome de la República de Weimar", en Nohlen, Dieter y Solari, Aldo (comp.), *Reforma Política y Consolidación democrática*, Venezuela, Nueva Sociedad, 1988.

Kaiser, A., "Preußen contra Reich, Hermann Heller als Prozeßgegner Carl Schmitts vor dem Staatsgerichtshof 1932",), en Müller, Christoph, y Ilse, Staff (eds.), *Der Soziale Rechtsstaat: Gedachtnisschrift fur Hermann Heller 1891-1933*, Baden-Baden, Nomos, 1984, pp. 287-303.

Kaufmann, Matthias: *¿Derecho sin reglas? Los principios filosóficos de la teoría del Estado y del Derecho en Carl Schmitt*, Barcelona, Alfa, 1989.

Kelly, Duncan: "Carl Schmitt's Political Theory of Representation", en *Journal of the History of Ideas*, University of Pennsylvania Press, Vol. 65, N° 1. 2004

Kelsen, Hans: "Das Urteil des Staatsgerichtshofs vom 25. Oktober 1932", en *Die Justiz*, Nº 8, 1932/33, pp. 65-91.

—*Teoría General del Estado,* (trad. Luis Legaz Lacambra), Barcelona, Labor, 1934.

—"Causality and Retribution", en *Philosophy of Science*, Vol. 8, N° 4, 1941, pp. 533-556.

—"Judicial Review of Legislation: a Comparative Study of the Austrian and the American Constitution", en *The Journal of Politics*, Vol. 4, N° 2, 1942, pp. 183-200.

—*Sociedad y Naturaleza. Una investigación sociológica*, Buenos Aires, Depalma, 1945.

—*La idea del Derecho Natural y otros ensayos*, Buenos Aires, Losada, 1946.

—"Absolutism and Relativism in Philosophy and Politics", en *The American Political Science Review*, Vol. 42, Nº 5, 1948, pp. 906-914.

—"The Natural-Law Doctrine before the Tribunal of Science", en *The Western Political Quarterly*, Vol. 2, N°4, 1949, pp. 481-513.

—"Causality and Imputation", en *Ethics*, N° 61, 1950.

—"Teoría Pura del Derecho y teoría egológica: (Respuesta a Carlos Cóssio. Teoría egológica y Teoría Pura del Derecho. Balance provisional de la visita de Kelsen a la Argentina)", en *Revista de estudios políticos*, Madrid, N° 71, 1953, pp. 3-40.

—"Foundations of Democracy", en *Ethics*, Vol. 66, N°1, Part 2, 1955, pp. 1-101.

—*Teoría comunista del Derecho y del Estado*, Buenos Aires, Emecé, 1957.

—*Teoría General del Derecho y del Estado*, México, UNAM, 1969.

—*Socialismo y Estado. Una investigación sobre la Teoría política del marxismo*, Madrid, Edersa, 1985a.

—*¿Quién debe ser el defensor de la Constitución?*, Madrid, Tecnos, 1985b.

—*Teoría Pura del Derecho*, (trad. Roberto Vernengo de la segunda edición en alemán), México, UNAM, 1986.

—*Problemas capitales de la Teoría Jurídica del Estado (Desarrollados con base en la doctrina de la proposición jurídica)*, México, Porrúa, 1987.

—*Escritos sobre la Democracia y el Socialismo*, Madrid, Debate, 1988.

—*¿Qué es la justicia?*, Barcelona, Planeta-De Agostini, 1993.

—"La función de la Constitución", en Marí, Enrique, (*et al.*), *Derecho y Psicoanálisis: Teoría de las ficciones y su función dogmática*, Buenos Aires, Edicial, 1994.

—*El Estado como integración. Una controversia de principio*, Madrid, Tecnos, 1997.

—"Sovereignty", en Paulson, Stanley y Litschewski Paulson, Bonnie (eds.), *Normativity and Norms: Critical Perspectives on Kelsenian Themes*, Oxford, Clarendon Press, 1998.

—*Was ist Gerechtigkeit?*, Stuttgart, Reclams, 2000.

—"Acerca de las fronteras entre el método jurídico y el sociológico", en Correas, Oscar (edit.), *El otro Kelsen*, México, Ediciones Coyoacán, 2003a, pp. 307-343.

—"Dios y Estado", en Correas, Oscar (ed.), *El otro Kelsen*, México, Ediciones Coyoacán, 2003b, pp. 265-290.

—"El concepto de Estado de la sociología comprensiva", en Correas, Oscar (ed.), *El otro Kelsen*, México, Ediciones Coyoacán, 2003c, pp. 291-309.

—"El concepto de Estado y la psicología social, (Teniendo como referencia especial la teoría de las masas según Freud)", en Correas, Oscar (ed.), *El otro Kelsen*, México, Ediciones Coyoacán, 2003d, pp. 373-415.

— "Forma de Estado y visión del mundo", en Correas, Oscar (ed.), *El otro Kelsen*, México, Ediciones Coyoacán, 2003e, pp. 223-241.

—*Contribuciones a la Teoría Pura del Derecho,* México, Fontamara, 2003f.

—"El alma y el derecho", en Kelsen, Hans, *Ensayos sobre Jurisprudencia y teología*, México, Distribuciones Fontamara, 2004a, pp. 83-108.

—"La idea de justicia en las sagradas escrituras", en Kelsen, Hans, *Ensayos sobre Jurisprudencia y teología*, México, Distribuciones Fontamara, 2004b, pp. 111-146.

—*Ensayos sobre Jurisprudencia y Teología*, México, Ediciones Coyoacán, 2004c.

—*Esencia y valor de la democracia*, México, Colofón, 2005.

—*¿Una nueva ciencia de la política? Réplica a Eric Voegelin*, Buenos Aires, Katz, 2006a.

—*Verteidigung der Demokratie*, Tübingen, Mohr Siebeck, 2006b.

—*Compendio de Teoría General del Estado,* México, Colofón, 2007a.

—*Teoría General de las Normas,* México, Trillas, 2007b.

— *Autobiografía*, Bogotá, Universidad Externado de Colombia, 2008a.

—"La doctrina del derecho natural y el positivismo jurídico", en *Academia. Revista sobre enseñanza del Derecho*, año 6, N° 12, 2008b, pp. 183-198.

Kelsen, Hans; Bulygin, Eugenio y Walter, Robert: *Validez y eficacia del derecho*, Buenos Aires, Astrea, 2005.

Kennedy, Ellen: "Introduction to Hermann Heller", en *Economy and Society*, Vol. 16, N° 1, 1987, p. 120-126.

—"*Hostis* not *Inimicus*: toward a theory of the public", en Dyzenhaus, David (ed.), *Law as Politics: Carl Schmitt's Critique of Liberalism*, Durham, Duke University Press, 1998, pp. 92-108.

—*Constitutional Failure: Carl Schmitt in Weimar*, Durham, Duke University Press, 2004.

Kervégan, Jean François: *Hegel, Carl Schmitt. Lo político: entre especulación y positividad*, Madrid, Escolar y Mayo, 2007.

Klein, Claude: *De los espartaquistas al nazismo: la República de Weimar*, Barcelona, Península, 1970.

Kolb, Eberhard: *Die Weimarer Republik,* München, Oldenbourg, 2002.

Korb, Axel: *Kelsens Kritiker*, Tübingen, Mohr Siebeck, 2010.

Korioth, Stefan: "Introduction: Rudolf Smend", en Jacobson, Arthur y Schlink, Bernhard (ed.), *Weimar: a jurisprudence of crisis*, Berkeley, University of California Press, 2000, pp. 207-213.

Kvaternik, Eugenio: "Carl Schmitt y el liberalismo: entre la enemistad y el anticlímax", en *Serie Investigaciones del IDICSO*, N°4, Buenos Aires, 1993.

La Torre, Massimo: "La sovranità radicale: Hermann Heller", en La Torre, Massimo, *La crisi del Novecento: giuristi e filosofi nel crepuscolo di Weimar*, Bari, Edizioni Dedalo, 2006.

—"Un jurista en el crepúsculo de Weimar. Política y derecho en la obra de Hermann Heller", en Heller, H., *El sentido de la política y otros ensayos*, Valencia, Pre-Textos, 1996.

Lagi, Sara: "Hans Kelsen: pensador político", en *Araucaria. Revista Iberoamericana de Filosofía, Política y Humanidades*, Año 13, N°15, 2011, pp. 3-25.

Lasalle, Ferdinand: *¿Qué es una Constitución?*, Buenos Aires, Siglo Veinte, 1980.

Lembcke, Oliver: *Hüter der Verfassung*, Tübingen, Mohr Siebeck, 2007.

Lepsius, Mario: *Demokratie in Deutschland Soziologisch historische Konstellationsanalysen. Ausgewählte Aufsätze*, Göttingen, Vandenhoeck & Ruprecht, 1993.

Lepsius, Oliver: "Braucht das Verfassungsrecht eine Theorie des Staates? - Eine deutsche Perspektive: Von der Staatstheorie zur Theorie der Herrschaftsformen", en *Europaische grundrechte Zeitschrift*, Vol. 31, N° 13-15, 2004, pp. 370-381.

—"El redescubrimiento de Weimar por parte de la doctrina del Derecho político de la República Federal alemana", en *Historia constitucional: Revista Electrónica de Historia Constitucional*, N° 9, 2008.

Levi, Lucio: "Régimen político", en Norberto; Matteucci, Nicola y Pasquino, Gianfranco, *Diccionario de Política*, México, Siglo XXI, 2002, pp. 1362-1366.

—"Legitimidad", en Bobbio, Norberto; Matteucci, Nicola y Pasquino, Gianfranco, *Diccionario de Política*, Madrid, Siglo XXI, 1998.

Leydet, Dominique: "Pluralism and the Crisis of Parliamentary democracy", en Dyzenhaus, David (ed.), *Law as Politics: Carl Schmitt's Critique of Liberalism*, Durham, Duke University Press, 1998, pp. 109-129.

Lijphart, Arend: *Modelos de democracia. Formas de gobierno y resultados en treinta y seis países*, Barcelona, Ariel, 2000.

Linares Quintana, Segundo: *Tratado de la Ciencia del Derecho Constitucional argentino y comparado*, Tomo I, Buenos Aires, Alfa, 1953.

Linz, Juan:*La quiebra de las democracias*, Buenos Aires, Alianza, 1991.

López García, José: "La presencia de Carl Schmitt en España", en *Revista de Estudios Políticos. Nueva Época*, N°91, 1996, pp. 139-168.

López Hernández, José, "El concepto de legitimidad en perspectiva histórica", en Cuadernos Electrónicos de Filosofía del Derecho, 18, 2009, pp. 154-166

López Pina, Antonio: "Epílogo: Hermann Heller y España", en Heller, Hermann, *Escritos Políticos*, Madrid, Alianza, 1985, pp. 337-382.

López, Mario: *Introducción a los estudios políticos*, Vol. 1., Buenos Aires, Depalma, 1983.

Losano, Mario: "Kelsen y Freud", en Correas, Oscar (ed.), *El otro Kelsen*, México, Ediciones Coyoacán, 2003, pp. 109-121.

Löwith, Karl: *Heidegger, pensador de un tiempo indigente. Sobre la posición de la filosofía en el siglo XX*, Buenos Aires, Fondo de Cultura Económica, 2006.

Luhmann, Niklas: *Teoría política en el Estado de Bienestar*, Madrid, Alianza, 1993.

Magaldi, Nuria: *Procura existencial, Estado de Derecho y Estado Social: Ernst Forsthoff y la crisis de Weimar*, Buenos Aires, Universidad Externado de Colombia, 2007.

Mann, Thomas: *La Montaña Mágica,* Barcelona, Edhasa, 1997.

Marí, Enrique: *La teoría de las ficciones*, Buenos Aires, Eudeba, 2002.

—"Una lectura freudiana de Hans Kelsen. A la búsqueda del banquete perdido", en Marí, Enrique, *et. al.*, *Materiales para una Teoría Crítica del derecho,* Buenos Aires, Lexis Nexis Argentina, 2006, pp. 1-10.

Maus, Ingeborg: "Hermann Heller und die Staatsrechtslehre der Bundesrepublik", en Müller, Christoph, *et. al.* , *Staatslehre in der Weimarer Republik: Hermann Heller zu ehren*, Baden Baden, Nomos, 1985, pp. 194-220.

—*Zur Aufklärung der Demokratietheorie. Rechts- und demokratietheoretische Überlegungen im Anschluß an Kant,* Frankfurt am Main, Suhrkamp, 1994.

—"The 1933 ‚Break' in Carl Schmitt's Theory", en Dyzenhaus, David (ed.), *Law as Politics: Carl Schmitt's Critique of Liberalism*, Durham, Duke University Press, 1998, pp. 196-216.

McCormick, John: "The Dilemmas of Dictatorship. Carl Schmitt and Constitutional Emergency Powers, en Dyzenhaus, David (ed.), *Law as Politics: Carl Schmitt's Critique of Liberalism*, Durham, Duke University Press, 1998, pp. 217-251.

Mehring, Reinhard: "Liberalism as a "Metaphysical System": The methodological structure of Carl Schmitt`s critique of political rationalism", en Dyzenhaus, David (ed.), *Law as Politics: Carl Schmitt's Critique of Liberalism*, Durham, Duke University Press, 1998, pp. 131-158.

—*Carl Schmitt: Aufstieg und fall. Eine Biographie*, München, Beck, 2009.

Meier, Heinrich: *Carl Schmitt, Leo Strauss y El concepto de lo político. Sobre un diálogo entre ausentes*, Buenos Aires, Katz, 2008.

Meil landwerlin, Gerardo: "El Estado social de derecho: Forsthoff y Abendroth, dos interpretaciones teóricas para dos posiciones políticas", en *Revista de estudios políticos*, N°42, 1984, pp. 211-226.

Métall, Rudolf: *Hans Kelsen. Vida y obra*, México, Universidad Nacional Autónoma de México, 1976.

Mommsen, Hans: *Aufstieg und Untergang der Republik von Weimar. 1918-1933,* Berlin, 1998.

Monereo Pérez, José: *La defensa del Estado Social de Derecho: La teoría Política de Hermann Heller*, Barcelona, El viejo Topo, 2009.

Morlino, Leonardo: *Democracias y democratizaciones*, Madrid, Centro de Investigaciones sociológicas, 2009

Mosse, George: *The crisis of German ideology: intellectual origins of the Third Reich*, New York, Grosset & Dunlap, 1964.

—*La nacionalización de las masas,* Buenos Aires, Siglo XXI, 2007

Mouffe, Chantal: "Carl Schmitt and the paradox of liberal democracy", en Dyzenhaus, David (ed.), *Law as Politics: Carl Schmitt's Critique of Liberalism*, Durham, Duke University Press, 1998, pp. 159-175.

Müller, Christoph, *Staatslehre in der Weimarer Republik: Hermann Heller zu ehren*, Baden Baden, Nomos, 1985.

—"Hermann Heller (1891-1933): Vom liberalen zum sozialistischen Rechtsstaat", en Seifert, Jürgen (ed.), *Streitbare Juristen: Eine andere Tradition*, Baden-Baden, Nomos, 1988.

—"Hermann Heller: Leben, Werk, Wirkung", en Heller, H., *Gesammelte Schriften III: Staatslehre als politische Wissenschaft*, Tübingen, Mohr, 1992, pp. 429-476.

Negretto, Gabriel: "El concepto de decisionismo en Carl Schmitt. El poder negativo de la excepción", en *Sociedad,* N°4, 1994.

Neumann, Franz: "The Social Significance of the Basic Laws in the Weimar Constitution", *Economy and Society,* Vol. 10, N° 3, 1981, pp. 329-347.

Neumann, Volker: "Introduction: Carl Schmitt", en Jacobson, Arthur y Schlink, Bernhard (edit.), *Weimar: a jurisprudence of crisis*, Berkeley, University of California Press, 2002, pp. 280-290.

Nino, Carlos: *La constitución de la democracia deliberativa*, Buenos Aires, Gedisa, 1997.

Nolte, Ernst: *Die Weimarer Republik: Demokratie zwischen Lenin und Hitler*, München, Herbig Verlag, 2006.

Offe, Claus: *Contradicciones en el Estado de Bienestar*, Madrid, Alianza, 1990.

Ortiz, Tulio: *Política y Estado,* Buenos Aires, Estudio, 1996.

Pasquino, Pasquale: "Politische Einheit, Demokratie und Pluralismus. Bemerkungen zu Carl Schmitt, Hermann Heller und Ernst Fraenkel", en Müller, Christoph, y Ilse, Staff (ed.), *Staatslehre in der Weimarer Republik: Hermann Heller zu ehren*, Baden Baden, Nomos, 1985.

Paulson, Stanley: "Zu Hermann Hellers Kritik an der Reinen Rechtslehre", en Müller, Christoph, y Ilse, Staff (ed.) *Der Soziale Rechtsstaat: Gedachtnisschrift fur Hermann Heller 1891-1933*, Baden-Baden, Nomos, 1984.

—"La alternativa kantiana de Kelsen: una crítica", en *Doxa: Cuadernos de filosofía del derecho*, N° 9, 1991, pp. 173-188.

—"Four phases in Hans Kelsen´s Legal Theory? Reflections on a Periodization", en *Oxford Journal of Legal Studies*, Vol. 18, 1998, pp. 153-166.

—"Arriving at a defensible periodization of Hans Kelsen's Legal Theory", en *Oxford Journal of Legal Studies*, Vol. 19, 1999, pp. 351-364.

—*Fundamentación crítica de la doctrina de Hans Kelsen,* Bogotá, Universidad Externado de Colombia, 2000.

—"La distinción entre hecho y valor: la doctrina de los dos mundos y el sentido inmanente. Hans Kelsen como neokantiano", en *Doxa: Cuadernos de filosofía del derecho*, N°26, 2003, pp. 547-582.

—"Some Issues in the exchange between Hans Kelsen and Erich Kaufmann, *Scandinavian studies in law*, N° 48, 2005a, pp. 269-290.

—"The theory of Public Law in Germany 1914-1945", *Oxford Journal of Legal Studies*, Vol. 25, N° 3, 2005b, pp. 525-545.

—"Subsunción, política jurídica y el reproche de 'formalismo'. La discusión acerca del 'guardián de la Constitución'" en Cardinaux, Nancy; Clérico, Laura y D'Auria, Aníbal (coord.), *Las razones de la producción del derecho. Argumentación constitucional, argumentación parlamentaria y argumentación en la selección de jueces*, Departamento de Publicaciones, Facultad de Derecho, UBA, Buenos Aires, 2006.

Paulson, Stanley y Schulte, Martin (eds.): *Georg Jellinek: Beiträge zu Leben und Werk*, Tübingen, mohr Siebeck, 2000.

Peñalver Gómez, Patricio: "Contextos de decisión en Weimar: Schmitt, Heidegger, Barth", en Flórez Miguel, Cirilo y Hernández Marcos, Maximiliano (eds.), *Literatura y política en la época de Weimar*, Madrid, Verbum, 1998, pp. 143-164.

Phelan, Anthony (ed.): *The Weimar Dilemma: Intellectuals in the Weimar Republic*, Manchester, Manchester University Press, 1985.

Phillips, Patrick: *The Challenge of Relativism: Its Nature and Limits*, New York, Continuum International Publishing group, 2007.

Pinto, Julio: *Max Weber actual. Liberalismo ético y democracia*, Buenos Aires, Eudeba, 1996.

—*Carl Schmitt y la reivindicación de la política*, Buenos Aires, Editorial Universitaria de la Plata, 2000.

—"La evolución del concepto de presidente plebiscitario del Reich de Weber y Schmitt", en Dotti, Julio y Pinto, Julio (ed.), *Carl Schmitt: su época y su pensamiento*, Buenos Aires, Eudeba, 2002, pp. 109-124.

—"Sociogénesis del funcionario europeo: teoría y praxis", en *Entre la integración y la fragmentación regional: El desafío político de nuestro tiempo*, Buenos Aires, Eudeba, 2009.

Pintore, Anna: "Democracia sin derechos: en torno al Kelsen democrático", en *Doxa: cuadernos de filosofía del derecho*, Nº 23, 2000, pp. 119-144.

Preuß, Hugo: *Deutschlands republikanische Reichsverfassung*, Berlin, Neuer Staat, 1923

—*Um die Reichsverfassung von Weimar*, Berlin, Mosse, 1924

Ringer, Fritz: *The decline of the German Mandarins. The German Academic Community*, 1890-1933, Hanover, Wesleyan University Press, 1990.

Ritter, Gerhard: *Der Sozialstaat: Entstehung und Entwicklung in internationalen Vergleich*, München, Oldenbourg, 1991.

Rodríguez, Gabriela: "Carl Schmitt y su otro: un recorrido por el mundo intelectual de la república de Weimar", en Dotti, Julio y Pinto, Julio (eds.), *Carl Schmitt, su época y pensamiento*, Buenos Aires, Eudeba, 2002.

Rosanvallon, Pierre: *La nueva cuestión social. Repensar el Estado providencia*, Buenos Aires, Manantial, 1995.

Rossi, Luis: "El mito más fuerte reposa sobre lo nacional: Carl Schmitt, Georges Sorel *y El concepto de lo político*", en *Revista internacional de filosofía política*, N°14, 1999, pp. 147-166.

Rossi, Miguel: "Schmitt y la esencia del catolicismo", en Dotti, Julio y Pinto, Julio (ed.), *Carl Schmitt: su época y su pensamiento*, Buenos Aires, Eudeba, 2002, pp. 89-100.

—"La filosofía política frente al primado del sujeto y la pura fragmentación", en Boron, Atilio (ed.), *Filosofía Política contemporánea. Controversias sobre civilización, imperio y ciudadanía*, Buenos Aires, CLACSO, 2003.

Ruiz Manero, Juan: "Sobre la crítica de Kelsen al marxismo", en Correas, Oscar (ed.), *El otro Kelsen*, México, Ediciones Coyoacán, 2003, pp. 123-178.

Ruiz Miguel, Carlos: "Estudio Preliminar" a Schmitt, Carl, *Catolicismo y forma política*, Buenos Aires, Areté, 2009, pp. 11-44.

Rürup, Reinhard: *Deutschland im 19. Jahrhundert*, Göttingen, Vandenhoeck & Ruprecht, 1992a.

—"Génesis y Fundamentos de la Constitución de Weimar", en *Ayer*, N°5, 1992b, pp. 125-158.

Rüthers, Bernd: *Carl Schmitt en el Tercer Reich*, Buenos Aires, Universidad Externado de Colombia, 2004.

Sagües, Néstor: *Elementos de Derecho Constitucional*, Buenos Aires, Astrea, 1997.

Sampay, Arturo: *Introducción a la Teoría del Estado*, Buenos Aires, Politéia, 1951.

—*Carl Schmitt y la crisis de la ciencia jurídica*, Buenos Aires, Abeledo Perrot, 1965.

—*Ideas para la revolución de nuestro tiempo en Argentina*, Buenos Aires, Juarez Editor, 1968.

—*Constitución y Pueblo*, Buenos Aires, Ediciones Cuenca, 1974.

Sarlo, Oscar: "La gira sudamericana de Hans Kelsen en 1949: El "frente sur" de la Teoría pura", en *Ambiente Jurídico*, N°12, 2009, pp. 401-426.

Sartori, Giovani: "El pluralismo polarizado en los partidos políticos europeos", en *Revista de Estudios Políticos*, N° 147-148, 1966, pp. 21-64.

—*Partidos y sistemas de partidos*, Alianza, Madrid, 1980.

Scheuermann, William: *Carl Schmitt: The End of Law*, Lanham, Rowman & Littlefield, 1999.

Scheuner, Ulrich: *50 Jahre deutsche Staatsrechtswissenschaft im Spiegel der Verhandlungen der Vereinigung der Deutschen Staatsrechtslehrer*, en *AöR*, 97, 1972.

Schluchter, Wolfgang: "Hermann Heller. Ein wissenschaftliches und politisches Portrait", en Müller, Christoph e Ilse, Staff (ed.), *Staatslehre in der Weimarer Republik: Hermann Heller zu ehren*, Baden Baden, Nomos, 1985, pp. 24-42.

Schmill Ordóñez, Ulises: "El concepto del derecho en las teorías de Weber y Kelsen", en Correas, Oscar (ed.), *El otro Kelsen*, México, Ediciones Coyoacán, 2003, pp. 179-212.

Schmitt, Carl: *La defensa de la Constitución*, Barcelona, Labor, 1931.
—*Cambio de estructura del Derecho Internacional*, Madrid, Instituto de Estudios Políticos, 1943.
—*Interpretación Europea de Donoso Cortés*, Madrid, Rialp, 1952.
Schmitt, Carl: "La tensión planetaria entre Oriente y Occidente y la oposición entre tierra y mar", en *Revista de Estudios Políticos*, N° 81, 1955, pp. 3-28.
— *El Leviathan en la Teoría del Estado de Tomás Hobbes*, Buenos Aires, Struhart, 1990.
— *El concepto de lo político*, Madrid, Alianza, 1991.
—*Hamlet o Hécuba: la irrupción del tiempo en el drama*, Valencia, Pre-textos, 1993.
—*Ex Captivitate Salus. Experiencias de los años 1945/46*, Buenos Aires, Struhart, 1994.
—*Sobre los tres modos de pensar la ciencia jurídica*, Madrid, Tecnos, 1996.
—"La Revolución Legal Mundial: Plusvalía política como prima sobre la legalidad jurídica y superlegalidad", en *Ágora*, N°6, Buenos Aires, 1997.
—"Ethic of State and Pluralistic State", en Mouffe, Chantal (ed.), *The Challenge of Carl Schmitt*, London, Verso, 1999a, pp. 195-208.
—"Further development of the Total State in Germany", en Schmitt, Carl: *Four Articles* 1931-1938, Washington, Plutarch Press, 1999b.
—"The way to the total State", en Schmitt, Carl, *Four Articles* 1931-1938, Washington, Plutarch Press, 1999.
—*Catolicismo y forma política*, Madrid, Tecnos, 2000a.
—*Romanticismo Político*, Buenos Aires, Universidad Nacional de Quilmes, 2000b.
—"The Liberal Rule of Law", en Jacobson, Arthur y Schlink, Bernhard (ed.), *Weimar: a jurisprudence of crisis*, Berkeley, University of California Press, 2002a, p. 294-300.
—*El Nomos de la Tierra*, Buenos Aires, Struhart, 2002b.
—*Legalidad y Legitimidad*, Buenos Aires, Struhart, 2002c.
—*Sobre el parlamentarismo*, Madrid, Tecnos, 2002d.
—*Teología Política. Cuatro ensayos sobre la soberanía*, Buenos Aires, Struhart, 2005a.
—*Teoría del partisano. Acotación al concepto de lo político*, Buenos Aires, Struhart, 2005b.
—*Teoría de la Constitución*, Madrid, Alianza, 2006.
—*La Dictadura*, Madrid, Alianza, 2007.
—*La tiranía de los valores*, Buenos Aires, Hydra, 2009.
—"La teoría política del mito", en Zarka, Yves (coord.), *Carl Schmitt o el mito de lo político*, Buenos Aires, Nueva Visión, 2010a.
—*Diálogo sobre el poder y el acceso al poderoso*, Buenos Aires, Fondo de Cultura Económica, 2010b.
—Clausewitz como pensador político, Buenos Aires, Struhart y Cía., s/f.

Schnadelbach, Herbert: *Filosofía en Alemania (1831-1933)*, Madrid, Cátedra, 1991.

Schneider, Hans: "Positivismus, Nation und Souverenänität. Über die Beziehungen zwischen Heller und Radbruch", en Müller, Christoph e Ilse, Staff (ed.), *Staatslehre in der Weimarer Republik: Hermann Heller zu ehren*, Frankfurt am Main, Suhrkamp, 1985.

Schulze, Hagen: *Breve historia de Alemania*, Madrid, Alianza, 2007.

Seiberth, Gabriel: *Anwalt des Reiches: Carl Schmitt und der Prozess "Preussen contra Reich" vor dem Staatsgerichtshof*, Berlin, Duncker & Humblot, 2001.

Seitzer, Jeffrey: "Carl Schmitt's internal critique of Liberal Constitutionalism: Verfassungslehre as a response to the Weimar State crisis", en Dyzenhaus, David (ed.), *Law as Politics: Carl Schmitt's Critique of Liberalism*, Durham, Duke University Press, 1998, pp. 281-311.

Serrano, Enrique: "Derecho y orden social. Los presupuestos teóricos de la teoría jurídica de Carl Schmitt, en *Isegoría, Revista de Filosofía Moral y Política*, N°36, 2007, pp. 125-141.

Sieckmann, Jan: *El modelo de los principios del derecho*, Buenos Aires, Universidad Externado de Colombia, 2006.

Sirczuk, Matías: "La interpretación schmittiana de Hobbes", en *Foro Interno*, N°7, 2007, pp. 35-50.

Slavin, Pablo (edit.): *Kelsen, Schmitt, Heller: Democracia, Constitución, Legalidad y Legitimidad*, Mar del Plata, Suárez, 2001.

Smend, Rudolf: "Constitution and Constitutional Law", en Jacobson, Arthur y Schlink, Bernhard (edit.), *Weimar: a jurisprudence of crisis*, Berkeley, University of California Press, 2000, pp. 214-248.

Sosa Wagner, Francisco: *Carl Schmitt y Ernest Forsthoff: coincidencias y confidencias*, Madrid, Marcial Pons, 2008.

Stein, Torsten: "Rol de las Fuerzas Armadas en el Orden Constitucional de Alemania", en *Ius et Praxis*, Vol. 8, N°1, 2002, pp. 21-33.

Stillman, Peter, "The concept of Legitimacy", en *Polity*, Vol. 7, N°1, 1974, pp. 32-56.

Stolleis, Michael: *Geschichte des öffentlichen Rechts in Deutschland: Staats- und Verwaltungsrechtswissenschaft in Republik und Diktatur 1914-1945*, München, C.H. Beck Verlag, 1999.

—"Europa como comunidad de derecho", en *Historia Constitucional*, N°10, 2009, pp., 475-484.

Strauss, Leo: "Comentario sobre *El concepto de lo político* de Carl Schmitt", en Meier, Heinrich, *Carl Schmitt, Leo Strauss y El concepto de lo político. Sobre un diálogo entre ausentes*, Buenos Aires, Katz, 2008.

Terroba, Luis: *La Constitución Nacional de 1949: una causa nacional*, Rosario, Editorial Fundación Ross, 2010.

Trierweiler, Denis: "Georges Sorel y Carl Schmitt: de una teoría política del mirto a la otra", en Zarka, Yves, (coord.), *Carl Schmitt o el mito de lo político,* Buenos Aires, Nueva Visión, 2010.

Valadés, Diego: "Peter Häberle: un jurista para el siglo XXI: estudio introductorio", en Häberle, Peter, *El Estado constitucional*, México, Universidad Autónoma de México, 2003.

van Ooyen, Robert: "Die Funktion der Verfassungsgerichtsbarkeit in der pluralistischen Demokratie und die Kontroverse um den `Hüter der Verfassung`", en Kelsen, Hans, *Wer soll der Hüter der Verfassung sein?*, Tübingen, Mohr Siebeck, 2008, pp.VII- XXIII.

Verdú, Pablo: "Lugar de la Teoría de la Constitución en el marco del derecho político", en *Revista de Estudios Políticos,* N°8, 1973, pp. 5-20.

—*La lucha contra el positivismo jurídico en la República de Weimar: La teoría constitucional de Rudolf Smend*, Madrid, Tecnos, 1987.

—"Carl Schmitt, intérprete singular y máximo debelador de la cultura político-institucional demoliberal", en *Revista de Estudios Políticos (Nueva Época),* N°64, 1989, pp. 25- 92.

Villar Borda, Luis (comp.): *Hans Kelsen 1881-1973*, Buenos Aires, Universidad Externado de Colombia, 2004.

— *Donoso Cortés y Carl Schmitt*, Buenos Aires, Universidad Externado de Colombia, 2006.

Vita, Leticia: "El pensamiento político y jurídico de Hermann Heller", ponencia presentada en el IX Congreso Nacional de Ciencia Política, organizado por la Sociedad Argentina de Análisis Política (SAAP), UNL, UCSF, Ciudad de Santa Fe, Provincia de Santa Fe, 19 al 22 de agosto de 2009, 2009a.

—"La peculiaridad del pensamiento alemán. Un análisis de sus principales rasgos en el pensamiento de Hermann Heller", en *Revista de la Facultad de Derecho de la Universidad Candido Mendes*, Río de Janeiro, Brasil, Año 14, N° 14, diciembre, pp. 1-12, 2009b.

—"El Concepto de Soberanía en el pensamiento de Hans Kelsen y sus implicancias teóricas" en Clérico, Laura y Sieckmann, Jan (eds.), La teoría del derecho de Hans Kelsen, Universidad del Externado de Colombia, Bogotá, 2011

—"Soberanía y derecho internacional en el pensamiento jurídico de Weimar", Ejil - EAFIT Journal of International Law, Vol. 3, N° 1, 2012.

Voegelin, Eric: "Kelsen's Pure Theory of Law", en *Political Science Quarterly*, Vol. 42, N°2, 1927, pp. 268-276.

—*La nueva ciencia de la política. Una introducción*, Buenos Aires, Katz, 2006.

Vinx, Lars: *Hans Kelsen's Pure Theory of Law: Legality and Legitimacy*, Oxford, Oxford University Press, 2007.

Weber, Max: *El politico y el científico*, Madrid, Alianza, 1997a.

—*Historia económica general*, México, Fondo de Cultura Económica, 1997b.

—"Parlamento y gobierno en una Alemania reorganizada", en Weber, Max, *Obras selectas,* Buenos Aires, Distal, 2003, pp. 255-400.

—*Economía y Sociedad. Esbozo de sociología comprensiva,* México, Fondo de Cultura Económica, 2008.

Wiggershaus, Rolf, *La Escuela de Fráncfort,* Buenos Aires, Fondo de Cultura Económica, 2010.

Zarka, Yves: "Introducción: De la teoría política del mito a la mitología política", en Zarka, Yves, (coord.), *Carl Schmitt o el mito de lo político,* Buenos Aires, Nueva Visión, 2010.

Breve Excurso: Los juristas de Weimar en la jurisprudencia reciente de la Corte Suprema de Justicia de la Nación Argentina

Es interesante concluir con una breve referencia a la utilización que ha hecho en los últimos años la jurisprudencia argentina de las ideas de Kelsen, Schmitt y Heller. Curiosamente, y pese a la relativa divulgación que las ideas de estos juristas ha tenido en las facultades de derecho de Argentina, Kelsen, Schmitt y Heller son citados por la Corte Suprema en muy pocas ocasiones[1] y en un carácter un tanto sesgado.

Un ejemplo de ello es la utilización que hace el ministro de la Corte Carlos Fayt, especialista en derecho político, del concepto de "pueblo" en Heller. En el caso Halabi, Ernesto c/ P.E.N.[2] en el que se ventilaron cuestiones relativas a la violación de los derechos de privacidad e intimidad del accionante, en virtud de una regulación del Poder Ejecutivo en materia de intervención de las comunicaciones telefónicas e internet, Fayt defiende el derecho del actor para demandar en su condición de integrante del pueblo, y entendiendo a este como "sustancia del Estado, basamento humano de la sociedad política", aquellos para quienes "el ser y modo de ser del Estado desembocan constantemente en una decisión de deber ser" y que "participan, pues, con actividad consciente, en la conservación y formación del Estado".[3]

Así, sostiene Fayt que se "trata, en definitiva, de la noción de pueblo políticamente integrado a partir de una unidad, ya sea étnica, histórica o cultural" y a ello le agrega la dimensión "comunicacional tal como se manifiesta en el contexto actual del nuevo orden mundial, determinado por la revolución tecnológica y la globalización". En ese mismo sentido Fayt recurre también a la idea de realidad cultural cuando sostiene que "en ese contexto, el actor se encuentra inmerso en una realidad social, esto es, en una unidad de naturaleza, y cultura, condicionada más que nunca por la total conexión a la que hacía referencia Hermann Heller" y también la idea de que el ser humano "sólo en intercambio con otros se hace individuo humano". Fayt utiliza entonces la idea de "pueblo" y de participación en la cultura helleriana, para probar que las consecuencias que puede tener un

1. En la jurisprudencia de la Corte Suprema de Justicia desde el año 1994 a fines de 2013, Heller, Kelsen y Schmitt son citados, cada uno de ellos, en cuatro ocasiones.

2. Expediente H. 270. XLII.

3. Todas las referencias a Heller son de su *Teoría del Estado*.

acto, especialmente del Estado, para un individuo, pueden llegar a implicar también a la totalidad de una comunidad.

El ministro Eugenio Zaffaroni recurre también a las ideas de Heller en el conocido caso "Simón, Julio Héctor y otros s/ privación ilegítima de la libertad", del año 2005. Allí se refiere a la obra *La Soberanía*, y a la idea de cómo son receptados los tratados sobre derechos humanos en nuestra Constitución. Zaffaroni sostiene que "quienes pretenden que la República desconozca sus obligaciones internacionales y mantenga la vigencia de las leyes de marras, invocan la soberanía nacional y rechazan la vigencia del derecho internacional como lesivo a ésta, cuando el derecho internacional reconoce como fuente, precisamente, las soberanías nacionales: ha sido la República, en ejercicio de su soberanía, la que ratificó los tratados internacionales que la obligan y la norma que la sujeta a la competencia plena de la Corte Interamericana de Derechos Humanos (sobre estos conceptos, Hermann Heller, *La soberanía, Contribución a la teoría del Derecho Estatal y del Derecho Internacional*, UNAM, México, 1965)". Así, la referencia de Zaffaroni a Heller es a su idea respecto del derecho internacional; los Estados, como soberanos, son quienes en ejercicio de esa soberanía incorporan los tratados internacionales y, a partir de entonces, están obligados. Cabe señalar que se trata esta de una referencia parcial, ya que, como hemos visto, Heller detenta en realidad una postura de monismo internacional y, en esa línea, es partidario de la supremacía del derecho estatal.

Por otra parte, Fayt trae a colación el nombre de Schmitt en el caso "Cossio, Ricardo Juan c/ Viqueira, Horacio", de 2004. Allí se refiere al carácter público de la representación, tomando esta idea de la *Teoría de la Constitución* y en el contexto de un debate acerca de los dichos públicos sobre un legislador.

El mismo Fayt utiliza en el fallo "Mazzeo, Julio Lilo y otros s/ rec. casación e inconstitucionalidad", del año 2007, la idea schmittiana de la distinción entre amigo-enemigo, que, según su lectura, se aplica en los regímenes totalitarios en términos de un derecho penal para los enemigos y otro para los amigos, notablemente citando esta idea de la *Teoría del partisano*, y no de *Concepto de lo político*.[4] Esto en el marco de una causa por la inconstitucionalidad de los indultos a acusados de delitos de lesa humanidad de la dictadura.

Quien utiliza también las ideas de Schmitt es Zaffaroni, quien en la ya mencionada causa "Simón, Julio Héctor y otros s/ privación ilegítima de la libertad", recurre a Schmitt para referirse a la cuestión de supremacía constitucional y realiza una lectura de la situación de Weimar identificando a Schmitt con sus enemigos. Desde su punto de vista, admitir la jerarquización de las normas constitucionales implica firmar "el certificado de defunción de la propia Constitución". Así, al distinguir entre normas superiores y normas constitucionales simplemente legales, "se habilita a desconocer estas últimas para mantener la vigencia de las

4. Mazzeo, Julio Lilo y otros s/ rec. casación e inconstitucionalidad, M. 2333. XLII, p. 73.

primeras". Para Zaffaroni "este fue el procedimiento a través del cual se racionalizó el desbaratamiento de la Constitución de Weimar, sosteniendo sus detractores que si la Constitución expresa valores fundamentales, no puede admitirse que su texto otorgue garantías ni espacio político a los enemigos de estos valores, especialmente en situaciones anormales o caóticas (así, Carl Schmitt, *Legalität und Legitimität*, Berlín, 1933)".

Desde su perspectiva, "la propia experiencia nacional es muy ilustrativa en este sentido, puesto que ningún golpe de Estado argentino negó formalmente los valores constitucionales, sino que afirmaron todos que violaban la Constitución para salvarlos. Todas las violaciones a la Constitución Nacional se fundaron en una pretendida jerarquización de sus normas, incluso las que esgrimían la doctrina de la seguridad nacional y cometieron los crímenes cuyo juzgamiento obstaculizan las leyes 23.492 y 23.521". De estas dos referencias,[5] la más interesante es la que elabora Zaffaroni, ya que existe en ella una interpretación concreta acerca del que jugaron las ideas de Schmitt en materia de la defensa de la República.

Finalmente, las ideas de Kelsen aparecen en el fallo "Consumidores Argentinos c/ EN - PEN", de 2010, en el voto del ministro Juan Carlos Maqueda, quien retoma la idea kelseniana del control jurisdiccional de la constitucionalidad de la obra de Kelsen *La garantía jurisdiccional de la Constitución.* Así afirma que "la competencia para controlar jurídicamente las circunstancias que motivan este tipo de decreto ya había sido sostenida por Hans Kelsen" y trae a colación un extenso pasaje en el que Kelsen confirma la importancia del control de constitucionalidad para la democracia.

También es Zaffaroni, quien recurre al Kelsen de la *Teoría Pura del Derecho* en el mismo fallo Simón, refiriéndose al problema de la nulidad de las leyes de indulto a los militares acusados de delitos de lesa humanidad. Finalmente, el nombre de Kelsen también es traído a colación, con cierta importancia,[6] en el famoso caso "Erich Priebke", de 1995, en el voto del ministro Bossert, de la mano de sus ideas sobre la responsabilidad internacional publicadas en "La responsabilidad colectiva e individual en derecho internacional, con especial consideración al castigo de los criminales de guerra". De estas tres referencias son la de Maqueda y la de Bossert las más interesantes, ya que se refieren a dos ejes fundamentales de la teoría kelseniana: uno de la época de Weimar, el del control de la constitucionalidad, el otro de su etapa internacionalista, pero que aún tiene una gran trascendencia en el ámbito de las cuestiones de la responsabilidad del Estado.

5. Los otros dos fallos en los que se cita a Schmitt son repeticiones de la referencia de Fayt.

6. Ya que el cuarto fallo que cita a Kelsen lo hace con referencia una cuestión absolutamente formal y de técnica jurídica.

Sobre la autora

Leticia Vita es abogada, licenciada en Ciencia Política y doctora en Derecho Político por la Universidad de Buenos Aires. Docente de la materia de Introducción a las Ciencias Políticas en el Ciclo Básico Común de la UBA (2002-2013) y, desde 2005, docente de la materia Teoría del Estado de la Facultad de Derecho de la misma universidad. Ex becaria del Consejo Nacional de Investigaciones Científicas y Técnicas (CONICET) y actualmente becaria posdoctoral del Servicio Alemán de Intercambio Académico (DAAD). Investigadora adscripta al Instituto de Investigaciones Jurídicas y Sociales Ambrosio Lucas Gioja, Facultad de Derecho, UBA, e investigadora invitada en el Instituto Max Planck de Historia del Derecho Europeo, Frankfurt am Main, Alemania. Integrante de proyectos de investigación UBACyT y DECyT y actualmente codirectora del proyecto de investigación DECyT 1404.

Esta obra se terminó de imprimir en los talleres Gráficos
de ***M T SRL,*** Murguiondo 2160,
ciudad de Buenos Aires, Argentina.
En el mes de Noviembre 2014
Tirada 500 ejemplares.